公認会計士 矢島雅己 著

弘文堂

はじめに

　本書の初版当時（2004年1月刊）、経理マンを目指す人向けの簿記や決算業務を解説する経理入門書はありましたが、"決算書の読み方"に視点を置いた書籍や雑誌はありませんでした。「決算書を自分で作らないが、理解できるようになりたい」、そんな人向けに"決算書の読み方"を解説することを目指したのが本書の始まりです。

　というのも、原稿を書くそれまでの数年間、二世経営者向けの経営講座や商工会議所主催のビジネスマン向け決算書講座の講師を行っていました。その際作りためた資料をもとに語り口調で原稿を起こし、全項目を見開きで構成し図解するなど、さまざまな工夫をしました。この甲斐あってか本書は、ビジネスマンはもとより、主婦、一般投資家の皆さんからもご支持をいただけるものとなりました。また、いくつかの大学、短大、専門学校では授業の教材として本書を使い、多くの企業では研修用教材として利用していただいています。

　本書が初版以来、多くの方に読み継がれ、決算書を理解する一助となってきたことを大変うれしく思っています。しかし、本書のテーマである「決算書を読む」ということになると、理解の段階は道半ばです。実際の決算書に表われた科目や数値から、企業の状況や施策を想像できるようになることが重要です。

　2012年度版より実在する企業の決算書をどう読むか、何を読みとるべきかをプラクティスするコーナーを新しく設け、業界他社比較も試みました。同一業界の中で各企業の現状や経営方針の違いが決算書にどう映っているか、企業や経済ニュースを思い浮かべながら決算書を比較する中で推定していこうと試みました。

　解説本の域を脱し、「決算書を読む」実践教材として、より活用できるものを目指しています。

　こうした試みも決算書初心者向けであり、最新の会計基準への準拠を優先するものではありません。企業の活動や実態を数値で表現したのが決算書ですので、基準が違えば数値で示される企業の姿も異なるのは当然です。この点が気になるようでしたら、本書は卒業です。

　SDGs（持続可能な開発目標）の関心の高まりを受け、企業はますます環境や社会、ガバナンスへの責任を考えた経営が求められ、非財務情報の開示も要求されるようになってきました。しかし、そんな要求の中でも、企業評価の中心にある情報は、決算書をはじめとした財務情報であることに変わりはありません。時代を越え、今後も読者の皆様からの声を活かしつつ、いろいろ工夫を加え刊行し続けたいと考えております。ご意見をいただけますと幸いです。

2021年9月

公認会計士　矢島 雅己

目次

決算書はここだけ読もう〔2022年版〕

Part1　なぜ「決算書」はあるのだろう？ ……………………… 10

01 決算書とはなにか　10
会社の健康状態がありのままにわかる…それが決算書！
あなたの会社は健康ですか？／決算書の読みどころ／なぜ「決算書」があるのか

02 決算書の基本はこの3つ　12
決算書で重要なものは3つある
決算書は経営者の通信簿／貸借対照表／損益計算書／
キャッシュフロー計算書

03 決算書は世界標準⁉　14
会社の「数字」が読めれば、外国企業だって恐くない
決算書は数種類ある／会社の活動を数値化する意味

Part2　貸借対照表から始めよう ……………………………… 16

01 全体像から見てみよう　16
まずは図でイメージをつかもう
貸借対照表にはなにが書いてあるか／返す必要のないお金・返す必要のあるお金／
貸借対照表の右と左の残高は必ず一致する

02 流動資産と固定資産って？　18
「現金化」されるのはいつか…という視点で見よう
勘定科目とはなにか／流動するもの・固定されているもの／
現金化までの距離を知る

03 資金バランスはここまでわかる　20
資産の部をよく見ると…
出金と入金のタイム・ラグ／運転資金は不良娘／固定資産は放蕩息子

04 固定資産と減価償却　22
放蕩息子もいつかは帰る？
固定資産の現金化／減価償却とはなにか／リース取引

05 減価償却の計算　24
減価償却は会社にとってメリット
減価償却を具体的に見てみよう／無形固定資産・のれん

06 資本の調達先はここを見る　26
調達先を見た後は、左と右を比べてみよう
貸借対照表の右側にあるもの／左と右を比べてみよう／固定資産は自己資本でまかなえるか

07 財産状況を見極めよう　28
資金のバランスを一瞬で読みとる方法
資金バランスの4つのタイプ／勘定科目の持つ意味

3

目次

08 流動資産でわかること　*30*
流動資産から「当座資産」を読みとろう
流動資産の中身／貸借対照表では流動性と換金性が重要／当座資産とはなにか／
流動資産はここを読む

09 決め手は「現金化」だ！　*32*
勘定科目を見るときは、必ず「現金化」の視点で
固定資産の分類／負債および純資産の分類／不思議な勘定科目／正常営業循環基準

10 貸借対照表にだまされるな！　*34*
「本当に資産？」と疑うことも大切
貸借対照表にある落とし穴／落とし穴はどこにあるのか／落とし穴を避けろ

11 落とし穴には要注意！　*36*
ルールはあるが、守られていない可能性もある
貸借対照表の落とし穴を避けるポイント／中小企業はルールを破る（？）

12 中小企業には推理力で！　*38*
中小企業の貸借対照表はこう読もう
中小企業の決算書の読み方／必要なのは推理力／推理のポイント／貸借対照表の着目点

Part3　損益計算書はここがツボ ……………………………………… **40**

01 5つの利益を知ろう　*40*
1年間の「利益」はどのくらい？
損益計算書とはなにか／2つの損益計算書／損益計算書でわかる利益は5つ

02 読みこなすポイントは比較　*42*
年ごとの比較と同業他社との比較をしてみよう
実際の損益計算書が持つ意味／年次ごとに比較するのが一番／同業他社との比較をしてみよう

03 年ごとに比べてみよう　*44*
利益を段階的に見ていくのがコツ
年次比較をしてみよう／増収か減収か／当期利益に目を向ける／
段階利益比較で増収減益の犯人を捜す

04 「利益」を深く読んでみよう①　*46*
数字の異常があるならば、ここを疑おう
売上総利益の読み方／営業利益の読み方

05 「利益」を深く読んでみよう②　*48*
損益計算書の構造を確認して読もう
経常利益の読み方／税引前当期利益の読み方

06 同業他社との比較も重要　*50*
損益計算書に加えて貸借対照表も利用して比較しよう

同業他社との比較をしてみよう／比較に使う数値①－自己資本比率／
比較に使う数値②－経常利益率／比較に使う数値③－流動比率／その他の数値

Part4　キャッシュフロー計算書を読みこなそう ‥‥‥‥‥‥‥‥ 52

01　キャッシュフロー計算書って？　*52*
お金の流れを示す大切な決算書
血液検査の結果表？／キャッシュフロー計算書とはなにか

02　なぜ読めなければならないのか　*54*
キャッシュとはすぐに使える現金のこと
キャッシュフロー計算書からわかること／キャッシュとはなにか／
キャッシュフロー計算書を作成する会社

03　現金は日夜動くもの　*56*
動いているような、いないような存在＝現金
勘定合って銭足らず…／カネは天下の回りモノ？／現金は形を変える

04　「資金収支」を読みこなそう　*58*
キャッシュがないと会社は大変！
利益と資金収支は違うもの／キャッシュフローは資金収支を示す／
損益計算書とキャッシュフロー計算書の違い

05　具体例で考えてみよう　*60*
損益計算書とキャッシュフロー計算書は違う
具体的に考えてみよう／決算書ではどうなるか／キャッシュフロー計算書の利点

06　これがキャッシュフロー計算書だ！　*62*
キャッシュフローは4つに分けて読もう
実際のキャッシュフローはこうなっている／営業活動によるキャッシュフローとはなにか／
投資活動によるキャッシュフローとはなにか

07　利益の実態を把握しよう　*64*
キャッシュフロー計算書から会社の利益はわかる
財務活動によるキャッシュフローとはなにか／期首と期末のキャッシュ残高と期間の増減／
キャッシュフローで利益の実態を把握する

08　連結決算とはなにか　*66*
親会社の儲けが子会社の損で成り立ってもしょうがない
親会社の利益＝子会社の損失？／「連結」という考え方

09　「キャッシュ」はここを読もう　*68*
3つの活動はこう分ける
営業活動によるキャッシュフロー／投資活動によるキャッシュフロー／
財務活動によるキャッシュフロー

10　企業のタイプはばっちりわかる　*70*

キャッシュフローを上から見ていこう
キャッシュフローで企業のタイプを見よう／3つの数字を見れば、会社の危険度がわかる

11 あなたの会社はどのタイプ① *72*
プラスとマイナスでここまでわかる
あなたの会社はどのタイプ？ その1

12 あなたの会社はどのタイプ② *74*
ここまでわかれば、キャッシュフローは大丈夫
あなたの会社はどのタイプ？ その2／キャッシュフローを読むということ

Part5　さあ！ 決算書を読んでみよう ……………………………… **76**

01 貸借対照表と損益計算書を比べよう *76*
2つを比べてわかることも多い
決算書を読む練習をしよう／貸借対照表と損益計算書を読んでみる

02 「なぜ？」の理由を見つけよう *78*
決算書から見つかった疑問にはこう対処
資産の部を見てみよう

03 会社の財務状況をつかもう *80*
貸借対照表と損益計算書をフル活用！
会社の状況を読み取ろう

04 キャッシュフロー計算書はこう使う *82*
会社のキャッシュフローはどうなっている？
キャッシュフロー計算書からわかること／キャッシュフロー計算書で目立つ数字

Part6　経営分析の基礎を知ろう ……………………………… **84**

01 決算書からわかる経営の姿 *84*
決算書からわかること、わからないこと
経営分析の世界へ

02 比較でわかる、強みと弱み *86*
年次比較と同業他社比較を確認しよう
年次比較でトレンドを知る／井の中の蛙では生き残れない

03 総資本経常利益率と当座比率 *88*
「比率」を使ってわかること①
健全経営のための分析比率／総資本経常利益率／当座比率

04 固定比率と自己資本比率 *90*
「比率」を使ってわかること②

固定比率／自己資本比率／自己資本の充実策

Part7　あなたの会社の「収益性」はどうですか？ ……………… 92

01 会社を支える事業とは？ *92*
「収益」をあげるには「メシの種」が必要
　会社の「メシの種」／収益性とはなにか

02 投資効率をどう読むか *94*
どれだけの資本を使って、どれだけの利益が生まれるのか
　投資効率は資本利益率を見ればわかる

03 資本利益率とは何だろう？ *96*
会社全体は総資本経常利益率で、株主の立場は自己資本当期利益率で
　総資本経常利益率／自己資本当期利益率

04 収益性はどうすればあがるのか *98*
資本の回転率や利益率をあげれば収益性もあがる
　総資本利益率と総資本回転率／ROEとはなにか

05 「効率」は回転率で読む *100*
さまざまな回転率を出して、バランスを見てみよう
　総資本回転率の分析手順／いろいろな回転率を出してみよう

06 「利益」の視点で収益性を見る *102*
売上利益率があがれば、収益性もあがる
　売上利益率は段階的に検討しよう／売上総利益率にご注意を

07 売上利益率の変化にはこう対応しよう *104*
「利益」をあげるための方策を決算書は教えてくれない
　売上総利益率をあげるには／その他の利益率

08 コストダウンは2つに分ける *106*
コストリダクションとコストコントロールに分けて考えよう
　コストダウン／金融コストは低いほどよいのか

09 販管費削減でも収益性は高まる *108*
売上のうち大きな割合を占める販管費にも目を向けてみよう
　販管費はどうするか／人件費は頭が痛い？

Part8　「生産性」はこう調べよう ……………………………… 110

01 ヒト、モノ、カネ、そして情報 *110*
経営資源をどう活かすかがカギとなる
　「ヒト、モノ、カネ、情報」は会社の財産／商売の原点は、不変なり！

目次

02 企業の付加価値とはなにか　*112*
付加価値 ＝ 企業の存在感
付加価値を計算してみよう／生産性の行き着く先

03 生産性の分析をしてみよう　*114*
「生産性」は従業員一人あたりで見る
労働生産性分析は従業員一人あたりで／労働生産性の分解

04 生産性向上のキーポイント　*116*
固定資産の活用と人件費を見てみよう
設備投資を評価する指標／設備投資効率とは／労働分配率と生産性

Part9　「安全性」と「資金繰り状態」も決算書でわかる　………　118

01 なぜ、「安全性」を調べるのか　*118*
安全性は会社の返済能力
安全性に関心を持とう／安全性は会社の持久力

02 流動比率で安全性を見る　*120*
安全性は流動比率を見るのが第一歩
流動比率による分析／流動比率は高いほどよいのか／流動比率の落とし穴

03 流動資産の正体をつかめ　*122*
流動資産が持つリスクを知っておこう
流動資産の項目とその注意点

04 当座比率でなにを見るのか　*124*
十分な支払能力の有無は当座比率で調べる
当座比率で支払準備の度合いがわかる／当座比率の理想的な数値／当座比率にも落とし穴はある

05 設備投資の妥当性はどう見る？　*126*
減価償却費を基準にしたり、固定比率で見てみよう
過大な設備投資は事故のもと／固定比率／固定長期適合率とはなにか

06 「含み損益」の持つ意味　*128*
「含み損益」を念頭におかないと正しい経営分析はできない
安全性確保のための基本姿勢／貸借対照表は大化けする／含み益を加味して経営分析

07 安全性分析は2つの視点で　*130*
「静態分析」と「動態分析」の両方で安全性は分析しよう
静態分析と動態分析で安全性分析を強化する／動態分析と経常収支比率とは？

08 財務マネジメントの達人を目指そう　*132*
「安全な会社」を作るためには財務に精通した人が必要
損益と資金繰りはどこが違う？／資金繰り表とはなにか／経理部門と財務部門

Part10 成長する会社はこんな会社だ …………………… 134

01 成長力ある会社を見抜こう　*134*
成長力も出資者が重視すべき要素の１つ
夢なき会社に明日はナシ／会社の将来を見る方法

02 損益計算書から成長性を読む　*136*
売上高と経常利益の伸び率を見よう
成長性を測る２つの視点／経常利益の伸びを見る

03 単に「太る」のは「成長」とは言えない　*138*
総資本は増加の「内容」に注目しよう
総資本増加率は会社の体重計／なぜ会社が太ったのか？／
健全な成長かどうかは付加価値が示している

Part11 「損益分岐点」はここにある …………………… 140

01 どれだけ売れば利益が出るのか　*140*
損益分岐点は企業活動にとって重要なファクター
損益分岐点分析で企業活動の実態をつかむ／損益計算書の限界／
固定費と変動費が損益分岐点分析のモト

02 損益分岐点の求め方　*142*
損益分岐点は売上高と費用が一致する点のこと
限界利益はなにを示しているか／損益分岐点を計算してみよう／
安全余裕度で経営の余裕度を知ろう

Part12 決算書を読むための心構え …………………… 144

01 決算書の構造を理解しよう　*144*
「いつ」「だれから」集めて、「どう」使ったお金なのか
決算書を読む前に／決算書の国際基準

02 投資家への決算情報　*146*
上場会社の投資判断は複数の情報を読み比べる
決算情報は複数ある／決算短信／計算書類等／有価証券報告書

プラクティス―実在12社の決算書を読もう …………………… 149

付録　Ⅰ　決算書―総まとめ　*174*
　　　Ⅱ　分析の視点　*177*
　　　Ⅲ　決算書ドリル　*183*

索引　*193*

Part1 なぜ「決算書」はあるのだろう?

01. 決算書とはなにか

会社の健康状態がありのままにわかる…それが決算書!

あなたの会社は健康ですか?

あなたの会社は健康ですか?

いきなり聞かれてもわからないかもしれません。ここでいう「健康な会社」とは、「無理なく存続できる会社」を指します。存続が危ぶまれる会社や存続すること自体に無理のある会社は人間でいうところの「病気」、倒産する会社は「ご臨終」ということになります。

会社が病気にかかっているとわかったら、さまざまな方法で治療を試みることでしょう。また、日頃から病気の予防に努めることでしょう。

では、会社が健康であるための条件とは何でしょうか。それは、以下の2つだといえます。
①会社の資金に不足のないこと。
②会社の利益が十分あること。

つまり、会社の健康、すなわち存続は、まさに資金の有無にかかっているのです。

決算書の読みどころ

貸借対照表や損益計算書といった**決算書**には、会社の状態を示すシグナルが現れています。

ここでやっかいなのは、「会社の病気」はあくまでも勘定科目と数字の羅列でしか表現されないということです。したがって、数字からシグナルを読み取る力がなければ、風邪をひいているのに気がつかずに外に出かけて、結果として風邪をこじらせるというような悲劇が起こりかねません。

こうした事態を避けるためにも決算書は読めたほうがいいのです。

なぜ「決算書」があるのか

「今期の利益」「今月の売上」など会社の業績が会議の議題になることがあると思います。

これはいったいなぜなのでしょうか?

会社の業績が議題となる根本的な理由は、株式会社という組織の形態にあります。

株式会社には、事業の元手を出資する**「投資家」**と、会社の経営を任されている**「経営者」**がいます。投資家が経営者に元手(お金等)を預けて経営をまかせて、それによる利益を分配してもらうのが株式会社のしくみです。

利益を分配するには、ある一定の時期に会社がどれだけ儲かっているのかをはっきりさせなければなりません。この計算を**「決算」**と呼びます。

わが国では、少なくとも1年に1回は決算を行って、会社の利益を正しく計算することが会社法や税法などの法律によって定められています。

そして、会社は決算に基づいて税務申告や決算公告を行うことが義務づけられています。

もし、皆さんが投資家の立場だったら決算になにを望むのでしょうか。もちろん、利益を配分してもらうことは当然ですが、儲かったのか損したのか、儲かったとすればいくら儲かったか、預けたお金はどのように使われ、いまどんな状態にあるのか、そんなさまざまな情報について報告して欲しい、と考えるのではないでしょうか。

このような要求に応えるために、会社はわかりやすい報告書類を作成しなければなりません。**この報告書類こそが、「決算書」と呼ばれるものなのです。**

KEYWORD

決算書
その会社の1年間の経営活動の成績を表にしたもの。損益計算書、貸借対照表、株主資本等変動計算書、事業報告、注記表、キャッシュフロー計算書が主なもの。

資本
事業の元手となる金。仕事や生活を維持していく収入のもと。

経営者
企業の最高管理職能の担当者。出資者である投資家・所有経営者と、雇われた専門経営者とに大別される。

決算
企業の活動を取りまとめ、一定期間の儲けと財産の状態を明らかにする作業。通常1年を単位とするが、株式公開会社では四半期での決算を行う企業が多い。

決算書とはなにか

会社の1年

■ ここでのポイント

会社が生きるも死ぬも「金」しだい

Part1 なぜ「決算書」はあるのだろう?

02. 決算書の基本はこの３つ

決算書で重要なものは３つある

決算書は経営者の通信簿

経営とは、**限られた事業資金を効率的に使い、資金を増やすこと**、そして、**獲得した利益を分配していくこと**です。

そうだとすると、その会社がどのようなお金の使い方をし、どんな利益をあげたのかを示す損益計算書や貸借対照表には、会社の経営そのものが記されているということになります。つまり、これを読めば、経営のうまい、へたを読み取ることができるはずです。**決算書はいわば「経営者の通信簿」**といってよいものなのです。

貸借対照表

事業には資金が必要です。事業を進めるための資金が足りなくなれば、借金をするケースも出てくるでしょう。また、商売の中で手形をもらったり、取引先から現金が振り込まれたり、手元の現金を預金したりと、会社の財政の内容は日々変化していきます。そのような一定時点での財政の状態を報告するための計算書類が貸借対照表です。また、財政状態計算書ともいわれます。

損益計算書

決算の最大の目的の１つは、**その事業年度にいったいどれだけの利益が獲得できたかを計算する**ことにあります。この利益の計算の役割を担っているのが損益計算書です。

損益計算書では最終的な利益を出すまでの計算プロセスも詳しく報告しなければなりません。

キャッシュフロー計算書

会社がその事業年度で儲かったかどうかは損益計算書でわかります。どれぐらいの資産がどんな状態であるのか、あるいは借金はどれぐらいあるのかなど、財政の状態は貸借対照表でわかります。この2つの決算書で会社の財務状況はほぼわかります。しかし、儲かっているように見えても実際に使えるお金がない、ということも会社の経営では考えられることです。商品を販売しても入金が何ヶ月か後であったり、取引先が倒産して支払いがない場合もあり得ます。

企業にとっては使えるお金（キャッシュ）こそが一番重要です。そこで、キャッシュがどれぐらいあるのかを知ることができる計算書が必要となります。それがキャッシュフロー計算書です。

これら3表は、会社が行った経営活動を3つの面からまとめたもので、それぞれ無関係であるわけではありません。損益計算書の当期利益は貸借対照表の利益剰余金に入りますし、キャッシュフロー計算書は税引前当期利益から出発です。また、キャッシュフロー計算書の現金等の当期残高は、貸借対照表の現金に結びつきます。

KEYWORD

貸借対照表
決算書の１つ。企業の一定時点での財政状態を明らかにする表。一方に負債と資本を、他方に資産を記入して両者を対照させている。バランス・シートという。

損益計算書
貸借対照表と同じく決算書の１つ。決算のときに、その営業期間における企業の経営成績を明らかにするために、費用と収益を一表に表示した計算書。

キャッシュフロー計算書
資金の動きを表した決算書。営業活動、投資活動、財務活動に分け、それぞれの活動における資金の動きを表す。

決算書の基本はこの3つ

決算書の種類

基本となる3つの決算書

貸借対照表	損益計算書	キャッシュフロー計算書
決算日現在の財政状態を示すもの	1事業期間の営業の状況を示すもの	1事業期間のお金の流れを示すもの

実際はこうなっている!

貸借対照表の要旨
（令和Y年3月31日現在）

（単位：億円）

資産の部		負債および純資産の部	
科目	金額	科目	金額
流動資産	14,001	流動負債	13,286
現金	2,879	支払手形	3,556
受取手形	3,572	買掛金	5,426
売掛金	2,805	未払金・未払費用	1,704
有価証券	1,706	その他	2,600
たな卸資産	1,138	固定負債	7,891
その他	1,901	長期借入金	3,549
固定資産	21,951	その他	4,342
有形固定資産	6,838	負債合計	21,177
建物・構築物	2,076	株主資本	14,775
機械装置	2,035	資本金	2,003
土地	1,125	資本剰余金	4,891
その他	1,602	利益剰余金	7,881
無形固定資産	15	評価・換算差額等	0
投資等	15,098	純資産合計	14,775
投資有価証券	12,619		
その他	2,479		
資産合計	35,952	負債・純資産合計	35,952

損益計算書の要旨
自 令和X年4月1日
至 令和Y年3月31日

（単位：億円）

科目	金額
売上高	33,196
営業費用	33,044
営業利益	151
営業外損益	-5
経常利益	146
特別損益	-493
税引前当期利益	-347
法人税、住民税及び事業税	-
当期利益	-347

（注）①有形固定資産の減価償却累計額
18,573億円
②1株当たり当期利益
-12円67銭

キャッシュフロー計算書
○○株式会社
自令和X年4月1日
至令和Y年3月31日

（単位：億円）

Ⅰ営業活動によるキャッシュフロー	
1．税引前当期利益	-347
2．減価償却費	200
3．投資有価証券売却損益	543
4．土地売却損益	-50
5．売上債権の増加額	-30
6．たな卸資産の減少額	30
7．仕入債務の増加額	28
営業活動によるキャッシュフロー	374
Ⅱ投資活動によるキャッシュフロー	
1．有形固定資産売却による収入	250
2．有形固定資産取得による支出	-120
3．投資有価証券売却による収入	307
投資活動によるキャッシュフロー	437
Ⅲ財務活動によるキャッシュフロー	
1．長期借入れによる収入	500
2．長期借入金の返済による支出	-850
財務活動によるキャッシュフロー	-350
現金及び現金同等物の増減額	461
現金及び現金同等物の期首残高	2,418
現金及び現金同等物の期末残高	2,879

■ここでのポイント

決算書は「経営者の通信簿」

Part1 なぜ「決算書」はあるのだろう?

03. 決算書は世界標準!?

会社の「数字」が読めれば、外国企業だって恐くない

決算書は数種類ある

会社が作成しなければならない決算に関する報告書類は数種類あります。「決算書」とはそれらの報告書類の総称です。

会社法に定められた決算書は、「計算書類」といわれ、貸借対照表、損益計算書のほかに、株主の持ち分である純資産が、1年間でどのような要因で変動したかを表す「株主資本等変動計算書」と、決算書を見る場合の注意点をまとめた「個別注記表」があります。

また、これらの計算書類を補足するために、会社の現況について文書や表で説明した「事業報告」と、計算書類の中で特に重要な項目についてより詳しく表した「附属明細書」があります。この2つを加え「計算書類等」といいます。

経営の結果をまとめた決算書は、株主総会に報告します。獲得した利益は損益計算書に示されていますが、獲得した利益の分配は株主総会で決めます。経営に貢献した役員への賞与や、株主にどれだけ配当し、万が一の場合に備え、利益の一部を社内にどれだけ留保しておくのかなど、獲得した利益の処分は株主総会の決議事項になっています。こうした利益処分については、「株主資本等変動計算書」で見ることができます。

会社の活動を数値化する意味

決算書はなぜ勘定科目と金額で表現するのでしょうか?

事業報告のように文書で儲かったかどうか、いまの財産の状態などを説明してもらったほうがわかりやすいのに、と思いませんか? 文書で表すならば決算書の読み方などを本書で勉強をする必要がないかもしれません。

しかし、「会社の活動」は、14世紀イタリアで生まれた複式簿記の技術を使って表現することが世界標準となっています。

それは、どうしてでしょう。

複式簿記の技術を使うと、会社の活動をすべて網羅することができるのです。

つまり、**活動の内容や財産の名称を表す勘定科目と、活動や財産の大きさを表す金額で企業活動を表現できるからなのです。**

この複式簿記の技術を使った決算書を作ることで、年次の比較や他社との比較などを行うことができます。同一の基準で作成された決算書を使うことで客観性や比較可能性が獲得できるのです。

文章では、どんなに細かく表現しようと、1年間の活動のすべてを表すことはできませんし、書く人や読む人によって解釈が分かれます。

決算書はある意味、世界標準語です。

一度読み方を身に付けてしまえば、英語がペラペラでなくとも外国企業の決算書を読むことができるのです。

KEYWORD

事業報告
一定の営業年度における会社の営業状態に関する重要な事項を記載し、株主に送付する報告書。

株主資本等変動計算書
資本金、剰余金、自己株式等の株主資本の変動の内容を示した決算書。一定期間の剰余金の変動を記した計算書。

簿記
一定期間における企業の経済活動を、一定の記録方法で帳簿に記録・計算・整理し、企業の財産・資本・負債の増減を明らかにする計算制度。記入方法により単式簿記と複式簿記に分けられる。

複式簿記
簿記の1つ。すべての取引を借方・貸方に分けて記入したのち、各口座ごとに集計し転記する方式。

決算書は世界標準!?

決算書が数字で示されるわけ

◎ もし文章だと…

○○年度上半期は安定した業績を残し、前年度と比べても遜色のない状況であったが、下半期に発売した製品Aの質の悪さが他の製品への信用にも影響してしまったため、最終的には利益を減らす結果となった。

**とても
わかりにくい!**

で、結論としては
どれだけ儲かったのか?

◎ 数字であれば…

〔前年度の利益〕
　　1456万3456円
　　〈上半期〉
　　　701万1256円
　　〈下半期〉
　　　755万2200円

比較すれば…

〔今年度の利益〕
　　1241万8676円
　　〈上半期〉
　　　700万0056円
　　〈下半期〉
　　　541万8620円

**とても
わかりやすい!**

どれだけ儲かったのか
一目瞭然!

■ここでのポイント

決算書は数字だからこそ、 誰でも読めるようになる

Part2 貸借対照表から始めよう

01. 全体像から見てみよう

まずは図でイメージをつかもう

貸借対照表にはなにが書いてあるか

次ページの図が貸借対照表のイメージです。

これは「**勘定式**」と呼ばれる表示形式のもので、見た通り左右に分けられた1枚の表にすぎません。

貸借対照表は、一般的に「**資本の調達源泉とその運用形態を示す**」と説明されています。

貸借対照表の左側を見てください。ここには会社の「資産」が一覧できるように書かれています。事業では現金や預金はもちろん、建物や機械・設備も使われています。これら（建物・機械・設備等）はお金で買ったことに間違いありませんが（資産は原則として買った値段で評価する決まりがあります〈**取得原価主義**〉）、これらはもはや「現金（お金）」と呼ぶわけにはいきません。

また、取引では「後払いで売ったり」「手形をもらったり」することがあります。これらの「後でお金をもらえる権利」を「**債権**」といいます。

形態はさまざまですが、現金の代わりをなすこれら財産を総称して「**資産**」と呼んでいます。

このように、ひとくちに資産といっても多くの種類があるのです。

製造メーカーで考えてみると、会社経営は、資本家が会社のために出資した資金を元手に建物を建て、機械を買い、材料を買って製品を作り、売ります。出資された資金は当初現金であったわけですが、工場設備や機械装置、材料や製品といった財産に形を変えて保有されています。その財産の一定時点での状態を、貸借対照表の左側に表示します。このため、貸借対照表の左側は「**資本の運用形態**」と説明されます。

返す必要のないお金 返す必要のあるお金

貸借対照表の右側を見てみると、「純資産」と「負債」に大きく分けられていることがわかります。

「**純資産**」とは、**返さなくてもいい自分の元手**のことです。「**負債**」とは、自分の元手だけではまかないきれなかった部分を他人から調達するなどした、**いずれ返さなくてはならないもの**です。借入金などの借金の他に、買掛金などが含まれます（このため、純資産を「自己資本」、また負債を「他人資本」と呼ぶことがあります）。

貸借対照表の 右と左の残高は必ず一致する

さまざまな方法で調達した資本（自己資本と他人資本）を、さまざまな資産として運用していきながら会社は日々経営活動をしているのです。

このため、資本の「**調達**」と「**運用**」は同じ会社財産の表と裏の関係にあり、会社の資金をどこから調達したか（資本の調達＝貸借対照表の右側）、その資金をどのように使い保有（運用）しているか（資本の運用＝貸借対照表の左側）を示しています。このことから貸借対照表といわれます。

貸借対照表は、別名「**Balance Sheet（バランス・シート）**」といいます。「B／S」と略されることがありますが、これは、一定時点での「調達」と「運用」の残高を示しているからです。また最近、財政状態計算書ともいわれます。

KEYWORD

債権
特定の人に対して、一定の給付を請求しうる権利。財産権の1つ。

資産
金銭や土地・家屋・証券などの財産。企業が所有し、その経営活動に用いる財産。

純資産
事業の元手となる金。仕事や生活を維持していく収入のもととなるもの。
純資産＝資産－負債

負債
借金。他から金品を借り受けて、返済の義務を負うこと。また、その借りた金品。

全体像から見てみよう

貸借対照表のイメージ

貸借対照表（バランス・シート）

運用形態	調達源泉
現金・預金　商品 約束手形　製品 売掛金　材料 **資産** 建物　機械装置 投資有価証券　器具備品	**負債** （他人資本） 借入金　買掛金 **純資産** （自己資本） 資本金　過去に蓄積した利益

合計残高が一致

||

会社は資本をさまざまな資産として運用していきながら、経営活動をしていく。したがって、一定時点で表の右と左の残高は必ず一致する。

||

**貸借対照表（財政状態計算書）は
バランス・シートという**

■ここでのポイント

「資産」・「負債」・「純資産」の位置を覚えよう

Part2 貸借対照表から始めよう

02. 流動資産と固定資産って？

「現金化」されるのはいつか…という視点で見よう

勘定科目とはなにか

　会社には、現金や債権、建物、設備など実にさまざまな資産があります。その種類も数も膨大ですから、1つ1つを貸借対照表に載せることはできません。また、会社の活動は売上を獲得する活動、製品を生産する活動、商品を買い付ける活動、会社を維持する活動など、さまざまです。

　そこで、資産、負債、純資産、収益、費用を一定のグループごとに分類し、まとめて記載することになっています。このような分類をするときの名称を「勘定科目」と呼びます。勘定科目は会社法等の法律によって定められています。たとえば、事務机や椅子、LANサーバなどは「器具備品」という勘定科目にまとめて合計金額で表示します。

流動するもの・固定されているもの

　勘定科目に分類しながらそれぞれの金額を記載していくのですが、資産と負債についてはこれら勘定科目がある基準によって2つに分けられます。

　その基準とは、「**1年以内にお金の動きがあるかどうか**」という基準です。もし、1年以内に現金化されたり、あるいは支払う必要がある場合は、それは「流動」的なものです。したがって、そのような資産は「**流動資産**」、負債は「**流動負債**」と呼んでいます。

　一方、**1年以内には現金化されなかったり**、支払う必要がない場合は、それは「固定」的であるといえるでしょう。したがって、そのような資産は「**固定資産**」、負債は「**固定負債**」と呼んでいます。

　国際財務報告基準（IFRS）や米国会計基準では、「固定」にかえて「非流動」と呼んでいます。

　実は、この「流動」と「固定」という分類には非常に重要な意味があります。貸借対照表を利用して財務内容の分析を行う場合、最も基本的な役割を果たすからです。決算書を読めるようになる第一のポイントは、**「流動」と「固定」の分類を理解することにある**と言ってもいいでしょう。

　では、「流動」と「固定」の役割を見ていきましょう。会社の最も基本的な財産はなにかといえば、やはりそれは現金です。現金以外のすべての資産は、現金で買ったか、預金や貸付金のように現金が姿を変えたものと見ることができます。

　そしてすべての資産は経営活動を通じて、ふたたび現金として帰ってきます。

現金化までの距離を知る

　製造業を例にして説明してみます。製造業は、現金で購入した材料を機械などで加工して製品を作り、これを販売します。販売した製品は売掛金という債権に変わり、いずれ現金や預金として回収されます。現金は、このような循環運動を繰り返しています。すべての資産はこの循環の中のどこかに位置しているのですが、それぞれの資産によって現金化までの距離が異なるのです。

　この「現金化までの距離」によって、「流動」か「固定（非流動）」かが区分されます。逆に言うと、**流動資産を見れば、現金化が近い資産がわかる**のです。

KEYWORD

勘定科目	流動	固定	
簿記の計算単位となる各勘定に対して与えられた名称。元帳の口座の科目。	1年以内に現金化できる資産、負債。現金、預金、買掛金など。	1年を超え現金化する資産、負債。土地・建物・機械・特許権など、同一形態で継続しているもの。流動に対して非流動という。	

流動資産と固定資産って？

勘定科目とは？

流動資産（決算から1年以内に現金化されるもの）	**流動負債**（決算から1年以内に支払わなければならない負債）
固定資産（非流動資産）（現金化されるのが流動資産より後のもの）	**固定負債**（非流動負債）（現金化されるのが流動負債よりも後の負債）
	純資産

左側＝資産、右側＝負債

「固定」と「流動」を分けるポイントは

◎ **1年以内に現金化されるかどうか**

現金化までの道のりは？（製造業の場合）

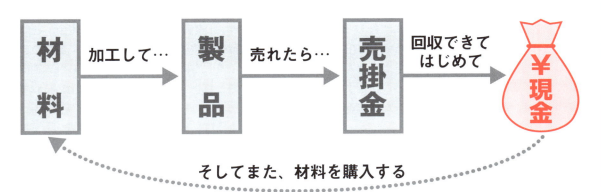

材料 →加工して… → 製品 →売れたら… → 売掛金 →回収できてはじめて→ ¥現金

そしてまた、材料を購入する

■ここでのポイント

現金化が大切。だから「固定」と「流動」に分けて考える

Part2 貸借対照表から始めよう

03. 資金バランスはここまでわかる
資産の部をよく見ると…

出金と入金のタイム・ラグ

貸借対照表で読むべきものは、その会社の資金バランスです。どんな会社も出金から入金までにはタイム・ラグがあります。このタイム・ラグを読むのが資金バランスを知るということです。

では、出金から入金までのタイム・ラグはいったいどのように発生するのでしょうか。

会社はいろいろなことにお金を使い、いろいろな方法でお金を手に入れます。まずは、その基本的な構造を知っておきましょう。

運転資金は不良娘

商売は、商品を仕入れて店先に並べることからスタートします。この仕入代金を現金で支払うためにはそれなりのお金が必要となります。商品は売れたときに現金に変わります。ということは、商品の仕入代金を支払ってから、商品の販売代金を回収するまでの間はお金が回収されない状態が続くことになります。これが「**タイム・ラグ**」です。

もし、商売を続けていくのであれば、売れた数だけ商品を補充しておかなければなりません。いったん帰ってきたお金が、またすぐに出ていってしまいます。このように、年中出たり入ったりして忙しい資金を「**運転資金**」といいます。プチ家出とか言って実家を出たり入ったりする不良娘のようですよね。

運転資金は、仕入代金の他に家賃や人件費のような経費の支払いにもあてなければなりません。

販売価格は仕入価格に利益を上乗せしているので、商品が回転すれば、次第に上乗せした利益分のお金が残るようになってくるはずです。

ところが、簡単にはお金が残りません。

商売が軌道に乗ってくると、より多くの売上をあげるために、より多くの商品を仕入れるでしょうから、やはり何らかの方法で運転資金を補充していかなければなりません。

運転資金は出入りが激しいので、貸借対照表では流動資産として記載されます。

固定資金は放蕩息子

また、商売は店舗がなければ始めることができません。土地や建物を購入し内装工事を行い店舗として開店します。建物は、30年ぐらい使えるでしょう。店舗の内装は、リニューアルを5年ごとに行うかもしれません。土地は、その場に店舗を構える限りずっと使い続けられます。これら資産の購入資金は、いつになったら現金となって再会できるのでしょうか？ 出ていったきり帰ってこないかもしれません。放蕩息子のようです。

このような販売を目的としない設備購入や固定的な資金を、「**設備資金**」とか「**固定資金**」と呼びます。**貸借対照表の固定資産がこれにあたります。**また、それら固定資産を使い続けられる期間を耐用年数と言い、税法上資産ごとに決められています。

以上のように、貸借対照表の資産の部を上下に切ることにより、資金の使われ方の違いをみることになります。

KEYWORD

運転資金	固定資金	
企業が原料購入や人件費の支払い、あるいは製品製造などの日常活動に必要とする資金。	建物・機械など、長期間にわたって使用されるお金。固定資産に使用される資金。	

資金バランスはここまでわかる

資産の部の特長は？

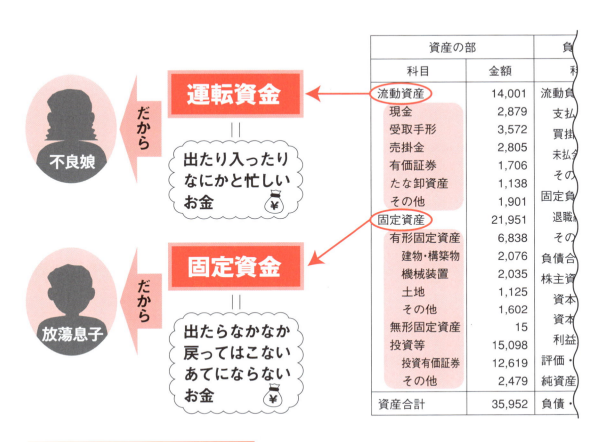

出金と入金のタイム・ラグ

＜運転資金の場合＞

現金 → 仕入によって商品となる → 売れたら債権に → 回収されてまた現金に

＜固定資金の場合＞

現金 → 不動産などに変わる ┄┄→ めったなことでは現金に戻らない

■ ここでのポイント

「資産の部」は上下に分けて考えよう

Part2 貸借対照表から始めよう

04. 固定資産と減価償却
放蕩息子もいつかは帰る？

固定資産の現金化

　店舗をもって商売をしようとすると、土地、建物、機械や什器・備品などの固定資産を購入します。これらは買ったときに支払いをします。多額の資金が必要となりますね。

　一方、すべての機械や什器など、店舗全体を借り受けて商売することもできますね。

　自分で店舗を持つか、借店舗で行うかです。借店舗で行う場合、毎月家賃が発生し、支払いを行います。どちらも同じ商売を行うにもかかわらず、支払いのタイミングと費用の計上に違いがあります。

　固定資産を持った場合の費用計上はどうすればいいのでしょうか。費用とならないのでしょうか?

　ここで出てくるのが減価償却という考え方です。固定資産を購入した金額を、その資産が使えるであろうと思われる期間、耐用年数で案分し、毎年費用として計上するのです。建物であれば30年使うとしてその期間で案分し、1年分を費用とします。店舗の什器・備品の耐用年数が5年であれば、その1年分を減価償却費として費用計上します。

　店舗を借りた場合の家賃の支払いと費用計上のタイミングは一致していますが、固定資産として自分で所有すると、当初購入時に多額の資金の支払いがあり、その後の支払いはありません。使えるであろう期間、減価償却費という費用が計上されるだけです。

減価償却とはなにか

　減価償却費について「支出の伴わない費用」という言い方をします。減価償却費の計算のもととなった固定資産はずっと前に支払いを済ませており、費用計上するタイミングでは支払いがないためです。

　また、固定資産は「減価償却を通じて資金化される」とも言われます。通常の費用、たとえば人件費や借店舗の家賃などは費用計上により利益が減り、資金も減ります。しかし、減価償却費は、費用計上により利益は減るが資金は減らない。減価償却費分、資金が残ります。

リース取引

　機械などをリースで借りて事業を行う場合、その賃料はリース料として費用に計上します。

　しかし、その実態がローンを組んで資産を購入するのと同じと判断される場合は、毎月リース料を支払っているとしても、会計上はローンを組んで資産を買うのと同じ処理をします。つまり、リースで借りた資産を使用権資産、その額をリース債務として認識し、以降、毎期減価償却費を計上するとともにリース料をリース債務の支払いとして考えるわけです。

KEYWORD

減価償却
使用または時間の経過による固定資産（土地は除く）の価値の減少を、決算期ごとに一定の方法により費用として算入すること。

耐用年数
機械設備など企業の固定資産が物理的・経済的に使用可能な年数。法令で定められ、減価償却費算定の基準となる。

投下資本
会社、店を立ち上げるときにかかるすべての資金のこと。

リース取引
機械などを利用する権利を与え、その見返りに使用料を受け取る取引。

固定資産と減価償却

固定資産と減価償却

貸借対照表の要旨
（令和Y年3月31日現在）

（単位：億円）

資産の部		負債および純資産の部	
科目	金額	科目	金額
流動資産	14,001	流動負債	13,286
現金	〜		
たな卸資産	1,158		
その他	1,901	固定負債	7,891
固定資産	21,951	長期借入金	3,549
有形固定資産	6,838	その他	4,342
建物・構築物	2,076	負債合計	21,177
機械装置	2,035	株主資本	14,775
土地	1,125	資本金	2,003
その他	1,602	資本剰余金	4,891
無形固定資産	15	利益剰余金	7,881
投資等	15,098	評価・換算差額等	0
投資有価証券	12,619	純資産合計	14,775
その他	2,479		
資産合計	35,952	負債・純資産合計	35,952

固定資産

現金化には遠い。
したがって、固定資産の購入は、**自己資本**（純資産）でまかなうのが理想的

それを見るのが

固定比率 ➡ 90ページ

固定資産を事業のために使い、価値が減っていく分は、
減価償却費として損益計算書に計上

損益計算書
自 令和X年4月1日　　至 令和Y年3月31日

（単位：億円）

〔売上高〕	33,196
〔営業費用〕	33,044
給料手当	3,000
荷造発送費	400
広告宣伝費	1,000
旅費交通費	500
減価償却費	500

$$\text{減価償却費} = \frac{\text{（取得価値）}}{\text{（法定）耐用年数}}$$

■ここでのポイント

「減価償却」について理解しておこう

Part2 貸借対照表から始めよう

05. 減価償却の計算
減価償却は会社にとってメリット

減価償却を具体的に見てみよう

ここでは例を使って確かめてみましょう。

【J社の例】

生産設備5000万円（耐用年数10年）を銀行から1年後全額返済するという約束で借り入れた資金で購入したとします。

10年使用するとした場合、この生産設備の毎年の減価償却費は、

5000万円÷10年＝500万円、

となります。

今期の損益は、売上5億円に対し、減価償却費を含む売上原価をはじめとする費用が5億円で、差引利益ゼロとなってしまいました。

設備を取得して1年が過ぎたJ社では、借入金5000万円を返済しなければなりません。

利益が出てそのお金で返済をすると考えていたわけですが、利益ゼロとなってしまい、営業活動から得られた資金は支出を伴わない費用である減価償却費の500万円にとどまってしまいました。

そこで、J社としては、5000万円の借入れの返済をするために、また銀行等から借り入れなければなりません。設備等の固定資産を購入するときは返済に無理のない期間で借りることが肝要です。

このケースの場合、返済期間が耐用年数と同じ10年であれば、利益ゼロの状態が10年続いても減価償却を通じた資金で返済でき、会社はつぶれないということです。

会社にとって利益を出すことは重要ですが、それ以上に重要なのが資金ショートを起こさないこと、お金がなくて支払いができない、という状態を避けることです。

無形固定資産・のれん

固定資産には形のないものもあります。たとえば、法律上の権利である特許権や商標権、営業権やソフトウェアなどです。権利を独占し、使用することで長期にわたって会社の収益力を支える価値がある資産で、これを無形固定資産と呼びます。そして、建物や製造設備と同様、一定期間で償却を行います。

また、M&A（買収・合併）で支払った金額が、帳簿上の資産額を上回るケースがあります。ブランド力や技術力、顧客ネットワークなどで資産額以上の収益力が見込まれると判断したわけです。この差額をのれんと呼び資産に計上します。

のれんについても日本基準では、一定期間で均等に償却することになっています。これに対し、国際財務報告基準（IFRS）では、のれんの償却は行わず、少なくとも年1回価値が減じていないか判断し、減じている場合は、減損処理することとなっています。

KEYWORD

資金ショート
銀行口座に蓄えがなくなり、取引先に決済ができなくなるということ。

無形固定資産
形のない固定資産。法律上の権利・特許権・実用新案権・商標権・営業権・ソフトウェアなど。

M&A
Mergers and Acquisitionsの略称。合併と買収。

のれん
資産額を超えた支払金額。価値評価分。

減価償却の計算

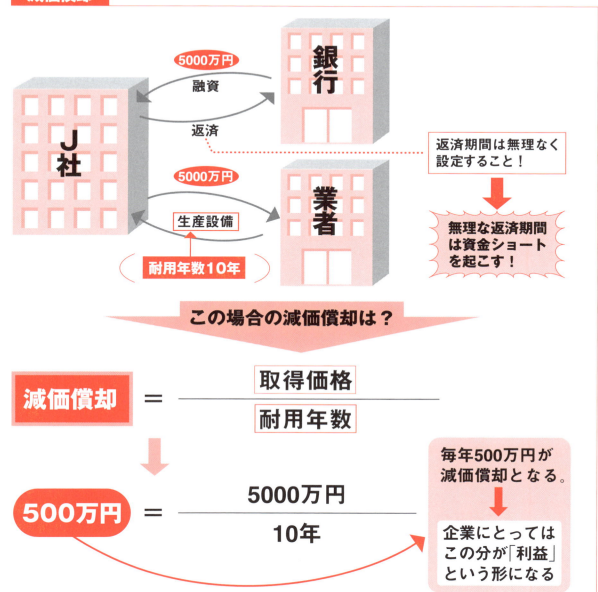

■ ここでのポイント
減価償却費が会社の「利益」になる しくみを知ろう

Part2 貸借対照表から始めよう

06. 資本の調達先はここを見る
調達先を見た後は、左と右を比べてみよう

貸借対照表の右側にあるもの

　貸借対照表の右側は、資金がどこからやってきたのか、つまり、「資本の調達源泉」を示しています。この右側も分割して見比べると資金バランスを簡単に理解できます。

　貸借対照表の右側は「負債」と「純資産」の2つに分けられています。

　これは、「**負債＝他人資本**」と「**純資産＝自己資本**」という意味があります。簡単に言えば、「返さなければならないお金か、返さなくてもよいお金か」という尺度に基づく分け方です。

　負債はさらに、1年以内に返済しなければならない「流動負債」と、いずれ返済するものの期日に1年以上の余裕がある「固定負債」に分けられています。

　実は、貸借対照表の右側を分割する場合には、「負債」と「純資産」という単純な分け方ではなく、**「流動負債」と「固定負債＋純資産」という分け方が現実に合っています**。その理由は貸借対照表を見比べるとわかります。

左と右を比べてみよう

　では、貸借対照表の左と右を見比べてみましょう。まず、「**資産の部**」を見て下さい。

　資産には、流動資産と固定資産がありました。流動資産は「出入りの激しい運転資金の運用」、固定資産は「いつ帰ってくるかあてにならない固定資金の運用」でしたね（20ページ）。

　そこで問題となるのは、固定資金をどのように調達するかということです。なにしろ、固定資産は、いつ現金として帰ってくるかあてにならないのですから…。したがって、近々返済しなければならないような資金でまかなうことは、あまりにも危険です。つまり、流動負債を固定資産の購入にあてては危険ということになります。

　流動負債からずっと下に目をやると、固定資産にあてるにふさわしい非常に便利な資金があります。**自己資本**（純資産）です。返さなくてもいいと初めからわかっていますので、安心です。

　「**固定資産は自己資本でまかなう**」。これが理想的な形、ということができます。

固定資産は自己資本でまかなえるか

　しかし、自己資本のみで巨額の設備を購入できればいいですが、無理な場合が多いですね。やはり、借金に頼らざるを得ない現実があります。「固定資産は自己資本でまかなえ」とはいうものの、「自己資本でまかないきれない」というのが実状なのです。どこからか調達してこなければなりません。とはいえ、流動負債は1年以内に返済しなければならないものですから、それを固定資産の購入にあてるのは危険です。そこで目を向けるのが、固定負債の項目です。

　「固定資産」と「純資産＋固定負債」のバランスを比べれば、無理のない資金で資金回収が難しい資産の取得をしたかがわかります（p.126）。自然と流動資産にどれだけ余裕があるかがわかります。つまり、その会社の健康状態がわかるのです。

KEYWORD

自己資本	他人資本
会社の出資者である株主の持分となる資本。株主資本ともいう。 自己資本＝純資産	自己に対する他人。株主以外の金融機関や他人からの借入れや、支払を猶予されていることによる資本。 他人資本＝負債

資本の調達先はここを見る

負債および純資産の部の読み方

部 金額	負債および純資産の部 科目	金額
14,001	流動負債	13,286
2,879	支払手形	3,556
3,572	買掛金	5,426
2,805	未払金・未払費用	1,704
1,706	その他	2,600
1,138	固定負債	7,891
1,901	長期借入金	3,549
21,951	その他	4,342
6,838	負債合計	21,177
2,076	株主資本	14,775
2,035	資本金	2,003
1,125	資本剰余金	4,891
1,602	利益剰余金	7,881
15	評価・換算差額等	0
15,098	純資産合計	14,775
12,619		
2,479		
35,952	負債・純資産合計	35,952

資本の調達先は3つに分けられている

◎ ポイント1

「返さなければならないお金」 → 負債：他人資本

「返さなくてもよいお金」 → 純資産：自己資本

◎ ポイント2

「1年以内に返済するお金」 → 流動負債

「いずれは返済するが、それまでに1年以上の余裕があるお金」 → 固定負債

左と右を比べてみよう

資産の部 科目	金額
流動資産	14,001
現金	2,879
受取手形	3,572
売掛金	2,805
有価証券	1,706
たな卸資産	1,138
その他	1,901
固定資産	21,951
有形固定資産	6,838
建物・構築物	2,076
機械装置	2,035
土地	1,125
その他	1,602
無形固定資産	15
投資等	15,098
投資有価証券	12,619
その他	2,479
資産合計	35,952

負債および純資産の部 科目	金額
流動負債	13,286
支払手形	3,556
買掛金	5,426
未払金・未払費用	1,704
その他	2,600
固定負債	7,891
長期借入金	3,549
その他	4,342
負債合計	21,177
株主資本	14,775
資本金	2,003
資本剰余金	4,891
利益剰余金	7,881
評価・換算差額等	0
純資産合計	14,775
負債・純資産合計	35,952

危ないのは…
固定資産が純資産と固定負債でまかない切れず、流動負債にまで手を出してしまう状況

現実は…
固定資産は純資産と固定負債でまかなう

理想は…
固定資産は純資産でまかなう

■ここでのポイント

固定資産＜純資産＋固定負債でよしとする

Part2 貸借対照表から始めよう

07. 財産状況を見極めよう

資金のバランスを一瞬で読みとる方法

資金バランスの4つのタイプ

では、ここまでで説明したように、貸借対照表の左にある「固定資産」と右にある「純資産」＋「固定負債」を比べる練習をしてみましょう。

ここで重要なのは、形で理解し、実際の金額で比べることです。

貸借対照表の形で重要なのは、「足腰がしっかりしているか否か」です。つまり、資金の調達は返済の必要のない、もしくは長期にわたって返済すればいい資金で構成されていることが望ましいのです。

実際に比べてみると、資金バランスにはいくつかのタイプがあることが見えてくるはずです。

代表的なタイプは、以下のようなものとなっています。

①ジープ型貸借対照表　これは、「固定資産」を完全に「純資産」でまかなっているタイプです。このような会社は**非常に強固な財政状態にある**といってもいいでしょう。

②小型乗用車型貸借対照表　このタイプは「固定負債と純資産」とで「固定資産」を十分まかない切れているタイプです。「流動資産」が「流動負債」の倍ぐらいあるでしょうから**経営の安全性は非常に高い**といえるでしょう。

③ママチャリ型貸借対照表　これは、「固定負債と純資産」が「固定資産」をかろうじて上回っているタイプです。「流動資産」が「流動負債」をなんとか上回っているので走ることができるものの、アクシデントがあればよろめきそうな**不安定さ**があるといえるでしょう。

④ドロ舟型貸借対照表　これは「固定負債と純資産」が「固定資産」より少ないタイプです。このタイプは「流動資産」よりも「流動負債」のほうが大きいので、資産を現金化してもすぐに出て行ってしまいます。

いくらかき出してもどんどん水が染み込んできたカチカチ山のドロ舟のようです。**沈没する可能性が大きい経営**をしているといえます。

勘定科目の持つ意味

貸借対照表をより深く読むためには、それぞれの勘定科目の性質を十分理解し、数字の裏側に隠されたドラマを読み取っていくことが必要です。

次ページの下の図を見てください。

勘定科目にはいろいろな種類があります。

多くの勘定科目が貸借対照表の上に所狭しと並んでいますが、むやみやたらと並んでいるのではありません。

一定のルールにそった並び方をしています。もっともポピュラーなルールが「**流動性配列法**」と呼ばれるものです。

これは、資産（貸借対照表の左側）の場合は現金を筆頭に、流動性の高いもの、つまり換金し易いものから順番に並べていく方法です。

一方の負債・純資産（貸借対照表の右側）は、支払わなければならない度合いが高いものから順に、上から下に向けて配列していくことになります。

KEYWORD

流動性配列法
貸借対照表項目を現金化しやすいものから順に配列していく方法。資産は、流動資産、固定資産の順。負債は、流動負債、固定負債の順。そして負債に続いて純資産を配列する。

財産状況を見極めよう

ここまでわかる資金バランス

タイプＡ：ジープ型

流動資産	流動負債
	固定負債
固定資産	純資産

固定資産を完全に自己資金でまかなっている状態。重心が低く、ちょっとやそっとでは倒れません。小さな地雷も踏み越える。

タイプＢ：小型乗用車型

流動資産	流動負債
	固定負債
固定資産	純資産

流動資産が流動負債の倍はあるタイプ。安全性はかなり高い。でも、油断は禁物。なにが起こるかわかりません。

タイプＣ：ママチャリ型

流動資産	流動負債
固定資産	固定負債
	純資産

流動資産が流動負債を上回っているのでなんとか走行可。重量オーバーのカゴをハンドルにぶら下げると、とたんによろめく。

タイプＤ：ドロ舟型

流動資産	流動負債
固定資産	固定負債
	純資産

いくらかき出しても水が染み込んできたカチカチ山のドロ舟のように、働けど働けどお金はじわじわと減っていく。沈没の可能性も大。

勘定科目の並び方の意味

資産の換金性

高 → 低

流動資産	有形固定資産	無形固定資産	投資等
・現　金 ・預　金 ・売掛金	・土　地 ・建　物	・特許権 ・ソフトウェア	・投資有価証券 ・子会社株式

負債・純資産の換金性

高 → 低

流動負債	引当金	固定負債	純資産
・支払手形 ・買掛金	・賞与引当金	・社債 ・長期借入金	・資本金 ・剰余金

■ここでのポイント

貸借対照表はイメージで読んでみよう

Part2 貸借対照表から始めよう

08. 流動資産でわかること

流動資産から「当座資産」を読みとろう

流動資産の中身

ここからは流動資産の中身について見ていきましょう。

流動資産の中には、どのような基準で流動・固定区分を行ったとしても、当然に流動資産とされるものがあります。それは現金です。

そもそも「流動性」という考え方は、現金をベースとしたものですから、現金が流動資産であることに間違いはありません。

重要なことは、流動資産のうち「**どこまでの範囲を決済手段として見込めるか**」ということです。企業活動は、つまるところお金の出し入れですから、お金の出し入れを円滑に行うためには、決済手段として使えるレベルの流動性が充分に確保されていることがポイントとなるのです。

貸借対照表では流動性と換金性が重要

流動性・換金性について、順番にチェックしてみましょう。

まず、現金。

次に預金。当座預金や普通預金には問題がありませんが、定期預金となると若干問題があります。

しかし、最近では、定期預金の部分解約や総合口座の利用によって、昔ほど不自由なものとなっていませんので、これも決済手段とみなしてよいでしょう。

また、たいして手間もコストもかけずに換金できる株券や国債などの有価証券や受取手形・売掛金も、通常のサイクルであれば毎月の回収が見込めます。受取手形については、銀行などで割引によって預金に変えたり裏書という方法で負債の支払いにあてることも可能ですので、決済手段としてもかまわないでしょう。

本当の意味で流動資産として支払決済に利用できそうな資産は、せいぜいここまでです。

当座資産とはなにか

これら、現金、預金、有価証券、受取手形、売掛金を総称して「**当座資産**」と呼びます。当座資産以外の資産を決済資金と考えるには無理があります。たとえば、商品などのたな卸資産は、販売されて売掛金となり、その後の回収を待って現金化されるわけですから、現金化がワンテンポ遅れますし、いつ売れるかわからない商品を決済資金と考えることはできません。

流動資産はここを読む

以上のように分けられる流動資産から読み取れるのは、運転資金の資金バランスです。運転資金のバランスは、流動資産と流動負債を見るよりも当座資産と流動負債のバランスを見たほうがよいでしょう。

もし、当座資産が流動負債と同額レベルであったとすれば、その会社は当面の支払能力があると判断され、当座資産が流動負債の5割となると資金繰りに頭を悩ませることになるでしょう。

KEYWORD

換金性	有価証券	手形	当座資産
いつでも現金化できるのかどうか、その度合いのこと。	一般には財産権を表示する証券で、その権利の移転または行使に証券が必要なもの。手形・小切手・株券・債券・船荷証券・倉庫証券・貨物引換証・商品券の類。会計上の有価証券には手形、小切手は含めません。	一定の期日に一定の金額を支払うことを委託または約束した証券。	現金、預金、有価証券、受取手形、売掛金、完成工事未収金、営業未収入金を総称する。当座とは、すぐに現金化できるの意。

流動資産でわかること

当座資産を探し出す

しやすい

現金化

しにくい

資産の部	
科目	金額
流動資産	14,001
現金	2,879
受取手形	3,572
売掛金	2,805
有価証券	1,706
たな卸資産	1,138
その他	1,901
固定資産	21,951
有形固定資産	6,838
建物・構築物	2,076
機械装置	2,035
土地	1,125
その他	1,602
無形固定資産	15
投資等	15,098
投資有価証券	12,619
その他	2,479
資産合計	35,952

現金化しやすい！

当座資産

これ以外を決算資金として考えるのは、現金化のタイムラグを考えて無理がある

当座資産と流動負債を比べると当面の資金繰りの状況がわかる

負債および純資産の部	
科目	金額
流動負債	13,286
支払手形	3,556

- ●当座資産の額が流動負債の額とほぼ同等 ➡ 支払能力はあると判断
- ●当座資産の額が流動負債の額の80％ ➡ まだなんとかなるか…
- ●当座資産の額が流動負債の額の50％ ➡ 資金繰りに絶えず悩む

■ここでのポイント

流動資産の中から当座資産を選び、それと流動負債を比べてみよう

Part2 貸借対照表から始めよう

09. 決め手は「現金化」だ!

勘定科目を見るときは、必ず「現金化」の視点で

固定資産の分類

固定資産は中分類として、「有形固定資産」「無形固定資産」「投資等」の3つに区分されています。この区分は、長期に保有することを前提に、形があるかないかということと、投資などを区分けして表示させようとするものです。建物や備品など**実体のある設備類を「有形固定資産」**とし、その下には、借地権や特許権など**目には見えないものの長期にわたって有効な権利を「無形固定資産」**としておきます。それら以外の固定資産は「投資等」として一番下に置かれます。

負債および純資産の分類

負債の勘定科目もまずは流動性という基準で流動負債と固定負債に分けられます。**1年以内に支払わなければならない金額が流動負債、1年を超えるものが固定負債**となります。貸借対照表を見ればわかりますが、負債の勘定科目の多くは流動負債に属するものといえるでしょう。

純資産は、会社の所有者である株主が出資し払い込んだ金額および会社の活動から獲得した利益で株主に帰属する金額から構成される「**株主資本**」と、「**評価・換算差額等**」で構成されます。純資産は、負債が「**他人資本**」と呼ばれるのに対して、「**自己資本**」とも呼ばれます。「**株主資本**」は出資者である株主が会社のために拠出しているお金なので、返済の必要がない資金です。つまり、株主が自分の会社(事業)のために出したお金なので、決められたルールに従って返済ないし支払う必要

はないというわけです。しかし、純資産は株主の権利としての金額なので、最終的には株主に戻さなければならない性質があり、いずれは株主のための利益分配に使われたりします。持株会社形態での会社経営が多くなったことから「株主資本」を「当社株主に帰属する持分」と「非支配持分」に分けた表示を見かけることが多くなりました。

不思議な勘定科目

勘定科目を見ていくと、不思議な勘定科目が見つかります。「**未収収益**」「**前払費用**」「**未払費用**」「**前受収益**」などです。これらは、資産や負債として積極的に貸借対照表に計上されるものではありません。

期間損益という会社の利益計算での特殊な事情から暫定的に貸借対照表に計上されたものです。

正常営業循環基準

流動と固定の区分は、**ワン・イヤー・ルール**といって、1年を基準にしています。流動資産として記載されている売掛金やたな卸資産の中には、1年以内の現金化がおぼつかないものが含まれていることがあります。

これは支払いが遅延している債権や製造に1年以上を要する製品、売れ残った在庫などですが、実は、売掛金やたな卸資産はワン・イヤー・ルールの例外というよりも、正常な営業活動から生じる中心的な資産、負債については単純に流動資産、流動負債とみなす「**正常営業循環基準**」という別のルールに基づいて記載されているのです。

KEYWORD

未収収益
受取家賃や受取地代など、期間を対象に計算して受け取る収益について、まだその対価の支払いを受けていないもの。

前払費用
継続的に発生する費用の先払い相当分。一定の契約に従い、継続して役務の提供を受ける場合、いまだ提供されていない役務に対し支払われた対価。

未払費用
契約により継続して役務提供を受けている場合、いまだ対価の支払いが終わっていないもの。

前受収益
一定の契約に従い継続してサービスを行う際、まだサービスを行っていない対価について支払いを受けた場合に処理する勘定科目。

決め手は「現金化」だ！

「現金化」という視点

貸借対照表の要旨
（令和Y年3月31日現在）

（単位：億円）

資産の部		負債および純資産の部	
科目	金額	科目	金額
流動資産	14,001	流動負債	13,286
現金	2,879	支払手形	3,556
受取手形	3,572	買掛金	5,426
売掛金	2,805	未払金・未払費用	1,704
有価証券	1,706	その他	2,600
たな卸資産	1,138	固定負債	7,891
その他	1,901	長期借入金	3,549
固定資産	21,951	その他	4,342
有形固定資産	6,838	負債合計	21,177
建物・構築物	2,076	株主資本	14,775
機械装置	2,035	資本金	2,003
土地	1,125	資本剰余金	4,891
その他	1,602	利益剰余金	7,881
無形固定資産	15	評価・換算差額等	0
投資等	15,098		
投資有価証券	12,619	純資産合計	14,775
その他	2,479		
資産合計	35,952	負債・純資産合計	35,952

しやすい ← 現金化 → **しにくい**

されやすい ← 現金化 → **されにくい**

左の場合
こちらは現金化しやすいものがある程度あったほうがよい

 → 支払能力に影響する

右の場合
こちらは現金化されやすいものはあまりないほうがよい

 → 支払額が増加してしまう

■ここでのポイント

「これはすぐに現金になるか？」という気持ちを忘れない

Part2 貸借対照表から始めよう

10. 貸借対照表にだまされるな！

「本当に資産？」と疑うことも大切

貸借対照表にある落とし穴

ここで重大な話があります。それは、「うっかりすると貸借対照表にだまされる」ということです。

つまり、勘定科目で記される一件一件の資産内容が本当に書かれている通りの価値があるものの集約である保証はありません。貸借対照表に計上されている金額と実際の資産価値が違ってしまうケースもあるのです。

落とし穴はどこにあるのか

「判断の困難なケース」はいろいろありますが、代表的なものとして、以下のものがあります。

①不良債権（受取手形や売掛金）

会社が持っている債権は、通常は正常営業循環のサイクルの中で、次々に回収されていきます。しかし、相手先の事情により、長期的に回収が滞っている債権がしばしば含まれています。これらが不良債権になります。不良債権を流動資産や当座資産に含めて考えていると、思ったような資金繰りにならず、とんだ災難を招く場合があります。

②滞留在庫（商品や製品）

商品や製品の中には、ときとして売れ残った流行遅れの商品が含まれています。流行遅れ、陳腐化などの商品のほか、ただ単に不人気だったものまでさまざまです。下手をすると何十年も倉庫に眠っていることになります。これらの滞留在庫を「たな卸資産」という勘定科目で流動資産に含んだまま資金バランスを見ると、判断が狂います。

③含み損（有価証券）

有価証券を換金しようとした場合に、貸借対照表に計上された額がそっくりそのまま現金化されると思ったら大間違いです。貸借対照表の計上額は「時価会計」の導入により、決算時の時価で計上することになってきました。

以前は「取得原価主義」といって、買ったときの値段をそのまま計上することになっていました。しかし、取得後に価値が下がっている場合、いざ換金してみると、半分以下にしかならないケースもありました。含み損までが資産に入っていたのです。今では公正な価値（時価）で評価し、一定の評価損益を別途表示することになっています。

④担保提供（有価証券や定期預金）

有価証券や定期預金は借入金の担保として銀行などに提供されている場合があります。担保に入っているものは資産ではあっても、その流動性は極めて低いといわざるを得ません。特に長期的な借入金の担保とされているような場合ですと、これらの資産本来の流動性は、完全に失われます。

落とし穴を避けろ

貸借対照表には、これ以外にもさまざまな落とし穴が仕掛けられている可能性があります。

貸借対照表を利用する場合、これらの落とし穴に落っこちないようにしないといけません。

36ページでは落とし穴に落ちないための注意点を説明しています。

貸借対照表を読む際には必ずこころがけるようにしましょう。

KEYWORD

資金繰り	含み損	担保	
資金のやりくり。入金と出金のタイミングを捉え管理する方法。	所有している資産の時価の値下がりにより、損失が生じる可能性がある状態。	抵当。かた。質ぐさ。債務不履行の際に債務の弁済を確保する手段として、あらかじめ債権者に提供しておくもの。	

貸借対照表にだまされるな！

どんな視点で疑うべきか

不良債権は？

◎不良債権が多いと思ったような資金繰りができなくなる。

含み損は？

◎貸借対照表には買った当時の値段が計上されている。取得後、価値が下がっている可能性もあるから要注意。

担保提供は？

◎もし、担保とされていれば流動資産といえども、「流動性」は低くなる。

滞留在庫は？

◎売れないものをかかえていてはいつまでも現金化されない。結局、資金繰りに影響する。

資産の部	
科目	金額
流動資産	14,001
現金	2,879
受取手形	3,572
売掛金	2,805
有価証券	1,706
たな卸資産	1,138
その他	1,901
固定資産	21,951
有形固定資産	6,838
建物・構築物	2,076
機械装置	2,035
土地	1,125
その他	1,602
無形固定資産	15
投資等	15,098
投資有価証券	12,619
その他	2,479
資産合計	35,952

すぐに現金化できるのがメリットの流動資産を正しく判断できない可能性もある！

■ここでのポイント

正しい視点で数字を疑ってみよう

Part2 貸借対照表から始めよう

11. 落とし穴には要注意！
ルールはあるが、守られていない可能性もある

貸借対照表の落とし穴を避けるポイント

貸借対照表上の落とし穴を避け、貸借対照表の内容を正しく判断するために、決算書は以下の①～④をはじめとする一定のルールを守って作成しなければならないことになっています。

ただし、ルールを守って作成されているかどうかは定かではありません。

そこで、株式を公開している会社などは、投資家の保護を目的に**公認会計士による会計監査**が実施され、決算書の適正性を担保しています。

①ルール１：不良債権対策

債権は回収可能性に応じて評価され、できるだけ回収可能額に近い金額で計上されなければなりません。また、回収が長期化するものは、固定資産として表示することとされています。

②ルール２：滞留在庫対策

陳腐化品や不良品は、債権と同様売れる価格で計上する評価ルールがあります。しかし、ただの売れ残り品については、十分と呼べるだけの対策は設けられていません。

③ルール３：含み損対策

含み損については、**低価法**といい、時価が下落した場合には、その**下落分を損失として処理**する方法が認められています。2009年3月期より上場会社については必ず低価法を適用しなければなりません。その他の会社は任意となっているので、万全のルールではありません。低価法を採用しているかどうかは、よくわかるように注記表に記載しておくものとされています。

④ルール４：担保提供対策

担保提供している資産は、注記によって明らかにすることとされています。

中小企業はルールを破る（？）

結局、貸借対照表をはじめとする決算書は、

イ　**できるだけ実態を明らかにする会計処理を行うこと、**

ロ　**どのような会計処理を行ったかを明記すること、**

ハ　**注記表に記載して、より多くの判断材料を提供すること**

というルールに基づいて作成されなければならない、ということになります。

しかし、これらのルールはほとんどの中小企業では守られていません。

中小企業では税務申告の必要から、必要最小限の貸借対照表や損益計算書を作成するだけというケースが多く、上記のルールを守って、利用者にとって親切な決算書を作ろうとは考えていないのが現状です。

しかも、これらのルールを守っているかどうかをチェックする会計監査のような仕組みが、中小企業にはありません。

利用者はそんな決算書から、会社の実態を読み取らなければならない場合が断然多いのです。いったいどうすれば中小企業の決算書から財務状況を正しく判断できるのでしょうか。

38ページでは中小企業の貸借対照表の読み方について、考えていきましょう。

KEYWORD

株式公開
限られた株主によって所有されていた会社の株式を、資金調達等のために広く不特定多数の者に公開すること。

低価法
貸借対照表上の資産評価に際し、原価と時価とを比較して低い方を評価額とするやり方。有価証券とたな卸資産に適用されている。

中小企業
従来の商法では鉱工・運送業等では資本金1億円以下又は従業員数が300人以下、小売り・サービス業等は資本金1千万円以下又は従業員数50人以下、卸売業では資本金3千万円以下又は従業員100人以下の企業のこと。会社法では企業を公開会社と非公開会社という2つに区分し、最低資本金制度廃止により企業規模による区分は大会社とその他の会社としている。資本金5億円以上か、負債合計200億円以上の会社が大会社。

落とし穴には要注意！

決算書の信ぴょう性を確かめよう

「あやしい…」と感じたら……

株式公開している企業

・投資家の保護のため、公認会計士による会計監査が実施されている

→ 「公認会計士のチェックは済んでいますか？」と聞いてみよう

不良債権対策

・できる限り回収可能額に近い額で計上されることになっている
・回収が長期化するものは固定資産にすることになっている

→ 「不良債権の全部が流動資産に入れてあるのですか？」と聞いてみよう

滞留在庫対策

・売れる（売れそうな）価格で計上することになっているが、売れ残り品への対策は特にない

→ 取引先の商品をチェックして、時代遅れや流行遅れがないか調べよう

含み損対策

・下落分を損失として処理する低価法という方法が認められている

→ 「低価法を採用していますか？」と聞いてみよう

担保提供対策

・担保提供があるかどうかは注記表で示すことになっている

→ 注記表をよく調べてみよう

■ここでのポイント

痛い目にあう前に確認できることは聞いてみる

Part2 貸借対照表から始めよう

12. 中小企業には推理力で！
中小企業の貸借対照表はこう読もう

中小企業の決算書の読み方

前述のように、中小企業が作る決算書は、はっきりいって、不親切です。しかし、すべてがでたらめというわけではありません。

中小企業は貸借対照表等の決算書を税務申告で使っているわけですから、それなりに正確に作ってあるはずです。

ただし、情報量はかなり不足しています。したがって、足りない情報を補いながら読んでいく推理力が大切になってくるのです。

必要なのは推理力

中小企業の貸借対照表を読んでいく場合、売掛金の中に不良債権はないか、在庫が多すぎるけれど売れ残りがあるのではないか、最近の株式市況からみて有価証券の時価はかなり下がっているのではないかなど、想像力を駆使して眺めてみることが大切です。

あれこれ想像しながら読んでいくというのは、とても難しいことのように思えますが、反面、これは、決算書を読む場合の楽しみでもあります。

決算書を読む醍醐味はここにある、といっても過言ではないのです。

推理のポイント

では、どの数字に注意をしながら読めばいいのでしょうか。以下では、中小企業の貸借対照表を読む上でのポイントをいくつか紹介します。

①売掛金と買掛金を比較してみる

売掛金と買掛金を比較してみましょう。

もし、売掛金が買掛金と比べて異常に多い場合には、不良債権があるか、仕入条件が不利で支払先行型の経営となっている可能性があります。

このような会社はいずれにしても資金繰りは苦しいはずです。

②たな卸資産と買掛金を比較してみる

たな卸資産と買掛金を比較してみましょう。もし、たな卸資産が買掛金より異常に多い場合は、それだけ商品の回転が悪くなっている証拠です。

このような場合も、資金繰りは苦しいはずです。

③仮払金の残高をみる

仮払金の残高を見てみましょう。

仮払金が異常に多い場合には、経費の精算が遅れていることが考えられます。

すべて経費となるものですから、資金バランスを見るにあたっては、流動資産から除いておいたほうがよいでしょう。

その他、後々説明する損益計算書の**売上高と売掛金の比較**や**売上原価と買掛金、たな卸資産との比較**などから異常がないか推理することが有効です。

貸借対照表の着目点

以上の点を注意してみるだけでも、貸借対照表の生きた数字を読めるようになります。

貸借対照表を分析する上でのその他の細かい着目点は76ページ以降に掲載しておきますので、そちらをご覧下さい。一層、貸借対照表の理解に役立つはずです。

KEYWORD

税務申告	売掛金	買掛金	仮払金
納税の義務がある者が行う納税のための申告業務。	商品の売上の未収金および加工、役務提供などによる営業収益の未収金。得意先に対する債権の一種。	商品・原材料の仕入れや役務提供の支払いなど営業上の未払い金。取引先に対する債務の一種。	最終的な金額がはっきりしない場合、一時、概算で金を払っておくこと。仮渡し。

中小企業には推理力で！

どこをどう推理するか

中小企業の決算書 → **不親切！**

しかし

税務申告に使う以上、すべてがデタラメというわけではない

そこで推理力！

◎ **売掛金と買掛金を比べる**

売掛金が買掛金に比べて異常に多ければ、不良債権や仕入条件の悪さなどが予想される

◎ **たな卸資産と買掛金を比べる**

たな卸資産が買掛金よりも異常に多ければ、商品の回転率が悪い証拠

◎ **その他……**

仮払金の残高や損益計算書の売上高と貸借対照表上の売掛金なども見てみよう

貸借対照表の要旨
（令和Y年3月31日現在）

（単位：億円）

資産の部		負債および純資産の部	
科目	金額	科目	金額
流動資産	14,901	流動負債	13,286
現金	2,879	支払手形	3,556
受取手形	3,572	買掛金	5,426
売掛金	2,805	未払金・未払費用	1,704
有価証券	1,706	その他	2,600
たな卸資産	1,138	固定負債	7,891
その他	1,901	長期借入金	3,549
固定資産	21,951	その他	4,342
有形固定資産	6,838	負債合計	21,177
建物・構築物	2,076	株主資本	14,775
機械装置	2,035	資本金	2,003
土地	1,125	資本剰余金	4,891
その他	1,602	利益剰余金	7,881
無形固定資産	15	評価・換算差額等	0
投資等	15,098	純資産合計	14,775
投資有価証券	12,619		
その他	2,479		
資産合計	35,952	負債・純資産合計	35,952

■ **ここでのポイント**

決算書を推理しながら読んでみよう

Part3　損益計算書はここがツボ

01. 5つの利益を知ろう

1年間の「利益」はどのくらい？

損益計算書とはなにか

損益計算書は英語で「Profit & Loss Statement」といい、その略称は「P／L（ピーエル）」と呼ばれています。P／Lは、会社が1年間でどれだけの利益を稼ぎ出したか計算をする書類で、資本増殖の理由を明らかにするものです。

株式会社では、投資家は自分のお金を経営の専門家に託して、利益をあげてもらい、その分配を受け取る仕組みとなっています。

これがいわゆる「**所有と経営の分離**」と呼ばれるものです。投資家には、自分が投資したお金がどのように使われ、いくら儲けたのか、現在の財産の状態はどうなっているかを知る権利があります。その知る権利にこたえるために経営者は経営成績を決算書にまとめ、投資家に報告するのです。

損益計算書を参考にして会社の業績を判断し、業績が悪ければ、投資家はもっと優秀な経営者に経営を託すことを考えるかもしれません。つまり、出資金を引き上げて別の会社に出資したり、あるいは、出資している会社の経営陣を変えたりすることが投資家にはできるのです。**会社を所有しているのは投資家である株主**なのです。

2つの損益計算書

損益計算書の表示方法には**報告式**と**勘定式**の2つの様式があります。ただし、勘定式はあまり読みやすくはないため、報告式の方が一般的といえます。報告式は上から下に損益を計算する形になっており、計算の過程が段階的に示されています。

実は、この「段階的に利益を計算する」というのが損益計算書を読む場合、非常に重要な意味を持ってます。

損益計算書でわかる利益は5つ

損益計算書で計算される利益は、以下の5つです。

①売上総利益

売上総利益とは、「**売上高－売上原価**」で計算される利益であり、1年間の粗利益を集計したものです。会社がいくらのものをいくらで売っているかを統括的に知ることができる最も基本的な利益です。

②営業利益

営業利益とは、「**売上総利益－販売費及び一般管理費（販管費）**」で計算される利益であり、商売での儲けを示しています。

③経常利益

経常利益とは、「**営業利益＋（営業外収益－営業外費用）**」で計算される利益であり、毎期発生するであろう会社の経常的な利益獲得能力を示しています。

④税引前当期利益

税引前当期利益とは、「**経常利益＋（特別利益－特別損失）**」で計算される利益であり、営業と直接関係ない臨時的に発生した損益も計算して最終的な利益を出します。

⑤当期利益

当期利益とは、「**税引前当期利益－税金**」で計算され、分配可能な利益として、出資者に対する利益分配の源泉となります。

KEYWORD

所有と経営の分離	**利益**	
会社の所有者と、実際に経営を行う者が異なっている状態。株主と経営者の関係など。	もうけ。得（とく）。収益から費用を引いた残り。利潤。	

5つの利益を知ろう

損益計算書の中身はこうだ

損益計算書
自 令和X年4月1日　　至 令和Y年3月31日

（単位：百万円）

〔売上高〕		50,000
〔売上原価〕		32,500
売上総利益		17,500
〔販売費及び一般管理費〕		
販売促進費	3,000	
給料手当	3,000	
荷造発送費	400	
広告宣伝費	1,000	
交際接待費	1,000	
旅費交通費	500	
地代家賃	500	
減価償却費	500	
雑費	100	10,000
営業利益		7,500
〔営業外収益〕		
受取利息・配当金	500	500
〔営業外費用〕		
支払利息・割引料	1,000	
雑損失	2,000	3,000
経常利益		5,000
〔特別利益〕		
〔特別損失〕		
固定資産売却損	1,000	1,000
税引前当期利益		4,000
法人税等		2,000
当期利益		2,000

売上総利益

売上高から売上原価を引いて出された1年間の粗利益の集計

営業利益

売上総利益から販売費及び一般管理費を引いて出された商売での儲け

経常利益

営業利益に営業外損益を加減して出されたもの

税引前当期利益

経常利益に特別損益を加減して出されたもの

当期利益

税引前当期利益から税金を引いて出された利益

損益計算書の要旨
自 令和X年4月1日
至 令和Y年3月31日

（単位：億円）

科目	金額
売上高	33,196
営業費用	33,044
営業利益	151
営業外損益	-5
経常利益	146
特別損益	-493
税引前当期利益	-347
法人税,住民税及び事業税	-
当期利益	-347

（注）①有形固定資産の減価
　　　　償却累計額
　　　　　　18,573億円
　　　　②1株当たり当期利益
　　　　　　-12円67銭

新聞等に掲載される損益計算書は「要旨」の形のものです。細かい内容を知ることはできないものの、大まかな流れは十分知ることができます。

■ここでのポイント

損益計算書には5つの利益が書いてある

41

Part3 損益計算書はここがツボ

02. 読みこなすポイントは比較

年ごとの比較と同業他社との比較をしてみよう

実際の損益計算書が持つ意味

損益計算書は、①**売上総利益**、②**営業利益**、③**経常利益**、④**税引前当期利益**、⑤**当期利益**という5つもの利益を計算しようという、とても欲張りなものです。

一般的には経常利益が重視されるといわれています。経常利益は、会社の経常的な利益獲得能力を示すものですから、会社の業績を正しく判断するのに一番適しているというわけです。

ただし、会社の存在価値はいかに企業活動を通じて付加価値を獲得できたか、ということだと考えると、売上総利益（粗利益）も1つの目安とも考えることができるでしょう。

また、なんやかんや言っても会社が最終的に儲けたかどうかが問題で、経営者として優秀かどうか、このまま経営の舵取りを任せていいか投資家が判断するとき、重視するのは、やはり当期利益ではないでしょうか。

会社が独立した法人格を持った存在と考えると、成長し続ける力があるかを判断する経常利益が重視され、投資家の立場から出資に対するリターンを期待する考え方からすると、最終の当期利益が重視されるといえます。また、会社が社会的に存在している意義という観点からみると、**会社が存在して活動していることから付加された利益の大きさが重要と見ることもできます。**

どんな観点から見るか、判断するかによって重視する利益が異なるということです。ちなみに、国際標準となっている損益計算書には経常利益という利益概念はありません。また、包括利益計算書ともいわれます。

年次ごとに比較するのが一番

損益計算書は期間損益の計算経過を示したものですから、貸借対照表とは見方が異なります。

損益計算書を読みこなす最も有効な方法は、「比較」です。

誰でも商売をしている以上は、「去年よりは今年、今年よりは来年」といったように毎年業績がよくなることを望んでいます。したがって、決算ごとに区切って比較することは効果的な方法といえます。このような比較方法を「**年次比較**」とか「**時系列比較**」と呼びます。

同業他社との比較をしてみよう

同業他社の決算書を入手して比較することも、自社の競争力を知る上で有効です。

同業他社比較によって、自社の強みと弱みを容易に見つけ出すことができ、経営改善に直接的に有効なデータを手に入れることができます。

ただし、この比較を行う上で1つの大きな難問があります。それは、会社の規模の問題です。

同業種でも、規模にかなりの差がある場合には、金額だけの比較では勝負になりません。この場合は、損益計算書であれば、売上高を100とした場合の利益などの比率、貸借対照表であれば資産（資本）の合計を100とした構成比を使って比較したほうがよいでしょう。

KEYWORD

粗利益	期間損益	
売上高から売上原価を差し引いた利益。売上総利益ともいう。活動の源泉となる利益で、ベースとなる儲け。	会社の活動を一定期間で区切り損益を計算すること。会社は継続しており、これを人為的に決算日を設け、儲かったかどうか計算する。	

読みこなすポイントは比較

利益を見る視点

◎おおざっぱに、どれだけの粗利があるか、知りたい！ → **売上総利益** を見よう
[売上高－売上原価]

◎商売でどれだけの儲けがあるか知りたい！ → **営業利益** を見よう
[売上総利益－販管費]

◎会社が経常的にどれだけの利益が出せるのか。会社の利益獲得能力を知りたい！ → **経常利益** を見よう
[営業利益＋（営業外収益－営業外費用）]

◎投資家の立場から出資に対するリターンを見極めたい！ → **当期利益** を見よう
[税引前当期利益－税金]

利益を見る視点

＜年次比較＞

前年度 ⇔ 当年度

それぞれの数字を比較するだけで会社の伸びている点や落ちている点がわかる。

＜同業他社比較＞

A社 ⇔ B社

自社の強み・弱みを見出すことができる。ただし、規模に差がある場合、比率を使って比較することが有効。

■ここでのポイント

知りたいことに応じて見る利益を変えよう

Part3 損益計算書はここがツボ

03. 年ごとに比べてみよう

利益を段階的に見ていくのがコツ

年次比較をしてみよう

　年次比較もしくは時系列比較と呼ばれる方法は、1つの会社の損益計算書を何年分か並べて眺めてみようというものです。これが、最も簡単で基本的な損益計算書の読み方です。

増収か減収か

　まず最初に見ておかなければならないのが売上高です。つまり、去年と今年で売上高は増えたのか、減ったのかということを把握するところからスタートです。

　ただ、これまで収益の認識基準が明確でなく、商品を出荷した時点で売上とすることが認められ、多くの会社で行われてきましたが、2021年4月より中小企業の例外を除き、より厳密に顧客に引き渡した時点ないし顧客が検収した時点に売上と考えるようになりました。したがって、この基準を適用した初年度は、年次比較する場合、気をつけなければなりません。

　この売上高の増減理由を正しく把握しているかどうかで、それ以降の損益計算書の読み方がずいぶん変わってきます。

当期利益に目を向ける

　次にみるのは、当期利益です。この当期利益が増えたか、減ったかということを2番目に把握しておくことがコツです。

　もともと、損益計算書は利益獲得内訳書として作成されているわけですから、当期利益を確認しないことには始まりません。

　次ページの損益計算書では当期利益が減っています。この段階で、「おや？」と思ってください。

　売上は増えているわけですから、当然、利益も増えているだろうと考えるのが普通です。

段階利益比較で増収減益の犯人を捜す

　では、増収減益の理由を追求していきましょう。

　その方法は、両年度の段階利益の計算過程を比較します。

　比較分析の対象とするのは、「**売上総利益**」「**営業利益**」「**経常利益**」「**税引前当期利益**」の4つの段階利益です。

　次ページの下の損益計算書を見てください。

　売上の増加にともなって売上総利益も増加していますが、売上高の増加と比べると、それほどでもありません。

　営業利益は、大幅な減益です。

　経常利益は、さらに減益となっています。

　税引前当期利益は、減益となっていますが、経常利益の減益と比べると、やや回復しているようです。これで当期利益が減っている理由のおおよその見当がつきました。どうやら、増収減益の原因は営業利益と経常利益にあるようです。

　裏を返せば、この会社の当期利益を増加させるには、この**営業利益と経常利益の向上にカギがある**ということになります。

KEYWORD

増収	増益	売上高	
収入が増えること。	利益が増加すること。	収益認識の基準。契約による債務の履行義務を充足した時点で計上する。引渡基準、検収基準。	

年ごとに比べてみよう

年次比較のやり方

（単位：百万円）

	前年度の損益計算書	当年度の損益計算書
Ⅰ 売上高	1,125,300	1,403,600
Ⅱ 売上原価	787,700	1,042,700
売上総利益	337,600	360,900
Ⅲ 販売費及び一般管理費	279,300	332,400
営業利益	58,300	28,500
Ⅳ 営業外収益	2,400	2,100
Ⅴ 営業外費用	5,100	13,800
経常利益	55,600	16,800
Ⅵ 特別利益	——	11,300
Ⅶ 特別損失	——	
税引前当期利益	55,600	28,100
法人税	25,570	12,080
当期利益	30,030	16,020

まず
売上高を見よう

次に
当期利益を見よう

おや？
売上高が増えているのに、当期利益は減っている

なぜだ!?

細かく年次比較する

	前年度の損益計算書	当年度の損益計算書	比較
売上高	1,125,300	1,403,600	↗ 増加
売上総利益	337,600	360,900	↗ 増加
営業利益	58,300	**28,500**	↘ 減少
経常利益	55,600	**16,800**	↘
税引前当期利益	55,600	28,100	↘ 減少
当期利益	30,030	16,020	↘ …

WANTED
営業利益　経常利益

増収減益の原因はこの2つだ！

■ここでのポイント

数字を見て、「おや？」と気づくことが大切！

Part3 損益計算書はここがツボ

04. 「利益」を深く読んでみよう①

数字の異常があるならば、ここを疑おう

売上総利益の読み方

売上総利益は、1つ1つの取引で稼ぎ出した粗利益の総合計です。

年次比較等で売上総利益の異常がわかった場合には、個々の取引にそって、販売価格と仕入原価とのバランスがどのように変化したかを考えてみる必要があります。

売上総利益は、「**売上高－売上原価**」で計算されるわけですから、販売数量についての問題はそれほど影響しません。

まずは、販売価格と仕入原価という単価レベルの問題として絞り込んで見ていきましょう。

販売価格の変化は、ほとんどの場合が、マーケットのメカニズムによってもたらされます。同業者の新規参入により生じる供給過剰や競争の激化、技術革新による新製品の登場、為替の変動などが主な原因です。

ただし、売上原価は、ちょっと複雑です。

売上高と同じようにマーケットの動向によって売上原価も影響を受けますが、その他にも仕入物流コスト（倉庫費用や梱包発送費など）や在庫不良や在庫数不足など在庫ロスといったコストが集計されますので、総合的な分析が必要となります。

営業利益の読み方

営業利益は、「**売上総利益－販売費及び一般管理費（販管費）**」で計算されます。営業利益に異常がある場合には、販管費をじっくり検討する必要があります。なぜなら、売上総利益の異常は、売上総利益を見た段階で発見されますから、営業利益の異常の原因は、販管費にあると予想がつくのです。

ところで、販管費の内訳としてはさまざまなものが含まれますが、わかりやすくするためには、販管費をある程度グループ化したほうがよいでしょう。

企業活動は、売上をあげ、売上総利益を稼ぎ出すために行います。どのような経費にどの程度のお金をかけているかという構造上の特徴を捉える必要があるのです。

次ページの表を例に見てみましょう。

人件費の増大が営業利益圧迫の最大の原因であることがわかります。営業マンを増員して売上を増やしたが、増員した営業マンの給料を十分稼ぐまでには至らなかった、そんなストーリーが読めてきます。

それと、もう1つ重要なのは、**販管費は売上原価と違って、売上が減れば自動的に減るという比例関係が必ずしも成立しない**ことです。

たとえば、本社ビルの家賃を売上の減少に比例して値切るわけにはいきません。

このため、個別には経費の使い方に大きな変動がなくても、必要水準の売上総利益を稼ぎ切れない場合は、営業利益を悪化させてしまうことになります。

販管費を見る場合には、会社維持にかかる最低のコストはどれくらいかを読み取ることも必要となってきます。

KEYWORD

売上高
ある期間に品物を売って得た代金の総額。売上げ。
収益認識の基準が定められた（2021年4月より適用）。契約による債務の履行義務を充足した時点で計上。

売上原価
ある売上高をあげるために要する直接費用。

「利益」を深く読んでみよう①

数字の異常を見つけたら

● **売上総利益** に異常発生 → 販売価格・仕入原価を検討しよう

影響 ← ・同業者の参入による供給過剰
　　　・競争激化
　　　・新製品の登場

● **営業利益** に異常発生 → 販売費及び一般管理費を検討しよう

構造上の特徴から検討！

販売費及び一般管理費		第1期	第2期
役員報酬／給料手当／賞与／退職金／法定福利費／福利厚生費	人件費	97,900	140,800
荷造発送費／広告宣伝費／交際接待費／会議費／旅費交通費	営業経費	48,900	61,500
通信費／事務用品費／水道光熱費／新聞図書費／地代家賃	事業経費	65,800	66,500
リース料／減価償却費／修繕費	設備費	55,600	53,200
寄附金／諸会費／租税公課／雑費	その他	11,100	10,400
《合　計》		279,300	332,400

年次比較をすることで、なぜ異常が発生したかを理解する

↓

左の例の場合は、人件費と営業経費に大きな変化がある

↓

これが原因？

■ここでのポイント

疑う箇所のマトを絞ろう

Part3 損益計算書はここがツボ

05. 「利益」を深く読んでみよう②
損益計算書の構造を確認して読もう

経常利益の読み方

経常利益は、「**営業利益±営業外損益**」として計算されます。

経常利益に異常が見られる場合は、営業外収益と営業外費用の中身を検討することになります。営業利益は、経常利益の前段階で登場していますから、もし異常があれば、その時点で分析してあるはずだからです。

営業外損益の主なものとしては、利息などの金融損益があります。

特に、営業外費用である支払利息は重要で、売上高の数十％という巨額な利息を支払い続けている会社もあります。

ところで、金融コストは会社の財務体質と密接に関連し、資金バランスの善し悪しが重大な影響をもたらします。

したがって、営業外損益を吟味する場合には、**損益計算書以外にも貸借対照表で資金バランスを見ることが大切なのです**。

損益計算書と貸借対照表の両者を使って、会社の財務活動の上手い下手を見破ろうと努力してみてください。

ここまで損益計算書を上から見てきました。税引前当期利益が残っていますが、ここで重要な点を覚えておく必要があります。

それは、**経常利益までの段階は、翌年もその翌年も似たような損益構造が続く可能性がある**ことを示唆しているという点です。

したがって、経常利益の段階で不本意な成績となっている会社は、根本的に経営構造の改革を迫られているといっても過言ではないのです。硬直化したコスト構造を改革するために、リストラや組織の見直しを行うのは、環境変化の中でこれまでのやり方や構造では成長が望めないとして断行する経営判断で、その痛みや効果は損益計算書で見て取ることができます。

税引前当期利益の読み方

税引前当期利益は、「**経常利益±特別損益**」で計算されます。このため、税引前当期利益に異常が検出された場合には、特別損益の内容をよく調べる必要があります。

経常利益に異常があれば、この段階に入る前までに検討しているはずだからです。

特別損益は、営業活動と直接関係しない経常性のない（毎期発生する見込みのない）損益です。

一般的には、臨時的な損益と前期以前の損益の修正が含まれています。

たとえば、資金繰りの悪化をリカバリーするために設備を売却した場合の売却益などは、特別利益として計上されることになります。

特別損益を読む場合に、最も注意しておかなければならないことは、**特別損益は「今期限りのもの」**ということです。

したがって、来期以降の損益予測を行う場合には、経常性のない損益をはずして考えるようにしなければなりません。

つまり、特別損益を含めた金額で来期の損益を考えても意味がありませんので、気をつけましょう。

KEYWORD

金融損益	金融コスト	
損益計算の中で営業外項目に計上されている損益。借入れや預金など金融取引から生ずる損益。	損益計算の中で営業外項目に計上されている支払利息。金融取引に要したコスト。	

「利益」を深く読んでみよう②

数字の異常を見つけたら

経常利益 に異常発生

営業利益 ± **営業外損益** で計算

どちらかに異常があるはず

↓ しかし、

営業利益に異常があるならば、その段階で検討しているはず

↓ したがって

営業外損益を検討しよう

税引前当期利益 に異常発生

経常利益 ± **特別損益** で計算

どちらかに異常があるはず

↓ しかし、

経常利益に異常があるならば、その段階で検討しているはず

↓ したがって

特別損益を検討しよう

■ここでのポイント

損益計算書は「構造」を利用しよう

Part3 損益計算書はここがツボ

06. 同業他社との比較も重要

損益計算書に加えて貸借対照表も利用して比較しよう

同業他社との比較をしてみよう

会社は多くの競争相手の中で営業しています。自社の過去と比べて財務状況がわかることも重要ですが、ライバル会社とどこが違うのかを知ることも決算書を読む上では非常に重要なことです。

同業他社との比較をしてみて、自社の強みや弱点がはっきりすることもあるでしょう。

例として、スーパーを営むA社とB社を比較してみましょう。両社の貸借対照表と損益計算書の要旨は次ページにあります。

2つの会社が、すべてが同じ規模とはいえない場合は割合で比較していくことが重要です。

比較に使う数値① 自己資本比率

まず、総資産（総資本）に占める自己資本の割合（自己資本比率）から見ていきます。

自己資本比率は、貸借対照表に載っている「自己資本（純資産）」を「総資本」の合計で割って出されます。

自己資本比率は、どれだけ自分で調達したお金で経営が行われているか、裏を返せば**どれだけ借金に頼らない経営ができているか**を示す数字です。これが低すぎると、借金に頼った経営が行われていることを表します。つまり自己資本比率は、経営の安全性がわかる数字といえます。

A社の場合は7.5％であるのに対し、B社は69.4％です。つまり、B社のほうがはるかに余裕があるといえるでしょう。

比較に使う数値② 経常利益率

次に、事業全体でどれだけの儲けがあるかを示す経常利益率を見ていきましょう。

経常利益率は、損益計算書の「経常利益」を「売上高（営業収益）」で割って出します。

A社は1.2％であるのに対し、B社は2.8％となっています。一般論として小売業はこの数字が2.0％以上が望ましいと考えられていますので、A社は不合格、B社は合格といえるでしょう。

比較に使う数値③ 流動比率

流動比率とは、貸借対照表の「流動資産」を「流動負債」で割って出される数値で、その会社の支払能力がわかります。1年以内に支払わなければならない負債をカバーするだけの、1年以内に現金化される資産がどれだけあるかを示すものですから、100％以上の数字が出るのが健全経営を続ける上ではあたりまえといえるでしょう。

A社の流動比率は68.0％であるのに対し、B社は191.3％となっています。A社のピンチとB社の余裕がはっきりとわかります。

その他の数値

この他にも次ページで示したような数値でも比較できます。決算書への理解が深まった段階でさまざまな数値での比較に挑戦してみてください。

KEYWORD

自己資本比率
総資本（総資産）に対する自己資本（純資産）の割合。この比率が高いほど、会社の資本構成がよく、安全性が高い。

経常利益率
経常利益を売上高（営業収益）で除した値。会社の通常の経営活動から得られた利益率。

流動比率
流動資産を流動負債で割った比率のこと。企業の財務的安定性を示す経営指標の1つ。

同業他社との比較も重要

A社とB社を比べてみよう

● A社の貸借対照表と損益計算書（単位：億円）

流動資産 6,832	流動負債 10,040
固定資産 7,384	固定負債 3,112
	自己資本 1,064

総資本（総資産）
14,216

売上高（営業収益）	14,303
営業費用	14,165
営業利益	137
営業外収益	191
営業外費用	162
経常利益	166
特別利益	95
特別損失	320
税引前当期利益	△58
法人税等	△204
当期利益	146

● B社の貸借対照表と損益計算書（単位：億円）

流動資産 2,768	流動負債 1,447
	固定負債 1,854
固定資産 8,015	自己資本 7,482

総資本（総資産）
10,783

売上高（営業収益）	14,940
営業費用	14,699
営業利益	241
営業外収益	210
営業外費用	28
経常利益	423
特別利益	11
特別損失	66
税引前当期利益	368
法人税等	81
当期利益	287

比較1　自己資本比率

$$\text{自己資本比率} = \frac{\text{自己資本（純資産）}}{\text{総資本（総資産）}}$$

〔A社〕
$$\frac{1,064}{14,216} = 7.5\%$$

〔B社〕
$$\frac{7,482}{10,783} = 69.4\%$$

☆B社のほうがかなり余裕がある

比較2　経常利益率

$$\text{経常利益率} = \frac{\text{経常利益}}{\text{売上高（営業収益）}}$$

〔A社〕
$$\frac{166}{14,303} = 1.2\%$$

〔B社〕
$$\frac{423}{14,940} = 2.8\%$$

☆A社は小売業の望ましい率
（2.0%）に届いていない

比較3　流動比率

$$\text{流動比率} = \frac{\text{流動資産}}{\text{流動負債}}$$

〔A社〕
$$\frac{6,832}{10,040} = 68.0\%$$

〔B社〕
$$\frac{2,768}{1,447} = 191.3\%$$

☆A社の支払能力は厳しい

こんな数字でも比較できる

① 総資本回転率 $= \dfrac{\text{売上高（営業収益）}}{\text{総資本（総資産）}}$（98ページ参照）

② 固定資産回転率 $= \dfrac{\text{売上高（営業収益）}}{\text{固定資産}}$（100ページ参照）

③ 固定比率 $= \dfrac{\text{固定資産}}{\text{自己資本（純資産）}}$（90ページ参照）

■ここでのポイント

同業他社の比較は「率」を使おう

Part4 キャッシュフロー計算書を読みこなそう

01. キャッシュフロー計算書って?
お金の流れを示す大切な決算書

血液検査の結果表?

皆さんは毎年、定期的に健康診断を受けていますか? ガンや心臓病など取り返しのつかない大病の早期発見のために健康診断は受けたほうがいいですよね。

その健康診断のとき、必ずといっていいほど受けるのが血液検査です。体全体を流れ、生命の維持にとって欠かすことができない血液は、さまざまな臓器の機能不全の兆候を運んできます。

血液を調べるといろいろなことがわかります。企業にとって、血液検査の結果表がキャッシュフロー計算書なのです。

どういうことでしょう?

企業の活動にはお金が伴います。

お金の動きを調べれば企業の健康状態がわかるのです。その**お金の動きをまとめたのがキャッシュフロー計算書**ですので、キャッシュフロー計算書を分析すれば、企業の健康状態がわかる、というわけです。

お金は企業にとって、いわば「血液」です。お金がなければ死んでしまいます。しかも人間と同じように企業にとっても血液はサラサラのほうがいいのです。つまり、流れがよくて、かつ、お金が残っていくことが、企業の最も望ましい状態なのです。

キャッシュフロー計算書とはなにか

企業の財務状況を示すものが決算書ですが、ここまでは貸借対照表と損益計算書の読み方を見てきました。

貸借対照表は、一定時点の財政状態を表しています。

損益計算書は、一定期間の活動の状況とその結果、儲かったか否かを表しています。

これに対して、ここから説明するキャッシュフロー計算書は、**一定期間にどのような活動から現金が増えたか減ったかを表した**、収支の観点から作られた決算書です。

血液検査はほとんどの皆さんが定期健康診断の際に毎年行っていることですが、企業の血液検査の結果表に相当するキャッシュフロー計算書は株式公開企業でしか作成が強制されていません。

したがって、実際のキャッシュフロー計算書を見たことがある方はあまりいらっしゃらないかもしれません。

しかし、株式投資をなさっている方は投資先の企業の決算書を入手すると、キャッシュフロー計算書が含まれていますし、インターネットのホームページから入手することができます。

ぜひ本物のキャッシュフロー計算書を見てください。

初めはどのように見ればいいか、ちんぷんかんぷんかもしれませんが、ポイントだけはしっかり理解するつもりで、読み進めていきましょう。

KEYWORD

投資
利益を得る目的で、資金を証券・事業などに投下すること。設備投資・在庫投資など。

キャッシュフロー計算書って？

キャッシュフロー計算書でなにがわかる？

貸借対照表

企業の一定の時点（決算時点）での財政状態を表している

損益計算書

企業が一定期間（決算期）にどのような活動をし、その結果、儲かったか否かを表している

キャッシュフロー計算書

企業が、一定期間（決算期）にどのような活動から現金を増やし、あるいは減らしたかを表している

この期間、儲かったのか否かを表す **損益計算書**

この時点での財政状態を表す **貸借対照表**

決 算 期

この期間の現金の動きを表す **キャッシュフロー計算書**

決算日

■ ここでのポイント

企業の現金 = 人間の血液

Part4 キャッシュフロー計算書を読みこなそう

02. なぜ読めなければならないのか

キャッシュとはすぐに使える現金のこと

キャッシュフロー計算書からわかること

キャッシュフロー計算書は文字通り、現金（キャッシュ）の流れ（フロー）を表しています。

損益計算書では「利益」とされていても、その入金が済んでいて現金の増加となっているか、まだ実際には入金されていない状態なのかがわかりません。**キャッシュフロー計算書は、利益が本当の意味での儲けになっているのかを判断できるの**です。さらには、現金の動きを表しているので、粉飾決算をし、利益を増やしていたとしても現金の増加がなければキャッシュフロー計算書で異常が発見しやすい、という投資家にとってのメリットもあります。

キャッシュフロー計算書では会社の活動を3つに区分けして、それぞれの活動から現金が増えたのか、減ったのか、その理由はどういうことかを見るように作られています。そこでは投資をするために営業から稼いだキャッシュをあてたのか、借り入れをして投資したのかなどがわかるため、儲かったかどうかを見る損益計算書よりキャッシュフロー計算書を重視する見方もあります。

「経営者はキャッシュフロー計算書を読めなければならない」といわれる理由は、ここにあるのです。

キャッシュとはなにか

会社にとって「利益を出す」ことはとても重要なことですが、お金を使って活動をしていくので

すから、その利益が「現金として会社に残っている」ことのほうがもっと重要なことなのです。中小企業の社長さんが税理士の先生に決算をまとめてもらって、「利益が出ているというのだけれど、そんなに現金は残っていないんだよなー」とか、「利益が出ているので税金払えといわれているけど、税金払うために借金しなければならないなんて、なんか変じゃない？」とか、聞いたことありませんか？ こういう状態は現実にあり得るのです。

会社にとって、現金がとても重要なのです。会社が使えるお金をキャッシュといいますが、これには現金はもちろん、現金に近いもの（3ヶ月以内の定期預金、短期の手形、公社債投信など）も含まれています。

キャッシュフロー計算書を作成する会社

現在、キャッシュフロー計算書の作成・開示を求められているのは、株式公開企業だけです。中小企業や未公開企業でも自主的に作成しているところもありますが、その数は多くないでしょう。

銀行等からの借入の際、決算書の提出を求められ、返済能力を審査されますが、実際に返済を続けられるかどうかは、キャッシュフロー計算書を見れば一目瞭然です。会社の通常の営業活動から獲得できるキャッシュが潤沢で返済額に十分であれば、状況が変わらない限り返済に問題はない、と見ることができるわけです。今後は**経営状況を把握するためにも、不可欠な決算書と位置づけられる**でしょう。

KEYWORD

キャッシュ
現金。キャッシュフロー計算書上のキャッシュは、他に当座預金、普通預金、3ヶ月以内の定期預金など。

コマーシャルペーパー
企業などが公開市場で短期運転資金調達を目的として振り出す単名の無担保約束手形。

公社債投信
国債、地方債、普通社債といった元金や利払いの確定している公社債を中心に運用する投資信託。

なぜ読めなければならないのか

キャッシュフロー計算書の特長

お金の出入りがわかる

キャッシュフロー計算書は、キャッシュの流れ、動きを表す決算書。つまり、具体的な現金の出入りが一目でわかる。

利益の実態が明らかになる

損益計算書では「利益」とされていても、その入金が済んでいるかはわからない。
キャッシュフロー計算書では、実際に入金があるのかないのかがわかる。つまり、利益が本当の儲けになっているかを判断できる。

粉飾決算をしにくい

キャッシュフロー計算書は、実際にある現金などの動きを追うため、架空取引などの粉飾はやりにくい。

経営分析ができる

キャッシュフロー計算書は、現金の不足やムダなキャッシュの動きがはっきりするため、経営状態などを手軽に判断でき、経営者にも役立つ。

キャッシュとは？

キャッシュフロー計算書 ＝ **「お金」**(キャッシュ) の **「流れ」**(フロー) **の計算書**

現 金
● (文字通りの) 現金
● 預金
● 当座預金
● 普通預金

現金とみなされるもの
● 3ヶ月以内の定期預金
● 手形 (短期)
● コマーシャルペーパー (CP)
● 公社債投信

■ここでのポイント

キャッシュ ＝ 現金 ＋ 現金に近いもの

Part4 キャッシュフロー計算書を読みこなそう

03. 現金は日夜動くもの
動いているような、いないような存在＝現金

勘定合って銭足らず…

「**勘定合って銭足らず**」という言葉があります。これは、儲かっているはずなのに、お金がない状態のことを指します。どんな企業にもありそうな局面といえるでしょう。

特に、急成長の企業ではこうした状況がよく見られます。伸びている企業というのは、出るお金が先行するものだからです。

売上は倍増している。

帳簿上の利益は出ている。

しかし、顧客からの入金は3ヶ月先や半年先であったりするため、現金化できない。その反面、商品は売れているので仕入れのための現金は出て行く…。こういった現象が、「勘定合って銭足らず」という状況を作っているのです。

このように企業活動の中では、帳簿上利益となってお金が増えていると考えたいのですが、まだ実際には入金されていないために借金しなければならない状況が生じてしまうのです。

キャッシュフロー計算書の役割は、このような出金と入金にズレがあることを明らかにすることにあります。

カネは天下の回りモノ？

日々の企業活動から現金の動き、現金の変化を見ていきましょう。

まず、企業は材料を仕入れます。この時点で、代金支払の義務が発生します。しかし、実際の支払いは、たとえば「月末締めの翌月20日払い」な

どとズレがあります。材料は資産として手元にあっても、購入代金は買掛金として処理され、翌月20日に支払うまでの間は、現金もまだ手元にあります。

次に企業は、購入した材料を使って製品を製造し、それを販売します。この時点で売上が発生するのですが、ここでもすぐに製品と現金が交換されるとは限りません。やはり多くの場合は、「月末締め翌月末日払い」といった条件があって、売掛金として処理されます。

製品を売っているので利益は出ているのですが、翌月末日の入金まで、実際の現金は手元にありません。

現金は形を変える

以上のように日々の企業活動では現金は動いているようで動いてなく、動いていないようで動いているという、**とてもあいまいな存在**なのです。

これにあわせて自社ビルを建てたり、工場用地を買ったりすれば現金はその「固定資産」に変わってしまい、その後はなかなかお目にかかれない存在になったりもします。

つまり、企業にある現金というのは、現金の姿にとどまることはなく、何らかの変化を続けるものなのです。

この現金がどのように変化したのか、どのように出入りしていったのかを明らかにし、最終的にはその増減を表すものがキャッシュフロー計算書です。**このような動きは貸借対照表や損益計算書ではわかりません。**

MEMO

現金は日夜動くもの

現金は形を変える

 現 金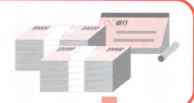

↓

材料の購入 = 仕入れ ← **代金の支払**

この時点で現金は材料に

↓

製品の製造

この時点で現金は製品に

↓

製品の販売 = 売上げ → **売掛金の発生**

売掛金も流動資産である

タイムラグが発生することもある

↓

代金の回収

材料を仕入れて、製品を作っても、売れないで在庫として残っている場合、それはたな卸資産となってしまう

代金が実際に回収されなければ、製品が売れていても、手元に現金はない状態となる

■ ここでのポイント

現金の変化はキャッシュフロー計算書でわかる

Part4 キャッシュフロー計算書を読みこなそう

04. 「資金収支」を読みこなそう

キャッシュがないと会社は大変！

利益と資金収支は違うもの

ここまでは現金、つまりキャッシュの基本的な動きを見てきました。ここからは、キャッシュフローの数字と損益計算書の数字がどのように違うのかを見ていきます。この違いがわかれば、キャッシュフローの考え方が身についたといえます。

まず、最初に次の式を見てください。

利　　益 ＝ 収益－費用
資金収支 ＝ 収入－支出

この式の違いがわかりますか？

利益は、その期にあげた収益（売上）から、発生した費用を差し引いたものです。売上げてからすぐに現金化できるのであれば、

収　　益 ＝ 収　　入

となります。しかし、多くのビジネスは売掛金や受取手形を経て、銀行振込などの方法で現金となります。売上から実際の入金にはズレがあるのが一般的ですから、収益＝収入とは必ずしもなりません。費用もその場で現金で払うとは限りません。1ヶ月分をまとめて請求してもらって、それを翌月一括して支払う、ということがあります。費用＝支出という式も必ずしも成り立たないのです。

キャッシュフローは資金収支を示す

したがって、利益と資金収支は違うものなのです。資金収支は、一定期間に実際に得た収入から実際に払った支出を引いたものです。

一般の家庭などではほとんどが現金取引でしょうから、あまり収支と利益の違いを考えることは

ないでしょうが、企業の場合は取引の形態がさまざまですから、この違いを意識しておくことはキャッシュフローを理解する上で大切です。

損益計算書と
キャッシュフロー計算書の違い

損益計算書上では利益が出ていても、資金収支がマイナスの場合、会社は、銀行から借りたり社債を発行したりするなど何らかの策を講じて、新たな資金を獲得しなければいけません。

損益計算書上で損失が出ていても、企業活動がすぐにおかしくなるわけではありません。赤字を抱えているものの銀行等の支援を受けながら活動している企業もたくさんあります。滞りなくキャッシュが流れ、支払うべきものを期日に支払うことさえできれば、企業は活動し続けることができます。

結局のところ、**損益計算書で示している「利益」というのは、株主への配当や税金の対象のためのもの**といえるでしょう。

しかし、キャッシュがうまく流れていないとなると、仕入先や銀行もその会社に対して警戒しはじめますから、企業の継続そのものが危うくなってしまうのです。結果として期日までに支払いがないとなると仕入先は取引をやめるでしょうし、銀行も貸し付けを行ってはくれません。

実際の企業活動にとっては、損益計算書の「利益」よりも、キャッシュフロー計算書の「資金収支」のほうが重要だといえるでしょう。

KEYWORD

利益	資金収支	
もうけ。得（とく）。収益から費用を引いた残り。利潤。	収入（実際に現金が入金された分のみ）から支出（実際に現金が払われた分のみ）を差し引いたもの。	

「資金収支」を読みこなそう

「利益」と「資金収支」は違う

| 収 益 | − | 費 用 | = | 利 益 | ← 損益計算書が示すもの |

売上げ＝収益ですが、代金が支払われるのにはタイムラグがあるため、収益＝収入とはなりません。

| 収 入 | − | 支 出 | = | 資金収支 | ← キャッシュフロー計算書が示すもの |

費用＝支払いですが、実際に支払うのもタイムラグがあるため費用＝支出とはなりません。

→ **よって 利益 ≒ 資金収支**

キャッシュがないと…

キャッシュがない ＝ 《会社の大きな危機！》

- ● 仕入れができない！………取引先との信頼が崩れ、取引先が離れる

- ● 設備投資ができない！……製品の開発、工場の建設ができない

- ● 給料が払えない！…………社員が逃げる

- ● 手形が落ちない！…………銀行から取引停止 → **倒産？**

■ここでのポイント

利益と資金収支の違いを理解しよう

Part4 キャッシュフロー計算書を読みこなそう

05. 具体例で考えてみよう

損益計算書とキャッシュフロー計算書は違う

具体的に考えてみよう

キャッシュフロー計算書と損益計算書の違いは何となく理解できたでしょうか？　理解を深めるために例をもとにして説明しましょう。

ある会社（A社）が9月15日に700万円で仕入れた商品を9月30日に1000万円で販売しました。しかし、代金は60日後の入金です。

仕入の支払いは30日後の10月15日です。支払うお金がないので、銀行から借入れをして仕入代金を払うことにしました。

借り入れたお金は、売上代金が入金される60日後の11月30日に、入金と同時に銀行に返済しました。この借入れで利息が10万円、発生しています。

【取引の流れ】

9月15日	仕入（売上原価）	700万円	－買掛金
9月30日	売上	1000万円	－売掛金
10月15日	入金（借入）	700万円	
10月15日	出金（支払）	700万円	
11月30日	入金（回収）	1000万円	
11月30日	出金（借入返済）	710万円	
		（利息10万円）	

以上のような取引の場合、結局のところ、A社には290万円の現金が残ることになります。

決算書ではどうなるか

この取引は損益計算書とキャッシュフロー計算書上ではどうなるのでしょうか。

損益計算書はまず9月の時点で売上が1000万円、売上原価が700万円として計上され、利益は300万円ある、という処理がされます。

しかし、このように利益があるという損益計算書ができたとしても、現金が実際に会社に入っているわけではありません。

次に10月に目を向けてみましょう。

10月は損益計算書上で表される取引はありません。したがって、損益計算書は書けません。しかし、現金700万円は銀行からA社に入って、仕入の支払いとして出ていっています。この現金の流れを表す決算書がキャッシュフロー計算書です。

最後に11月です。

11月は売掛金の回収として1000万円がA社に入ってきて即日、銀行に利息10万円を含む710万円が返済されています。キャッシュフロー計算書ではこのお金の流れを記載することになります。

これに対して、損益計算書には9月の段階で、1000万円と700万円の動きはすでに記載済みです。したがって、それに計上されなかった利息10万円分の支払いのみが記載されます。

キャッシュフロー計算書の利点

以上、月別に損益計算書とキャッシュフロー計算書を見てきました。帳簿上の利益が会社にあるわけではないことがわかったと思います。

キャッシュフロー計算書は、**会社に現金があるかどうかを知るためには非常に大切な書類**なのです。

KEYWORD

利息
他人に金銭を預け、または貸した場合に、他人がそれを運用した見返りとして、金額と期間に比例して受け取る金銭。

具体例で考えてみよう

お金の動きを見てみよう

9月15日	仕入（売上原価）	700万円	←	買掛金（支払サイト30日）
9月30日	売上	1000万円	←	売掛金（入金サイト60日）
10月15日	借入（借金）	700万円	←	債務（借金）（支払サイト45日）
10月15日	買掛金の支払（出金）	700万円	←	
11月30日	売掛金の回収（入金）	1000万円	←	
11月30日	借入金の返済（出金）	710万円（利息10万円）	←	

手元に残るのは　290万円

これを決算書にしてみると

9月

＜損益計算書＞

売上	1000万円
売上原価	700万円
利益	300万円

損益計算書上では、利益が出ているが、キャッシュは動いていない

10月

＜キャッシュフロー計算書＞

| 営業活動による出金（支払） | 700万円 |
| 財務活動による入金（借入） | 700万円 |

キャッシュは動いているが、損益計算書上の数字には出てこない

11月

＜損益計算書＞

| 支払利息 | 10万円 |
| 利益 | −10万円 |

＜キャッシュフロー計算書＞

営業活動による	
入金（回収）	1000万円
出金（利息）	10万円
財務活動による	
出金（返済）	700万円

■ここでのポイント

損益計算書とキャッシュフロー計算書の違いを確認しよう

Part4 キャッシュフロー計算書を読みこなそう

06. これがキャッシュフロー計算書だ!

キャッシュフローは4つに分けて読もう

実際のキャッシュフローはこうなっている

キャッシュフロー計算書には、細かい書式の決まりはありません。

企業はそれぞれにキャッシュフロー計算書を作成している状況ですが、以下の4つの大項目に分けている点は共通しています。

①営業活動によるキャッシュフロー
②投資活動によるキャッシュフロー
③財務活動によるキャッシュフロー
④期首と期末のキャッシュ残高と期間の増減

営業活動によるキャッシュフローとはなにか

営業活動によるキャッシュフローとは、会社本来の事業から得るキャッシュを表すものです。

商品を仕入れ、店に並べ販売したり、営業マンを雇いセールスさせたり、材料を仕入れ、製造し製品を作るなど通常の営業活動の過程でのキャッシュの動きを表しているのがこの部分となります。

ほとんどのキャッシュフロー計算書では、税引前当期利益から出発し、現金の支出を伴わない減価償却費をプラスし、その他財務活動と投資活動以外の活動が及ぼすキャッシュの増減額をプラス・マイナスしています。

会社の活動を3つに分けるといっても複雑なので、以下に説明する投資活動と財務活動をきっちり定義し、その他を営業活動の中に含めて表示しているのです。

営業活動によるキャッシュフローの数字がマイナスであれば、事業の存続が難しくなっている可能性もあるといえます。

やはりプラスで、多ければ多いほどいいのです。

この部分は最も重視すべきキャッシュフローだといえます。

投資活動によるキャッシュフローとはなにか

投資活動によるキャッシュフローは、固定資産や投資有価証券(株式・債券など)の購入や売却など、投資にかかわるキャッシュの増減をまとめたものです。

投資活動によるキャッシュフローは、生産活動を維持するための投資や製造設備・システムの取得など会社継続に必要な資産の取得がありますので、マイナスになっている会社が多いはずです。

会社が順調であれば投資も必要でしょう。

この数字がプラスになるというのは、投資資産を売却し現金化していることを意味します。投資分を現金化しなければならない資金事情なのかもしれません。

逆に成長を続けている企業は積極的に投資をするでしょうから、このキャッシュフローはマイナスになっていていいのです。

KEYWORD

営業活動	投資活動	財務活動	
顧客の利益追求を通して、その延長線上に企業の利益を生み出す活動。	短期的ではなく長期的で戦略的な活動。収益状況の改善、生産能力増加の設備投資、他社株式取得など。	資金繰りに関する活動。営業活動や投資活動を行うための資金の調達や借入の返済など。	

これがキャッシュフロー計算書だ！

キャッシュフロー計算書はこうなっている

キャッシュフロー計算書
○○株式会社

自令和X年4月1日
至令和Y年3月31日

（単位：億円）

Ⅰ営業活動によるキャッシュフロー	
1．税引前当期利益	-347
2．減価償却費	200
3．投資有価証券売却損益	543
4．土地売却損益	-50
5．売上債権の増加額	-30
6．たな卸資産の減少額	30
7．仕入債務の増加額	28
営業活動によるキャッシュフロー	374
Ⅱ投資活動によるキャッシュフロー	
1．有形固定資産売却による収入	250
2．有形固定資産取得による支出	-120
3．投資有価証券売却による収入	307
投資活動によるキャッシュフロー	437
Ⅲ財務活動によるキャッシュフロー	
1．長期借入れによる収入	500
2．長期借入金の返済による支出	-850
財務活動によるキャッシュフロー	-350
現金及び現金同等物の増減額	461
現金及び現金同等物の期首残高	2,418
現金及び現金同等物の期末残高	2,879

この4つに分けて考えよう

会社の本来の事業についてのキャッシュフロー。ここがマイナスだと事業の存続が難しい!?

固定資産や投資有価証券の購入や売却など、投資にかかわるキャッシュフロー。マイナスならば投資をしていることを意味する。プラスは投資資産の現金化か？

キャッシュフロー計算書の特長

①お金の出入りがわかる　　③粉飾決算をしにくい

②利益の実態が明らかになる　④経営分析が可能

■ここでのポイント

キャッシュフローは4つに分け、それぞれのプラス・マイナスを見る

Part4 キャッシュフロー計算書を読みこなそう

07. 利益の実態を把握しよう

キャッシュフロー計算書から会社の利益はわかる

財務活動による キャッシュフローとはなにか

財務活動によるキャッシュフローは、借入れや株式発行、社債発行、配当金の支払など**財務にかかわるキャッシュの増減をまとめたもの**です。

銀行からの借入や株式発行によって資金調達すればこのキャッシュフローはプラスに、借入金の返済や配当を支払えばマイナスになります。

もし、営業活動によるキャッシュフローが潤沢で、投資にまわしたり配当の支払いもできれば、資金調達の必要はないでしょうから、この部分がマイナスになります。

これに対し、規模拡大のための工場建設や他社買収などの投資をするとき、手元資金や営業で稼いだキャッシュだけでは足りないとき、社債を発行して資金調達したり、銀行から借り入れをして手当てします。

したがって、財務活動によるキャッシュフローは、基本的にはマイナスのほうが望ましいといえますが、会社発展のための資金調達もあるでしょうから、営業活動によるキャッシュフローと比較しつつ、この数字を読むことが大切です。

期首と期末の キャッシュ残高と期間の増減

以上の数字を合計し、全体の増減額を示します。そして、期首と期末のキャッシュ残高を比較できるように表示しています。

キャッシュフローで利益の実態を 把握する

営業活動によるキャッシュフローを見ると、お金の動きの中での利益、つまり、利益の実態がわかります。

粉飾決算がしにくい、というのもこのためです。たとえば販売をしたのに、その代金を回収できていない場合、粉飾決算ではよくあるのですが、架空の売上を計上して、売上高を水増ししたりするのです。

そして次の期で、売掛金が回収できなかったとしてマイナスにして処理します。

これは違法です。

粉飾行為ではなくても、品物を引き渡し、請求書も発行したのに、代金が回収できていない、ということはあり得ることです。

こうした場合、本当の意味での「売上」となるのでしょうか。その売上高から導かれた利益を、本当の利益と見てもいいのでしょうか？

そこでキャッシュフロー計算書に照らしてみて欲しいのです。

「売掛金」がどれだけ期末に残っているのかを見てみましょう。

粉飾決算であれ、実際の企業活動で起きたことであれ、**その期の利益の中身を見ていくときにキャッシュの流れで見ることで、企業の実態がよりよくわかる**のです。

KEYWORD

粉飾決算
会社が正規の会計処理上の基準に従わず、故意に財務諸表の内容をゆがめ、利益または損失を過大もしくは過小表示して決算すること。

利益の実態を把握しよう

財務活動によるキャッシュフローとは

キャッシュフロー計算書
○○株式会社

自令和X年4月1日
至令和Y年3月31日

(単位：億円)

Ⅰ営業活動によるキャッシュフロー	
1．税引前当期利益	-347
2．減価償却費	200
3．投資有価証券売却損益	543
4．土地売却損益	-50
5．売上債権の増加額	-30
6．たな卸資産の減少額	30
7．仕入債務の増加額	28
営業活動によるキャッシュフロー	374
Ⅱ投資活動によるキャッシュフロー	
1．有形固定資産売却による収入	250
2．有形固定資産取得による支出	-120
3．投資有価証券売却による収入	307
投資活動によるキャッシュフロー	437
Ⅲ財務活動によるキャッシュフロー	
1．長期借入れによる収入	500
2．長期借入金の返済による支出	-850
財務活動によるキャッシュフロー	-350
現金及び現金同等物の増減額	461
現金及び現金同等物の期首残高	2,418
現金及び現金同等物の期末残高	2,879

比べながら見よう

会社が行う借入れ（借金）、株式発行、社債発行、配当金の支払など、財務に関するキャッシュの増減をまとめたもの。基本的にマイナスが望ましいが、会社の発展のための資金調達もあるので、営業活動によるキャッシュフローと比較しつつこの数字を読む

全体の増減額を示すもの

理想的なキャッシュフローの形

◎営業活動によるキャッシュフロー　⟶　プラスがよい
◎投資活動によるキャッシュフロー　⟶　マイナスがよい
◎財務活動によるキャッシュフロー　⟶　(基本的に)マイナスがよい

■ここでのポイント

財務活動は営業活動と比べて読もう

Part4 キャッシュフロー計算書を読みこなそう

08. 連結決算とはなにか
親会社の儲けが子会社の損で成り立ってもしょうがない

親会社の利益＝子会社の損失？

　親会社と子会社の財務状況を1つとして考えることを「連結（決算）」といいますが、なぜ、このような方法が出てきたのでしょう。

　1つの例で考えてみます。

　販売子会社を通じて販売している企業（親会社）が、その販売子会社にどんどん在庫を持たせていったとします。

　すると製造メーカーである親会社は売上が立ち、販売子会社に対する売掛金が増加します。

　一方で、販売子会社は仕入が増え、在庫が膨らみます。

　親会社にとっては、売上が上がって、利益も出ます。ただし売掛金が回収できていない、という状況です。

　それでも利益が出ているので「前期比○％の増収増益」と決算発表したりするわけです。

　子会社は売れない品物を押し付けられ、在庫ばかり増えていきます。在庫を抱えっ放しているわけにもいきませんから、いつかはその在庫を処分しなくてはなりません。在庫処分の損失は子会社で持つことになります。

　結局、親会社は増収増益でも、それは子会社の損失の上に成り立っていた、ということです。

　これでは健全な経営とはいえません。

「連結」という考え方

　こうしたことをなくそうと、「連結決算」「連結財務諸表」の考えが出てきました。

　つまり親子間（グループ内）の取引は、一体として見ようということです。親子間、グループ内取引はなかったものとして計算します。**外部との取引だけを見ようということ**です。

　このように連結してみれば、親子間の取引はなかったものとして計算されますので、先ほどのような粉飾まがいのことはできません。

　しかし、連結財務諸表を作成すればグループとして取引がなかったとして処理されるのですが、親会社だけの損益計算書を見る限り利益が出ているわけです。

　また、販売子会社の貸借対照表には親会社から仕入れた在庫があるのです。

　連結決算という方法をとらなくとも粉飾の兆候を知ることができるのがキャッシュフロー計算書なのです。

　どこを見るといいでしょうか？　それは営業活動によるキャッシュフローにある「**売上債権の増加額**」と「**たな卸資産の増加額**」です。

　先ほども説明したように取引があったとしてもキャッシュの動きがなければこの2つの項目がシグナルを発信するのです。

KEYWORD

連結
つなぎ合わせること。子会社とは
親会社に従属し、その支配を受け
る会社。

連結決算とはなにか

「連結」という考え方

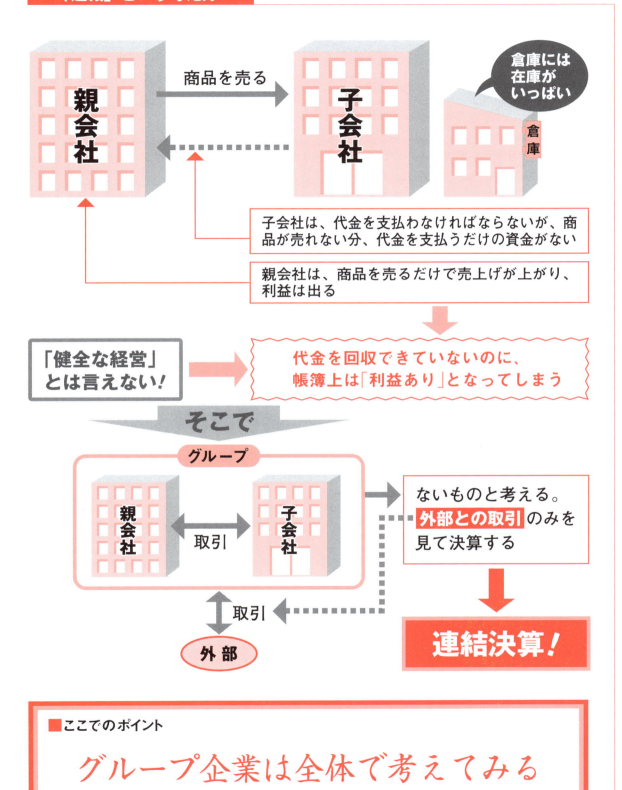

■ここでのポイント

グループ企業は全体で考えてみる

Part4 キャッシュフロー計算書を読みこなそう

09. 「キャッシュ」はここを読もう

3つの活動はこう分ける

営業活動によるキャッシュフロー

営業活動によるキャッシュフローは、会社本来の事業から得るキャッシュの流れを示すものです。

材料を仕入れたり、商品を売ったり、社員を雇いセールスさせたりなど、通常の営業活動の過程でのキャッシュの動きを表しています。ここは以下のように分けて記載されます。

①税引前当期利益
②減価償却費
③投資有価証券売却損益
④固定資産売却損益
⑤売上債権の増加額
⑥たな卸資産の減少額
⑦仕入債務の増加額
⑧その他の資産、負債の増減額
⑨法人税等の支払額

このキャッシュフローは会社の本業を示す部分ですから、プラスが望ましいといえます。

投資活動によるキャッシュフロー

投資活動によるキャッシュフローとは、固定資産や投資有価証券（株や債券）の購入や売却による資金の増減をまとめた部分です。この部分は以下のように分けて記載されます。

①定期預金の純増減額
②固定資産売却による収入
③固定資産取得による支出
④投資・有価証券取得による支出
⑤投資・有価証券売却による収入

このキャッシュフローは多くの企業でマイナスとなっています。プラスになっているということは、投資をやめて現金化していることになります。成長企業は投資に積極的なはずですから、このキャッシュフローはマイナスとなるでしょう。

財務活動によるキャッシュフロー

財務活動によるキャッシュフローとは、借入金や社債の発行、株式の発行や配当金の支払いなどによる資金の増減をまとめた部分です。ここは以下のように分けて記載するのが一般的です。

①短期借入金の純減少額
②長期借入による収入
③長期借入金の返済による支出
④配当金の支払額

株式や社債を発行しての資金調達は、「新株発行による収入」「社債発行による収入」また社債の償還は「社債の償還による支出」と別立てで表示します。また自己株式の取得や売却も財務活動ですので「自己株式の取得による支出」「自己株式の売却による収入」と表示します。借入れが増えれば、資金が調達されるのでキャッシュはプラスになります。返済したり配当すれば、キャッシュが外へ出て行くので、マイナスとなります。そのため、この総額がプラスの場合は、資金調達をしていることを示しています。マイナスの場合は、配当の支払いや借金を返済しているのです。

営業活動によるキャッシュフローに比べて、財務活動によるキャッシュフローの規模が大きい場合は、新規の資金需要がある、と推測できます。

KEYWORD

固定資産
土地・建物・機械・特許権など、同一形態で継続して営業の用に供することを目的とする財産。有形固定資産と無形固定資産、投資等に分かれる。

短期借入金
償還期限が貸借対照表日の翌日から起算して1年以内に到来する借入金。

長期借入金
1年を超えて返済期限がくるもの。

社債の償還
株式会社が長期の資金調達のために発行する確定利付きの債務証券が社債。その社債を期限が来て投資家に返済すること。

「キャッシュ」はここを読もう

3つの活動を見る視点

キャッシュフロー計算書
○○株式会社
自令和X年4月1日
至令和Y年3月31日

(単位：億円)

Ⅰ営業活動によるキャッシュフロー	
1．税引前当期利益	-347
2．減価償却費	200
3．投資有価証券売却損益	543
4．土地売却損益	-50
5．売上債権の増加額	-30
6．たな卸資産の減少額	30
7．仕入債務の増加額	28
営業活動によるキャッシュフロー	374
Ⅱ投資活動によるキャッシュフロー	
1．有形固定資産売却による収入	250
2．有形固定資産取得による支出	-120
3．投資有価証券売却による収入	307
投資活動によるキャッシュフロー	437
Ⅲ財務活動によるキャッシュフロー	
1．長期借入れによる収入	500
2．長期借入金の返済による支出	-850
財務活動によるキャッシュフロー	-350
現金及び現金同等物の増減額	461
現金及び現金同等物の期首残高	2,418
現金及び現金同等物の期末残高	2,879

◎営業活動によるキャッシュフロー
＝
プラスが望ましい

◎投資活動によるキャッシュフロー
＝
マイナスが望ましい

◎財務活動によるキャッシュフロー
＝
◎マイナスだったら…

「借入れの返済や株主へ配当しているのかな？」と考えてみる

◎プラスだったら…

「資金調達しているのかな？」と考えてみる

★「営業活動によるキャッシュフロー」に比べて規模が大きい場合は、本業でキャッシュを得られない分を埋め合わせている可能性もあるので注意！

■ここでのポイント

まずは3つそれぞれの総額を見よう

Part4 キャッシュフロー計算書を読みこなそう

10. 企業のタイプはばっちりわかる
キャッシュフローを上から見ていこう

キャッシュフローで企業のタイプを見よう

ここまでキャッシュフロー計算書の概要を見てきましたが、理解できたでしょうか。ここからはキャッシュフロー計算書を読みこなすポイントを見ていきましょう。

まず最初に、キャッシュフロー計算書に記されている3つのキャッシュフローのどこを見ればよいかを復習しておきます。

①営業活動によるキャッシュフロー

会社本来の事業から得るキャッシュです。まずプラスであることが大切です。マイナスであれば、事業の社会的な存在意義が失われている可能性もあります。プラスで、できる限り大きいほどいいのです。最も重視すべきキャッシュフローでしょう。

②投資活動によるキャッシュフロー

積極的に投資している場合、資金需要が拡大しているために、マイナスとなるでしょう。借金を返済しているようなとき、安定成長から縮小均衡に向かうような場合は、プラスになることが多いと思います。

また、融資など財務活動による資金調達では足りず、投資したものを売ってキャッシュに変えた場合もプラスになります。

③財務活動によるキャッシュフロー

営業活動から得られるキャッシュフローが潤沢であれば、財務活動による資金調達は必要がないでしょう。無借金経営であれば、ここには株主への配当ぐらいしか計上されないかもしれません。そうなると、マイナスになっていることもあるで

しょう。融資を受けたり、増資をした場合はプラスになります。

3つの数字を見れば、会社の危険度がわかる

以上を簡単にまとめてみると、
営業活動によるキャッシュフローはプラス、投資活動によるキャッシュフローはマイナス、財務活動によるキャッシュフローはマイナス、
がそれぞれ望ましいということになります。

つまり、この3つの数字のプラス・マイナスを見るだけで、その会社の実情がわかるのです。

実際に分析する際には、最も重要である営業活動によるキャッシュフローがプラスかマイナスかが第一のポイントとなります。この段階で、その会社が危険か安全かがわかります。

その上で、投資活動によるキャッシュフローや財務活動によるキャッシュフローのプラス・マイナスをみていきます。

これにより、**営業活動のキャッシュフローレベルでは安全という枠に入れた会社では、財務的に優良なのか、積極的に発展しようとしているのか、事業の縮小など出直しを図っているのかなどの細かい部分が見えてきます。**

一方、**危険という枠に入れた会社は、別の事業展開を図っているなど一発逆転を狙っているのか、倒産間際の悪あがきをしているのか、それとも倒産状態にあるのか、などが見えてきます。**

以上をまとめたものが次ページの図です。

KEYWORD

無借金経営	増資	
借金ゼロの状態での経営。	企業が資本金を増加すること。	

企業のタイプはばっちりわかる

キャッシュフローはこう見よう

見る流れ

**営業活動による
キャッシュフロー**

プラス？ → No → 危険な会社の
可能性大！

Yes
↓

投資活動による
キャッシュフロー
を見ましょう

**投資活動による
キャッシュフロー**

マイナス？ → No → 「投資したものを
換金しているのだ
ろうか？」と考え
つつ、財務活動に
よるキャッシュフ
ローを見ましょう

Yes
↓

「資金需要が拡大して
いるのかな？」と考
えつつ、財務活動に
よるキャッシュフロー
を見ましょう

**財務活動による
キャッシュフロー**

マイナス？ → No → 増資などによる調
達で、プラスに
なっているので
しょうが、営業活
動によるキャッ
シュフローが不十
分であるための無
理な調達でないか
どうか、もう一度、
営業活動による
キャッシュフロー
を見ましょう

Yes
↓

資金が潤沢で、財務
活動による資金調達
の必要はないという
ことの現れかどうか、
もう一度、営業活動
によるキャッシュフ
ローを見ましょう

■ここでのポイント

プラスとマイナスでシンプルに考える

Part4 キャッシュフロー計算書を読みこなそう

11. あなたの会社はどのタイプ①
プラスとマイナスでここまでわかる

あなたの会社はどのタイプ？ その1

①プラス・マイナス・マイナス型

まずは、営業活動によるキャッシュフローがプラス、投資活動によるキャッシュフローがマイナス、財務活動によるキャッシュフローがマイナス、となっている企業について考えましょう。

営業活動によるキャッシュフローが大きくプラスであれば、その会社の利益は大きく、かつ事業としての収益構造もいいと考えられます。優良企業と呼ばれる第一のポイントです。また、将来の投資にも積極的に対応するため、投資活動によるキャッシュフローはマイナスになっているはずです。保有する有価証券を売却するなどして、一時的にプラスになることもあるでしょうが、「優良型」であるか、後で説明する「出直し型」であるかは営業活動によるキャッシュフローのプラスの大きさで見ていきます。

また、資金が潤沢で調達の必要がないということで、財務活動によるキャッシュフローはマイナスになります。

②プラス・マイナス・プラス型

次に、営業活動によるキャッシュフローがプラス、投資活動によるキャッシュフローがマイナス、財務活動によるキャッシュフローがプラスとなっている企業についてです。

現在の事業も順調であることから営業活動によるキャッシュフローはプラスであるが、積極的に投資をするために、現在の資金に加え、調達する企業です。新工場の建設かもしれません。新分野進出への開発投資や事業買収かもしれません。

いずれにしても、プラス・マイナス・プラス型は、現在の事業が順調で積極的な投資のために資金調達を行っている企業と見ることができます。

③プラス・プラス・マイナス型

次は、営業活動によるキャッシュフローがプラス、投資活動によるキャッシュフローがプラス、財務活動によるキャッシュフローがマイナスとなっている企業についてです。

現在の事業でまだ稼げているが、財務体質改善や不要資産の売却などを行うことで現状を変革しようとしている企業と見ることができます。出直し型と名付けましたが、投資した資産を売却するなどして投資活動によるキャッシュフローがプラスになるとともに、借入金の返済などで、財務活動によるキャッシュフローがマイナスになっている状態です。

④マイナス・マイナス・プラス型

営業活動によるキャッシュフローがマイナス、投資活動によるキャッシュフローがマイナス、財務活動によるキャッシュフローがプラスとなっている企業はどうでしょうか。

現在の事業がうまくいっていないのでしょうか、営業活動からのキャッシュフローがマイナスです。

これを打開するためか、資金を調達し積極的に投資を行っている、と見ることができます。

一発逆転型と名付けました。企業としての存立が危ぶまれている状況ですが、資金調達ができていることから、その資金を使って次の一手を打つべく投資をしているように見えませんか？

KEYWORD

優良企業
着実に収益を伸ばしている会社。

あなたの会社はどのタイプ①

キャッシュフローでわかる会社のタイプ

①プラス・マイナス・マイナス型

営業活動によるキャッシュフロー	→	プラス
投資活動によるキャッシュフロー	→	マイナス
財務活動によるキャッシュフロー	→	マイナス

→ 優良型

②プラス・マイナス・プラス型

営業活動によるキャッシュフロー	→	プラス
投資活動によるキャッシュフロー	→	マイナス
財務活動によるキャッシュフロー	→	プラス

→ 積極投資型

③プラス・プラス・マイナス型

営業活動によるキャッシュフロー	→	プラス
投資活動によるキャッシュフロー	→	プラス
財務活動によるキャッシュフロー	→	マイナス

→ 出直し型

④マイナス・マイナス・プラス型

営業活動によるキャッシュフロー	→	マイナス
投資活動によるキャッシュフロー	→	マイナス
財務活動によるキャッシュフロー	→	プラス

→ 一発逆転型

■ここでのポイント

キャッシュフローは、プラス・マイナス・マイナスが理想形

Part4 キャッシュフロー計算書を読みこなそう

12. あなたの会社はどのタイプ②
ここまでわかれば、キャッシュフローは大丈夫

あなたの会社はどのタイプ？ その2

⑤マイナス・プラス・マイナス型

次は、営業活動によるキャッシュフローがマイナス、投資活動によるキャッシュフローがプラス、財務活動によるキャッシュフローがマイナスとなっている企業についてです。

営業活動によるキャッシュフローがマイナスなのは一発逆転型と同じです。投資活動と財務活動がまったく逆なところが違いますね。投資活動によるキャッシュフローがプラス。つまり投資していた資産を売却しています。そしてその資金で借り入れの返済をしているのでしょうか、財務活動によるキャッシュフローがマイナスです。現在の事業がうまくいかず、銀行が見放したため、資産を売却し食いつなぐと同時に融資の引き上げに応じざるを得ない状況、と考えるとあり得ない姿ではないですね。なにか、ドキッとしませんか？

⑥マイナス・プラス・プラス型

最後は、営業活動によるキャッシュフローがマイナス、投資活動によるキャッシュフローがプラス、財務活動によるキャッシュフローがプラス、となっている企業についてです。現在の営業活動はうまくいっていないのでしょう、そのためか資産を売却して資金を得、また、資金調達することでもキャッシュを得ている、状態です。

一時的にまったく違う事業へ転進するために資金を溜め込んでいる、と見ることもできますね。また、あまりにも現在の事業の採算性が悪く、資金流出が続き、その手当てとして資産売却と資金調達を行っている、とも考えられます。いずれにしても最悪の状態の前後、なのかもしれません。

キャッシュフローを読むということ

いろいろな読み方があることが、おわかりいただけましたでしょうか？ 儲かったかどうかは損益計算書でわかります。現在の財産の状態は貸借対照表でわかります。しかし、**キャッシュフロー計算書からは、キャッシュの動きを通じて会社の状況を推定することができる**のです。

「決算書を読む」と表現していることをおわかりいただけましたでしょうか。数字に表れた会社の実態を、決算書を通じ推定していくことが「決算書を読む」真髄です。必ずそうだ、というわけではありません。会社の実態を一定時点の決算書だけから決めつけることは危険です。しかし、決算書が読めれば、こうではないか、こういう状態なのではないか、と推定することができます。これをもとに、実際に経営者に話を聞いたり、営業の状況や従業員のモチベーションの状況などの情報を追加し、企業判断していくべきです。また、決算書は過去情報です。将来にわたっての情報は対象としていません。数値化できない、たとえば研究開発の情報は業界によっては決算情報以上に重要です。総合的に見ることが重要ですし、見る観点の違いによって重視する情報も違います。しかし、企業を理解しようとするとき、その出発点は決算書にあります。

決算書が読めること、それはビジネスマンにとって必須です。

KEYWORD

事業の採算性
その事業が利益を生む事業であるか、ないしその利益の程度。

あなたの会社はどのタイプ②

キャッシュフローでわかる会社のタイプ

⑤マイナス・プラス・マイナス型

営業活動によるキャッシュフロー	→	マイナス
投資活動によるキャッシュフロー	→	プラス
財務活動によるキャッシュフロー	→	マイナス

→ お先まっ暗型

⑥マイナス・プラス・プラス型

営業活動によるキャッシュフロー	→	マイナス
投資活動によるキャッシュフロー	→	プラス
財務活動によるキャッシュフロー	→	プラス

→ ほぼ死亡型

まとめ

理想的な形

<比率>

⑧ 営業活動 ← 大きければ大きいほどGood!

① 投資活動 ← なくてもよい

① 財務活動 ← 最小限でもOK

危ない形

<比率>

④ 営業活動 ← ここが小さいとまずい

① 投資活動 ← プラスになってしまっているならば注意

⑤ 財務活動 ← 営業活動でのキャッシュフローよりも多いならかなり危険

■ここでのポイント

ここまでの内容をしっかり理解しよう

Part5 さあ！ 決算書を読んでみよう

01. 貸借対照表と損益計算書を比べよう

2つを比べてわかることも多い

決算書を読む練習をしよう

　ここまでで貸借対照表、損益計算書、キャッシュフロー計算書それぞれを読むための最低限の知識を解説してきました。以下ではこれらを読みこなすための練習をしていきましょう。

　これから決算書を読んでいく上で、必ず覚えておいて欲しいことがあります。それは、「利益」という言葉の意味です。

　「資金」は嘘をつかない…と言います。どういうことでしょうか？　資金は、現金や預金という形で実際の存在を確認することができ、手にできる、ということです。なぜ、そんなわかりきったことを言うかというと、「資金」に対比してよく耳にする「利益」は、計算上出てきた数字であって、必ずしも現金や預金として使える状態にないからです。**利益は、一定の規則に基づいて計算された数値に過ぎない**のです。

貸借対照表と損益計算書を読んでみる

　次のページに掲載したある企業の損益計算書と貸借対照表を見てください。この企業は製造業を営んでいます。売上3000億円に対し当期純利益（税金を差し引いた後の利益）として35億5000万円計上されています。黒字です。

　しかし、貸借対照表の現金預金は前期223億円が、当期には153億円へと残高が減少しています。貸借対照表は期末時点での残高を表しており、前期末と当期末の現金有高の差は70億円もあります。純利益の2倍もの規模で現金預金が失われているのです。

　利益が即、現金の増加にならないことは、これまで説明してきましたので、おわかりいただいていることと思いますが、それにしても現金は使われなければ減ることはありませんね。

　貸借対照表の負債・純資産の部を見ると、短期借入金が12億円増加しています。

　短期借入金とは、その名の通り、短期間に返済を考えている借入金で、通常1年以内を短期、1年超を長期としています。

　また、増資したのでしょうか、資本金も50億円増えています。利益が出ているのに、借入金は増え、増資をしたにもかかわらず現金預金が大幅に減少しているのが読み取れます。

　いったい、なにが起きているのでしょうか？

　新規借入れや増資、利益が出ているのですから資金が増加しているはずです。

　しかし増えていません。

　むしろ70億円減っているのです。なにか、お金を使う目的で借入れや増資をしたと考えたほうがよさそうですね。

　では、何に使ったのでしょう？

　お金は財産ですから、お金を払って、他の財産を買ったということでしょう。買った財産は何か？　どこを見ればわかるのか？

　このような場合、まずは貸借対照表の資産の部を見てください。

　78ページでは、もっと詳しく見てみます。

KEYWORD

当期純利益
一会計期間中のすべての企業活動の結果として生じる利益。当期の総収益から総費用を差し引いた税引前当期利益から、法人税などを控除したもの。

貸借対照表と損益計算書を比べよう

製造業を営むある企業の決算書を見てみよう

○ 損益計算書 （単位：百万円）

売上高	300,000
売上原価	231,050
売上総利益	68,950
人件費	28,000
減価償却費	5,500
その他営業費用	25,600
営業利益	9,850
受取利息	350
有価証券売却益	700
支払利息	1,350
経常利益	9,550
固定資産除却損	2,500
税引前当期純利益	7,050
法人税等	3,500
当期純利益	3,550

35億5000万円の黒字！

ということは、**優良企業!?**

しかし

○ 貸借対照表 （単位：百万円）

資　産	前期	当期	負債・純資産	前期	当期
現金預金	22,300	15,300	買掛金	24,500	23,400
売掛金	35,000	40,000	短期借入金	11,100	12,300
有価証券	1,500	0	未払法人税等	3,500	2,600
たな卸資産	25,000	24,000	未払利息	500	700
有形固定資産 取得原価	121,000	138,000	品質保証引当金	550	600
			長期借入金	5,500	5,000
減価償却累計額	−112,500	−117,500	株主資本		
			資本金	20,000	25,000
			剰余金	26,650	30,200
			評価・換算差額等	0	0
資産合計	92,300	99,800	負債・純資産合計	92,300	99,800
土地新規取得		20,000			
固定資産除却－取得原価		3,000			
固定資産除却－減価償却累計		500			

- 預金は減っている…
- 短期借入金は増えている…
- 資本金は増えている…

→ **なぜなんだ？**

■ ここでのポイント

決算書から「なぜ？」を素早く発見しよう

Part5 さあ！ 決算書を読んでみよう

02. 「なぜ？」の理由を見つけよう
決算書から見つかった疑問にはこう対処

資産の部を見てみよう

　資産は資金の運用形態を表す、といわれます。現金を他の財産に形を変えて所有している状態を貸借対照表の資産の部は示しています。たとえば、商品を仕入れて在庫としていれば、その在庫は商品という「たな卸資産」ですし、その商品を売って、現金を支払ってもらう権利の状態であれば「売掛金」とか「売上債権」という財産です。

　また、土地を買えばその分現金が減り「土地」という財産が、貸借対照表の資産の部に載ります。このように資産とは、ある一定時点で、現金が形を変えて財産という価値をもって所有されている状態をいいます。

　株や国債を買ったり、定期預金をすることを「運用する」といいますが、現金が利益を生む財産に形を変えた状態ですので、これらも貸借対照表の資産、となります。

　各項目の数字の動きを見てみましょう。

　有価証券とたな卸資産は減少しています。有価証券とは、株券や国債・社債など利回りや値上がりを求め所有している証券です。また、たな卸資産とは販売を目的にして所有している財産で、商品、製品、材料、仕掛品などです。ちなみに商品とは加工を加えず仕入れたものをそのまま販売するものをいい、手を加え加工したものは製品といいます。

　話は戻ります。有価証券とたな卸資産が減少しています。これは、有価証券を売って現金化した、商品などを売って現金化した、ということですから、資金にはプラスの効果をもたらすはずです。

　別の項目に目を向けてみましょう。

　なんと売掛金が50億円も増加しています。商品を売ったけれど、まだ回収されていない金額が50億円も増えた、ということです。

　また、有形固定資産取得原価が170億円も増えています。通常、有形固定資産は取得したときの価額で資産として計上し、毎年一定の使用に伴う価値の下落を減価償却という方法で減額していきます。乗用車を300万円で購入し、6年間乗ることを考えてみてください。6年後に廃車、価値の下落が毎年一定だとすると300万円を6年で除した金額50万円を減価償却として毎年減額することになります。1年後の車の資産価額は取得したときの原価300万円に対し減価償却50万円を差し引いた250万円。2年後は取得原価300万円から、減価償却費2年分、減価償却累計額100万円を差し引いた200万円、ということになります。

　話を戻します。現金が何に使われたか？さらに下を見ますと、土地の新規取得として200億円という数字が出ているではありませんか！

　土地は有形固定資産の一部です。有形固定資産取得原価の増加170億円の主なものは、この土地の取得にあったようですね。どうやらこれが、現金預金が減少した主な原因であったようです。ちなみに、有形固定資産は、建物・構築物・機械および装置・船舶・車両およびその他の陸上運搬具・工具、器具および備品・土地・建設仮勘定など、形のある、長期にその価値を利用できる資産をいいます。

KEYWORD

仕掛品
製品の製造のため現に仕掛（仕事の途中）のものをいう。

「なぜ？」の理由を見つけよう

疑問の基本的な解決方法

決算書から疑問発見！

資金の運用形態を示す部分

つまり

貸借対照表の **「資産の部」** を見ましょう

現金がどんな状態に変わったのかが読みとれる！

ということで、ある製造業者の貸借対照表の資産の部を見てみると…

○ 貸借対照表
（単位：百万円）

資　産	前期	当期	負債・純資産	前期	当期
現金預金	22,300	15,300	買掛金	24,500	23,400
売掛金	35,000	40,000	短期借入金	11,100	12,300
有価証券	1,500	0	未払法人税等	3,500	2,600
たな卸資産	25,000	24,000	未払利息	500	700
有形固定資産			品質保証引当金	550	600
取得原価	121,000	138,000	長期借入金	5,500	5,000
減価償却累計額	−112,500	−117,500	株主資本		
			資本金	20,000	25,000
			剰余金	26,650	30,200
			評価・換算差額等	0	0
資産合計	92,300	99,800	負債・純資産合計	92,300	99,800
土地新規取得		20,000			
固定資産除却－取得原価		3,000			
固定資産除却－減価償却累計		500			

減少… ← 現金預金
増加！ ← 売掛金
減少… ← 有価証券
減少… ← たな卸資産
170億円も増加！ ← 有形固定資産
これ？
増加！ → 資本金

つまり、増資等で増えた資本金とくずした現金預金は…

売掛金 と **土地** **に形を変えたと予想できる**

■ここでのポイント

「資産の部」からお金の運用を知る

Part5 さあ！決算書を読んでみよう

03. 会社の財務状況をつかもう

貸借対照表と損益計算書をフル活用！

会社の状況を読み取ろう

貸借対照表と損益計算書から会社の状況をつかんでみましょう。

損益計算書、貸借対照表から振り返ると、76ページで登場した「ある製造業者」は、売上高3000億円に対し当期純利益35億5000万円、当期純利益を売上高で除した当期利益率は1.2％となります。

有形固定資産が多く、また減価償却累計額も多いことから減価償却が進んでいることがわかります。

これは資産を取得してから使い続けている期間が長いことを物語っています。

その他の資産の項目を見ると、売掛金やたな卸資産など本業に関係する科目しかないので、メーカーとして堅実に経営しているように感じます。

とかく資金的に余裕が出てくると、有価証券の取得や投資を行いがちになりますが、そのような傾向はないように見受けられます。

売上総利益率（売上総利益を売上高で除す）と**営業利益率**（営業利益を売上高で除す）を計算してみると、23％、3.3％と、あまり高くありません。

売上総利益率は粗利益率ともいい、会社の活動から生み出す利益の根本ですので、高いに越したことはありません。

販売のための広告宣伝やプロモーション、販売奨励金など販売活動の費用を賄わなければなりません。

また、営業マンや管理部門の人たちの人件費、そして、会社を維持していく水道光熱費や家賃など

の費用もかかりますので、30％は欲しいところです。

売上総利益率が23％ですが、下がってきているのでしょうか。

年次比較をしてみたいところです。

売値が抑えられているのか、販売数量が落ちてきたのか、はたまた固定費の多い原価が重くのしかかってきているのでしょうか。

減価償却費や人件費など、拡大を前提に手当てしたが、売上が増えず負担になっているのかもしれません。

そんな中、売掛金の回収が進まず、売掛金残高が50億円も増加しています。

しかし、製造部門の意識の高さか、たな卸資産残高は10億円減少しています。

また、売掛金が増加し、たな卸資産が減少したことを、期末真近になって商品を売ったから、と見ることもできます。

いずれにしても推測の域を脱しえませんが、推定することこそ、決算書を読むことに他なりません。

KEYWORD

減価償却
使用または時間の経過による固定資産（土地は除く）の価値の減少を、決算期ごとに一定の方法により費用として算入すること。償却。

会社の財務状況をつかもう

ちょっと経営分析

○ **損益計算書**（単位：百万円）

売上高	300,000
売上原価	231,050
人件費	28,000
減価償却費	5,500
その他営業費用	25,600
受取利息	350
有価証券売却益	700
支払利息	1,350
固定資産除却損	2,500
法人税等	3,500
当期純利益	3,550

売上高 (300,000) − **売上原価** (231,050) = **売上総利益** = 689億5000万円

売上総利益 (68,950) − **販売管理費** (28,000+5,500+25,600) = **営業利益** = 98億5000万円

当期利益率 = $\dfrac{\text{当期純利益（35億5000万円）}}{\text{売上高（3000億円）}} \times 100$ = **1.2%** ← あまり高くない。3%は欲しい…

売上総利益率 = $\dfrac{\text{売上総利益（689億5000万円）}}{\text{売上高（3000億円）}} \times 100$ = **23%** ← 30%は欲しい…

営業利益率 = $\dfrac{\text{営業利益（98億5000万円）}}{\text{売上高（3000億円）}} \times 100$ = **3.3%** ← 10%は欲しいところ…

○ **貸借対照表** （単位：百万円）

資産	前期	当期	負債・純資産	前期	当期
現金預金	22,300	15,300	買掛金	24,500	23,400
売掛金	35,000	40,000	短期借入金	11,100	12,300
有価証券	1,500	0	未払法人税等	3,500	2,600
たな卸資産	25,000	24,000	未払利息	500	700
有形固定資産 取得原価	121,000	138,000	品質保証引当金	550	600
			長期借入金	5,500	5,000
減価償却累計額	−112,500	−117,500	株主資本		
			資本金	20,000	25,000
			剰余金	26,650	30,200
			評価・換算差額等	0	0
資産合計	92,300	99,800	負債・純資産合計	92,300	99,800
土地新規取得		20,000			
固定資産除却−取得原価		3,000			
固定資産除却−減価償却累計		500			

→ 回収がなかなか進まない？
→ 製造業ゆえの在庫に対する意識の高さ？
→ 期末真近に売った？

■ ここでのポイント

推定こそが決算書を読むコツ

Part5 さあ！決算書を読んでみよう

04. キャッシュフロー計算書はこう使う

会社のキャッシュフローはどうなっている？

キャッシュフロー計算書からわかること

以上を前提に、次ページのキャッシュフロー計算書を読んで見ましょう。

まず、営業活動によるキャッシュフローを見てください。数字はプラスです。

つまり、安全か危険かという二者択一では、安全の部類に入る会社だとわかります。

次に、投資活動によるキャッシュフローと財務活動によるキャッシュフローを見てみると、それぞれ、マイナスとプラスです。

上から、プラス、マイナス、プラスという形ですので「積極投資型」であると予想できるでしょう。

この種の会社は借金体質ではあるものの、借入金の残高が営業活動によるキャッシュフローと比べて無理がない限り、安心といえる企業です。

この会社の場合、株式の発行による資金調達が財務活動のメインであることがキャッシュフロー計算書から明らかですから、借金ではない分、一層安心です。

キャッシュフロー計算書で目立つ数字

さて、この会社のキャッシュフロー計算書で目立つのは何といっても、投資活動によるキャッシュフローの項にある「**有形固定資産の取得による支出**」です。

これが200億円のマイナスとなっています。土地の購入ですが、これに目が止まれば、財務活動によるキャッシュフローがプラスになっている理由は、この土地購入の資金調達のためだと、判断できるでしょう。

しかし、株式発行などで得た資金と営業活動によるキャッシュフローだけでは200億円には足りません。

足りない分は現金預金を取り崩して補うしかありません。

結局のところ、この会社は期首と比べて期末は70億円のキャッシュを減らしている、ということになるのです。

だからといって、赤字であったというわけではないのは、これまで見てきた通りです。

KEYWORD

株式発行
株式会社の資本の構成単位である
株券を発行すること。

キャッシュフロー計算書はこう使う

こんなふうに分析してみよう

キャッシュフロー計算書 （単位：百万円）

Ⅰ 営業活動によるキャッシュフロー	
税引前当期利益	7,050
減価償却費	5,500
品質保証引当金の増加	50
受取利息	-350
支払利息	1,350
有価証券売却損益	-700
固定資産除却損益	2,500
売上債権の増加	-5,000
棚卸資産の減少	1,000
買掛金等の減少	-2,000
小　　計	9,400
利息の受取	350
利息の支払	-1,150
法人税の支払	-3,500
営業活動によるキャッシュフロー	5,100
Ⅱ 投資活動によるキャッシュフロー	
有価証券の売却による収入	2,200
有形固定資産の取得による支出	-20,000
投資活動におけるキャッシュフロー	-17,800
Ⅲ 財務活動によるキャッシュフロー	
短期借入れによる収入	1,200
長期借入金の返済による支出	-500
株式の発行による収入	5,000
財務活動によるキャッシュフロー	5,700
Ⅳ 現金及び現金同等物の減少	-7,000
Ⅴ 現金及び現金同等物の期首残高	22,300
Ⅵ 現金及び現金同等物の期末残高	15,300

> 営業活動によるキャッシュフローはプラスで、潤沢と言えます。

> 投資活動によるキャッシュフローはマイナスです。積極的な投資をしている企業です。

> 借入れなどによって資金を調達していますからプラスになっています。営業活動によるキャッシュフローに比べると、無理のない範囲でしょう。

> 70億円のキャッシュが減っているが、だからといって赤字ではない

この会社のタイプは？

営業活動によるキャッシュフロー	＝	プラス
投資活動によるキャッシュフロー	＝	マイナス
財務活動によるキャッシュフロー	＝	プラス

積極投資型！

■ここでのポイント

決算書をそれぞれの特徴に合わせて読むようにしよう

Part6 経営分析の基礎を知ろう

01. 決算書からわかる経営の姿

決算書からわかること、わからないこと

経営分析の世界へ

　さて、ここからは皆さんを決算書を使った経営分析の世界へ案内します。

　実のところ私（矢島）は経営分析をあまり重視しません。分析の基礎数値は決算書にあり、決算書を読む中で説明をわかりやすくするために経営分析の比率を使うようにしています。

　損益計算書の上では売上に対する構成比や年次比較を使います。比率からは、良いか悪いか、改善されたかなど比較して語ることはできますが、会社の実態を推測することはできません。「決算書を読む」ことは会社の実態を推測し捉えることにあります。このためには、なるべく加工されていない状態の、生の数字を使うことです。そして、じっとにらみ異常な科目や金額の動きを見るのです。決算書を二期並べ、比較をしながらその二期の違いを見ていくことをお勧めします。そして、推測してみてください。何があったか？方針が変わったのか？想像を働かせ、企業を取り巻く環境の変化に思いをはせ、決算書をにらんでください。決算書が語りかけてきます。こうではないか。ああではないか。いろいろ想像し、矛盾ないようにまとめられれば、それが決算書から読み取った1つの会社の見方です。別の見方ができるかも確かめて見ましょう。営業の概況や事業内容など決算書以外の情報があれば、それらと決算書に現れた項目や数字が結びつくように論理を組み立てていきましょう。そんな読み方をすることが「決算書を読む」ことなのです。

　とはいえ、経営分析を知りたい方もいますし、知っておくと便利な比率もあるので、話を続けましょう。次のような点から経営分析をまとめることができます。

- ・儲かっているか？→収益性
- ・効率よく経営されているか？→生産性
- ・安全か？　借金の返済力はあるか？→安全性
- ・資金繰りはうまくいっているか？→資金繰り
- ・成長しているか？→成長性
- ・どの時点で利益がでるか？→損益分岐点

　一方、次のようなことは決算書からはほとんどわかりません。経営分析は決算書に示された科目と金額から判断できる範囲に限られるのです。

- ・会社の経営戦略は優秀か？
- ・会社の社員は優秀か？
- ・今後伸びる商品や技術を持っているか？

　すべてが決算書からわかるわけではありませんが、会社の活動の裏には金額がついてまわり、その集計が決算書ですので、決算書を見ることから分析は始まります。財務状況がわかればその会社を的確に判断できるのではないでしょうか。

　まずは決算書に何が書いてあるかを理解することです。概要はこれまで説明してきました。じっくり読み返し、理解してください。そして、勘定科目の意味を覚えてください。勘定科目がなにを言っているのかわかることが理解を深めるポイントです。1セットの決算書（貸借対照表・損益計算書・キャッシュフロー計算書・株主資本等変動計算書・注記表・事業報告）を用意し、読みこなせるか試してください。慣れてきたならば、前年度や前々年度のものと比べたり、同業他社と比べたりして自社の強みや弱点を知ることも重要です。

KEYWORD

損益分岐点
売上高と総費用が等しくなる点。すべての費用を回収するために必要な売上高、生産量を指す。この点を超えると利益が生まれる。ブレーク・イーブン・ポイント。

決算書からわかる経営の姿

経営分析をする前に知りたいこと

貸借対照表の要旨
（令和Y年3月31日現在）

（単位：億円）

資産の部		負債および純資産の部	
科目	金額	科目	金額
流動資産	14,001	流動負債	13,286
現金	2,879	支払手形	3,556
受取手形	3,572	買掛金	5,426
売掛金	2,805	未払金・未払費用	1,704
有価証券	1,706	その他	2,600
たな卸資産	1,138	固定負債	7,891
その他	1,901	長期借入金	3,549
固定資産	21,951	その他	4,342
有形固定資産	6,838	負債合計	21,177
建物・構築物	2,076	株主資本	14,775
機械装置	2,035	資本金	2,003
土地	1,125	資本剰余金	4,891
その他	1,602	利益剰余金	7,881
無形固定資産	15	評価・換算差額等	0
投資等	15,098	純資産合計	14,775
投資有価証券	12,619		
その他	2,479		
資産合計	35,952	負債・純資産合計	35,952

損益計算書の要旨
自 令和X年4月1日
至 令和Y年3月31日

（単位：億円）

科目	金額
売上高	33,196
営業費用	33,044
営業利益	151
営業外損益	-5
経常利益	146
特別損益	-493
税引前当期利益	-347
法人税、住民税及び事業税	-
当期利益	-347

（注）①有形固定資産の減価
償却累計額
18,573億円
②1株当たり当期利益
-12円67銭

キャッシュフロー計算書
○○株式会社
自令和X年4月1日
至令和Y年3月31日

（単位：億円）

Ⅰ営業活動によるキャッシュフロー	
1．税引前当期利益	-347
2．減価償却費	200
3．投資有価証券売却損益	543
4．土地売却損益	-50
5．売上債権の増加額	-30
6．たな卸資産の減少額	30
7．仕入債務の増加額	28
営業活動によるキャッシュフロー	374
Ⅱ投資活動によるキャッシュフロー	
1．有形固定資産売却による収入	250
2．有形固定資産取得による支出	-120
3．投資有価証券売却による収入	307
投資活動によるキャッシュフロー	437
Ⅲ財務活動によるキャッシュフロー	
1．長期借入れによる収入	500
2．長期借入金の返済による支出	-850
財務活動によるキャッシュフロー	-350
現金及び現金同等物の増減額	461
現金及び現金同等物の期首残高	2,418
現金及び現金同等物の期末残高	2,879

◎ 3つの決算書の数字を使いこなすことが経営分析のポイント！

決算書を見てわかること！

- ○ 儲かっているのか？ ⟶ **収益性** （92ページ）
- ○ 効率よく経営されているか？ ⟶ **生産性** （110ページ）
- ○ 安全か？借金の返済力はあるか？ ⟶ **安全性** （118ページ）
- ○ 資金繰りはうまくいっているか？ ⟶ **資金繰り** （132ページ）
- ○ 成長しているのか？ ⟶ **成長性** （134ページ）
- ○ どの時点で利益がでるのか？ ⟶ **損益分岐点** （140ページ）

決算書からはわからないこと…

- × 会社の経営戦略はよいか？
- × 会社の社員は優秀か？
- × 売れそうな商品や技術をもっているか？

■ここでのポイント

決算書でわかること、わからないことを理解しておこう

Part6 経営分析の基礎を知ろう

02. 比較でわかる、強みと弱み

年次比較と同業他社比較を確認しよう

年次比較でトレンドを知る

会社の経営分析では指数を出し、その数字をなにかと比較することがとても大切です。まずすべきなのは、年次比較による「**過去との比較**」です。

過去の決算書やそれをもとにした経営指数と現在のそれらを比較することにより、驚くほど如実に会社経営のトレンドが見えてきます。

井の中の蛙では生き残れない

過去に比べて自社が伸びていても、ライバル会社がそれ以上に伸びているのでは競争に負けてしまいます。

そこで**同業他社との比較も重要**です。

いまコンビニエンスストアのA社とB社があるとします。

両者とも売上高20億円、経常利益1億円です。ところがA社は株主からの出資が多く、自己資本比率（総資産に占める自己資本の比率）が30%であるのに対して、B社は株主からの出資があまりなく、5%であったとします。

B社は不足する資金を銀行からの借入れに頼り経営していたわけです。B社のほうが借入金に依存する割合が高いということです。金利が低ければ問題ではないでしょうが、借入金の多さは、金利変動の影響をもろに受けることとなり、経営の基盤を揺るがすことにつながります。

これまでB社は経費を切りつめて、A社よりも重い借入金に対する支払利息の負担を吸収し、A社と同じ経常利益を確保してきました。

支払利息は営業外費用ですので、その支払利息の金額分B社の営業利益は多いわけです。

つまり、B社のほうが経費を切り詰め、営業上の努力をしているわけです。

しかし、市場金利が上昇あるいは低下した場合、当初同じであった両社の売上高経常利益率は、B社は金利変動の影響をもろに受け、変動します。営業上の努力に関係しないところで利益に影響してしまうのです。

経営の安定にとって自分たちの努力の範囲外で左右されることは極力避けたい、というのが経営者の考えです。

しかし、株主から出資してもらったり、利益を蓄積することはそうたやすいことではありません。会社の成長にとって必要なとき、資金が不足して成長できない、こんなとき借り入れをしてでも発展させたい、と思うのも経営者です。

いい、悪い、というレベルではありません。

また、株主の立場からは、B社は少ない資本でA社と同程度の経営ができている、とみることもできます。利益獲得能力が高い経営者なので、株主としては「この経営者に任せておけば、投資に対して高い見返りが期待できる」と判断するかもしれません。

KEYWORD

経費	市場金利	
収入を得るために直接かかった費用の総称。または、製造原価における材料費、労務費以外の費用。	市場にて金融機関が資金を調達する際の金利のこと。	

比較でわかる、強みと弱み

年次比較

同業他社との比較

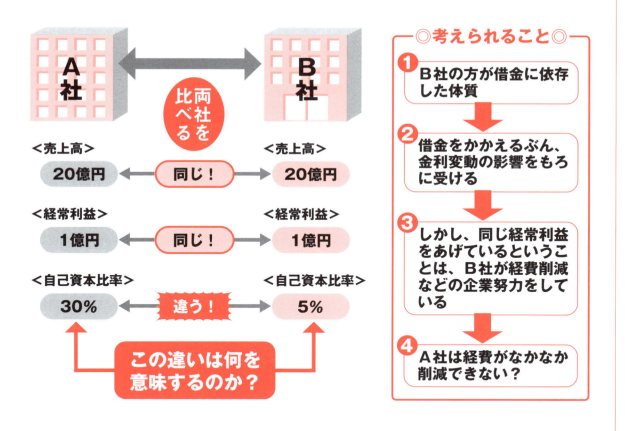

■ここでのポイント

比較は経営分析の第一歩！

Part6 経営分析の基礎を知ろう

03. 総資本経常利益率と当座比率

「比率」を使ってわかること①

健全経営のための分析比率

日本企業はことのほか「横並び意識」が強いようです。自社が苦しいときは他社も厳しい、だから他社並みならとりあえず文句はないだろうというスタンスの経営者もいます。

しかし、こうしたスタンスで経営を健全に保てるわけではありません。

いわば生き残りをかけた生存競争でもあるわけで、健全経営を行う上で目標とする値があります。

一例ですが、以下のような比率および値は覚えておきましょう。

実際の決算書を手に入れ分析する際、注目してみてください。必ずしもすべてを満たすとは限りませんが、満たさなかったといってすぐに倒産するわけでもありませんし、悪い会社とも一概に言えません。なるほど、この会社はそういう値か、というレベルにとどめて見ておくことです。

総資本経常利益率

「総資本経常利益率」は総資本（自己資本〔純資産〕と他人資本〔負債〕を合計したもの）に対する経常利益の比率で、要は会社として投入した資本に対していくらの成果（利回り）が得られたかを示します。

株主は銀行に預金するよりも高い利回りを期待していますし、銀行から借り入れをして経営をしているのであれば、支払いの金利より高い経営効率でなければ借金することで損を拡大することになってしまいます。

したがって、最低限、銀行に預けるよりも高い利回りで稼いでいなければ、苦労して稼いだ甲斐がないというものですから、できれば10％以上、最低5％は欲しいところです。

当座比率

当座資産とは短期的な決済準備を表しています。「当座比率」とは、**流動負債に対してどの程度の決済資金が準備されているかを示す数値**です。

流動負債とは1年以内に返済すべき負債ですが、その返済資金として現金預金、売上債権（売掛金、受取手形）、有価証券の残高がどの程度確保されているかの比率が当座比率です。ここでいう資産を当座資産といいます。

すなわち、**当座比率が100％を超えていれば、当面の借金は返済する能力が十分確保されている**ということになります。

しかし、当座比率が100％を超えている会社はそう多くないかもしれません。企業は継続して取引をしており、基本的に利益を載せて売っているので、売り上げた代金の回収がうまくいっている限りまわっていくのです。会社には売り物である、たな卸資産があり、この金額が業種によっては膨らんでいます。製造業では、材料や製品の他に、製造途中の仕掛品という財産もあります。

当座比率が100％を超えていれば、まず当面の返済能力に問題なし、といえます。

KEYWORD

健全経営	総資本経常利益率	当座比率	
目先の利益や景気の動向に左右されることなく、着実に利益を上げ信頼ある企業活動を展開すること。	「総資本経常利益率」は総資本（自己資本〔純資産〕と他人資本〔負債〕を合計したもの）に対する経常利益の比率で、投入した資本に対していくらの成果（利回り）が得られたかを示す。	「当座資産」と「流動負債」を対比した値。安全性の指標の1つ。	

総資本経常利益率と当座比率

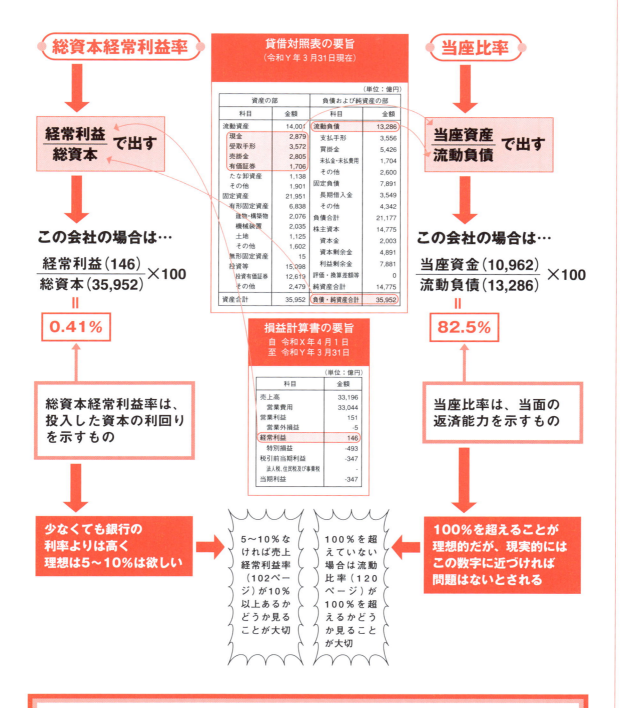

■ ここでのポイント

総資本経常利益率は利回り、当座比率は当面の支払能力を見る

Part6 経営分析の基礎を知ろう

04. 固定比率と自己資本比率

「比率」を使ってわかること②

固定比率

固定資産を購入するということは、長期にわたって、資金を寝かせることを意味します。

商品仕入のために支払ったお金は商品が売れるたびに回収されるのに対して、固定資産に投下された資金は、耐用年数にわたって実にゆっくりと、のんびりと投資回収をしていくことになるからです。

このような資産の購入は短期借入金ではなく、返済不要の自己資本でまかないたいところです。

固定資産に対する投資額のうち、どの程度までを自己資本（純資産）でまかなっているかを示す指標が「**固定比率**」です。

固定比率が100%未満であることは、自己資本（純資産）ですべてまかなっていることを意味します。とても安心です。

自己資本比率

総資本は、返済不要の自己資本（純資産）と、いずれ返済しなければならない他人資本とに二分されます。

「自己資本比率」は総資本に占める自己資本の割合を示しています。

これは**少なくとも30%**は確保したいところです。

これ以下になると、金利が上昇したときの負担が多くなり過ぎる危険性があるからです。

借金をしてでも、営業規模を拡大してシェアを確保しないと競争に負けてしまうようなとき、自己資本にこだわることなく銀行から借り入れをして拡大のための投資を行うこともありえます。こうした場合、自己資本比率は結果として引き下がることになります。

無借金経営が良しとされるのは、業界ナンバーワンの企業や、事実上の独占企業の場合が多いようです。

世界に冠たる企業、トヨタや武田薬品工業も無借金ではありません。競争にさらされている以上、いつでも手を打てるよう必要とする資金を手当てできるようにしているのでしょう。

自己資本の充実策

どうすれば自己資本（純資産）を充実させることができるでしょう。

①増資

株主もしくは第三者に追加出資してもらう。

②利益の内部留保

儲けた利益を配当など社外にもち出すのではなく、社内に余剰金としてため込む。

自己資本の絶対額を増やすには、基本的にはこの2つの方法しかありません。しかし、相対的に会社経営に投ずる資本総量（総資産＝総資本）を抑制することにより、必要資金にしめる自己資本の比率は上昇し、安定感が増します。会社の業容を拡大させるために借入れをしてでも投資をしていきますが、これをおさえることで安全性は高まるのです。

KEYWORD

固定比率	自己資本比率	
長期資金の安全度。 固定比率＝（固定資産÷自己資本［純資産］）×100（％）	自己資本（純資産）を総資本で割ったものをいう。安全性の指標の1つ。 自己資本比率＝(自己資本［純資産］÷総資本)×100(％)	

固定比率と自己資本比率

固定比率と自己資本比率

固定比率

$$\frac{固定資産}{自己資本} \text{で出す}$$

この会社の場合は…

$$\frac{固定資産(21,951)}{自己資本(14,775)} \times 100$$

= **148.6%**

固定比率は、固定資産を自己資本でまかない切れているかを示すもの

100%を切れればかなり安心

100%を超える場合は、固定長期適合率

$$\left(\frac{固定資産}{自己資本＋固定負債}\right)$$

が100%未満かを見ることが大切

貸借対照表の要旨
（令和Y年3月31日現在）

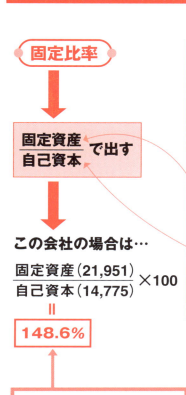

自己資本比率

$$\frac{自己資本}{総資本} \text{で出す}$$

この会社の場合は…

$$\frac{自己資本(14,775)}{総資本(35,952)} \times 100$$

= **41.1%**

自己資本比率は総資本の中にどれだけ「返済不要」な自己資本（純資産）があるかを示すもの

30％以上は最低欲しい。金利の影響もあり、理想は50％以上

30％に届かない場合は、流動負債と固定負債のバランスを見ることが大切

■ここでのポイント

固定比率と自己資本比率は自己資本の額がモノをいう

Part7 あなたの会社の「収益性」はどうですか？

01. 会社を支える事業とは？

「収益」をあげるには「メシの種」が必要

会社の「メシの種」

会社には必ず、会社を支える事業の柱があります。会社を維持し、従業員に給料を払えるもととなる利益を生み出す事業です。ある1つの商品であるかもしれません。いわゆるメシの種です。

メシの種というのは、収益性を支えている要因のことです。利益が獲得できる種です。

ここで重要なのは、メシの種は永続しないということです。いま売れている商品がいつまでも売れ続けるとは限りません。

会社がよい収益性を保ち、メシを食っていけるのは、これまでその事業や商品が競争に勝って売れてきた、ということです。そこには必ず成功の理由があります。

それは、商品の機能、品質、価格、品揃え、納期、サービスの質、立地条件、広告宣伝、従業員の頑張り、競争環境など、他社より優れていた点が多く、買い手の要求や信頼に応えてきたからに違いありません。

どんな会社でも将来の発展と成長を保証してくれるものはありません。いま売れている商品が売れ続ける保証はないですし、どんなに良い、的確と思える事業戦略を作っても、それだけでは将来の発展や成長の保証にはなりません。

収益性の高い会社だからといって将来もそうあり続けるとは限らないのです。

しかも将来も発展し続ける良い戦略を持っているかどうかは、収益性の分析からはわかりません。これは、過去の活動を取りまとめた勘定科目と金額情報中心の決算書をベースとする経営分析の限界です。ただ、将来にわたっての収益性はわからない、ということに止まっていても能がありません。1つの方法として、年次比較、トレンドを見ることで傾向を探ることは可能です。

数期間の比較で、売上が伸び、利益率が改善される傾向があれば諸条件が変わらぬ限り、ここ数期間この傾向は続くのではないか、と見ることが可能でしょう。

収益性とはなにか

どんなにすぐれた内部管理体制や人材を持っている会社であろうと、収益をあげることができなければ、会社として存続することができません。

収益性とは、

①**株主が投資するに値するリターンをあげられる会社であるかどうか、ということと、**

②**会社としてこのまま社会的に活動を継続させる価値を生み出せるか、ということにつきます。**

収益力は会社の力を計る上ですべての基本となるわけですが、会社の収益力は次の視点で確認します。

・**投下された資本に対して、どれくらいの利益をあげているか。**

つまり、投資効率で見るということです。①は出資者の立場からの判断ですし、②は会社全体としてどうか、ということです。

94ページ以降ではその具体的な方法を見ていきます。

KEYWORD

株主へのリターン 出資者たる株主への還元。	**投資効率** 投資に対するリターンの効率。企業が投下した資本全体でどの程度効果的に価値を生み出しているかを示す。	

会社を支える事業とは？

収益性はどう考えればよいのか

<従業員>

商品の機能、品質、価格、品揃え、納期、サービス、立地条件、広告などなど、他社と競い合えるだけのレベルにあることが重要。

利益を生み出す事業

高い 収益性

ポイント

永遠に利益を生み出すとは限らない！

そこで

・株主が投資するに値するリターンをあげられる会社であるかどうか
・会社としてこのまま社会的に活動を継続させる価値を生み出せるかどうか

「投下された資本に対してどれくらいの利益をあげているか」という視点で決算書を読む

＝

「収益性」の分析 ← 投資効率を見るということ

■ ここでのポイント

「収益性の分析」は投資効率を見るということ

Part7 あなたの会社の「収益性」はどうですか？

02. 投資効率をどう読むか

どれだけの資本を使って、どれだけの利益が生まれるのか

投資効率は資本利益率を見ればわかる

いかに効率的に資本を利用し利益を獲得しているか。いわゆる投資効率は、**資本に対する利益率を見ることで判断**します。

資本とは会社のために使われている（投じられている）資金ですので、総資本といった場合、株主が拠出している資金も銀行から借入れて使っている資金もすべて、ということです。

それらの資金は現金預金で保有していたり、商品を仕入れ、たな卸資産として在庫していたり、土地や建物、機械装置などの購入にあてられていたりします。

それらはすべて資産ですので、会社のために投じられた総資本はすべて何らかの資産になっているので、総資産とイコールです。

資本利益率といった場合、資本として集められた資金をどんな資産に使うことで利益をあげられたかを見ようとする比率です。

「資本利益率」には株主の観点からの見方である自己資本に対する利益率と、会社全体の観点からの見方である、総資本に対する利益率とがあります。

ここではまず、「総資本経常利益率」について話をしましょう。

総資本経常利益率とは、一般には、経常利益と総資本の比率です。経常利益は損益計算書に示されています。会社の経常的な活動から獲得された利益ということで、売上高から売上原価を差し引き、さらに販売費一般管理費と営業外収益・営業外費用を加減して求めましたね。会社が現在の事業から継続して獲得できるであろう利益、と見ることができます。

この利益を獲得するために会社全体としてどれだけの資金を使っているかの比率が総資本経常利益率です。

会社は利益を計上することを目標としていますから、利益の金額は大きければ大きいほど良いのはいうまでもありません。

しかし、利益を獲得するためにどれだけの元手をかけているのかも、効率を考えるときには重要ですね。

では、総資本（産）1000億円の会社が1億円の経常利益をあげるのと、総資本（産）5億円の会社が5000万円の経常利益をあげるのでは、どちらが収益力、つまり儲ける力があるといえるでしょう。

前者の利益率は0.1％です。

後者の利益率は10％です。

後者は利益の絶対金額は前者よりも少ないのですが、効率よくお金を儲けているといえます。

どちらが投資効率がいいか、収益力があるかはこうした資本に対する利益で見ていきます。

KEYWORD

資本利益率
ROE（Return on Equityの略称）、ROA（Return on Assetsの略称）がある。前者は株主資本に対する当期利益の比率、後者は総資本（産）に対する経常利益の割合をいう。

投資効率をどう読むか

投資効率の考え方

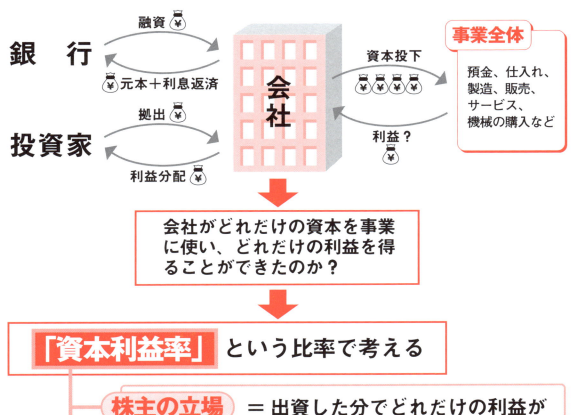

Part7 あなたの会社の「収益性」はどうですか？

03. 資本利益率とは何だろう？

会社全体は総資本経常利益率で、株主の立場は自己資本当期利益率で

総資本経常利益率

総資本利益率という場合の利益とは、通常、経常利益のことです。

なぜでしょう？

それは会社の収益力を計るには、「通常の状態で会社がいくらの利益をあげることができるのか」という観点で見る必要があるからです。

一方、経常利益と対比されるべき資本を総資本で見ることには、どのような意味があるのでしょうか？

総資本は会社経営に投下されているすべての資本を意味します。

いうまでもなく、会社経営に投下される総資本には、銀行などから借りてきた他人資本（負債）と、株主から出資された自己資本（純資産）があります。

これを合わせて、会社はお金を営業活動に投下しています。

総資本利益率は、経営に投下された総資本がいかに効率よく運用され、利益を稼いだかを意味します。

企業の総資本経常利益率の平均は**上場企業で2％、製造業は3％弱**です。

中小企業を含めると5％が平均的数値です。経営状態が良好な優良企業は、10％を越えます。

自己資本当期利益率

自己資本（純資産）というのは、株主の持分です。

資本金ももちろん株主の持分ですが、それ以外に、過去の儲けの蓄積である剰余金も株主の持分です。

株主の持分である自己資本（純資産）に対して比率をとるべき利益とは、何でしょうか？

通常、自己資本利益率を計算する場合は、当期利益を使います。

当期利益というのは、経常利益から特別損益を加減して税引前利益を求め、さらにそこから法人税および住民税を差し引いた、税引後利益のことです。

総資本利益率は経常利益を用いましたが、自己資本利益率は当期利益を用います。

なぜでしょう？

ポイントは比率の持つ意味にあります。

総資本利益率は、会社として投下したすべての資本（総資本）から、会社が通常の活動でどれだけの利益を稼げるか、見るものでした。

よって、そこでの利益には経常利益が使われました。

自己資本利益率は、**株主持分に対して、どれだけの見返りがあるかを見るもの**です。

株主にとっては、税引後の利益こそ、株主持分増加に該当する部分です。

ですから、自己資本利益率は当期利益を用いて算定する必要があるのです。

KEYWORD

総資本経常利益率	経常利益	自己資本利益率	株主持分
ROA（Return on Assetsの略称）ともいう。経常利益を総資本（総資産）で除した、総合的な収益性の指標。	営業利益に営業外収益を加え、営業外費用を差し引いた利益。	ROE（Return on Equityの略称）のこと。最終的な利益額を自己資本（純資産）の金額で除した割合を示すもの。	株主の権利としての持分。

資本利益率とは何だろう？

総資本経常利益率と自己資本当期利益率

貸借対照表の要旨
（令和Y年3月31日現在）

（単位：億円）

資産の部		負債および純資産の部	
科目	金額	科目	金額
流動資産	14,001	流動負債	13,286
現金	2,879	支払手形	3,556
受取手形	3,572	買掛金	5,426
売掛金	2,805	未払金・未払費用	1,704
有価証券	1,706	その他	2,600
たな卸資産	1,138	固定負債	7,891
その他	1,901	長期借入金	3,549
固定資産	21,951	その他	4,342
有形固定資産	6,838	負債合計	21,177
建物・構築物	2,076	株主資本	14,775
機械装置	2,035	資本金	2,003
土地	1,125	資本剰余金	4,891
その他	1,602	利益剰余金	7,881
無形固定資産	15	評価・換算差額等	0
投資等	15,098	純資産合計	14,775
投資有価証券	12,619		
その他	2,479		
資産合計	35,952	負債・純資産合計	35,952

損益計算書の要旨
自 令和X年4月1日
至 令和Y年3月31日

（単位：億円）

科目	金額
売上高	33,196
営業費用	33,044
営業利益	151
営業外損益	-5
経常利益	146
特別損益	-493
税引前当期利益	-347
法人税、住民税及び事業税	-
当期利益	-347

（注）①有形固定資産の減価
償却累計額
18,573億円
②1株当たり当期利益
-12円67銭

この会社の場合、当期に利益が出ていないので、計算はできない

総資本経常利益率

＝

$$\frac{経常利益}{総資本} \times 100$$

経営に投下された資本がいかに効率よく運用され、利益を稼いだかを意味する

・日本企業の平均値 ➡ **5％**ぐらい

・経営状態が良好 ➡ **10％**

自己資本当期利益率

＝

$$\frac{当期利益（税引後利益）}{自己資本（純資産）} \times 100$$

株主が投資した資本がどれだけのリターンを生むのかを意味する

・日本企業の平均値　**3％**ぐらい

・アメリカ企業　**10％**ぐらい

■ここでのポイント

総資本利益率は経常利益を、自己資本利益率は当期利益を使う理由を理解しよう

Part7 あなたの会社の「収益性」はどうですか？

04. 収益性はどうすればあがるのか

資本の回転率や利益率をあげれば収益性もあがる

総資本利益率と総資本回転率

会社の活動に使われている資金からどれだけの利益を獲得できたか、その収益性は「総資本経常利益率」で見る、ということでしたね。

それでは、この総資本をどう効率的に使ったか、つまりどんな資産に使い、何回循環させて現金化していったかという総資本の効率利用率の問題と、どれだけの利益率をあげられたかという2つに分解して見てみましょう。

総資本利益率は、『売上経常利益率』と『総資本回転率』という比率に分解することが可能です。

次ページの図で、「**経常利益÷売上高**」を**売上経常利益率**といいます。

売上に占める経常利益の割合で、この割合を増やせば、総資本利益率も上がることがわかります。

そして、「**売上高÷総資本**」が**総資本回転率**です。

この数字によって、会社の総資本が何回転しているかがわかります。

ここで1回転とは、投下資本が10億円とすると売上も10億円あったことを意味します。

つまり、**収益性＝回転率（効率）×利益率**です。回転率を高めるか利益率を高めれば、収益性は高まります。

会社の存続のためには**効率的な資源の利用**を図るか、**価値の高いものを世に送り出す**ことが必要だ、ということです。

ＲＯＥとはなにか

自己資本利益率は英語で「Return On Equity」。略して「ＲＯＥ」といいます。

企業や金融市場の国際化の中で、日本企業のＲＯＥの低さが問題になっています。

アメリカなどは、10数％など多くは2ケタのＲＯＥがあるのに対し、日本企業は、上場企業平均で3％程度です。

海外からの機関投資家が日本株への投資を活発化させるにつれ、日本企業の株主軽視の経営姿勢に批判が出てきました。

資本主義の世界では、株式会社の出資者こそが最終的な会社意思決定機関として、利益分配や経営者の経営姿勢に注文を出します。

日本はこれまで、とかく従業員や取引先を重視した経営姿勢をとってきており、活動資金の出し手である株主を軽視してきました。

会社として利益を高い水準で残す、つまりＲＯＥを意識した経営を行ってこなかったわけです。国際的に高い給与水準が、国際競争力を低下させる原因の1つと考えられ、必死になって企業は収益構造変革を進めています。

これも、経営の視点が時代や資本主義の本質にあっていなかった証左といえるのではないでしょうか？

KEYWORD

ROE
ROE（Return on Equityの略称）自己資本利益率。税引後当期利益と株主資本の比で、株主の立場から見た企業の収益性を示す指標。

機関投資家
収益をあげる目的で、継続的に証券投資を行う法人その他の団体。銀行・保険会社・投資信託・年金基金・共済組合・農業団体など。

総資本回転率
会社が調達している資本総額に対する売上高の割合。

収益性はどうすればあがるのか

総資本利益率のあげ方

総資本利益率 ← 会社の活動に使われている資金からどれだけの利益を獲得できたのかを示す

↓

これをあげれば、収益性があがるということ

そこで、以下のように2つの視点で考えてみる

- 経常利益は売上の中のどれぐらいを占めているのか？
- 総資本はどれだけ効率よく回転しているか

利益 という視点 / **効率** という視点

これを示すのが…

売上経常利益率 ⇔ **総資本回転率**

= 経常利益 / 売上高　　　　= 売上高 / 総資本

この2つを組み合わせると、

売上経常利益率 × 総資本回転率 = 経常利益 / 総資本 → これは総資本経常利益率

したがって、売上経常利益率か総資本回転率をあげれば、収益はあがる

■ここでのポイント

収益は、利益か効率をよくすればあがる

Part7　あなたの会社の「収益性」はどうですか？

05. 「効率」は回転率で読む

さまざまな回転率を出して、バランスを見てみよう

総資本回転率の分析手順

総資本は、自己資本（純資産）と他人資本（負債）の合計であると説明してきました。

ここで、貸借対照表を思い出してください。自己資本と他人資本は、貸借対照表の右側、「貸方」の中身です。

一方、貸借対照表の左側、「借方」の中身は資産です。右と左は一致します。

総資本は、すべての資産（貸借対照表の左側）の合計です。

これは先ほど説明した通りです。

いろいろな回転率を出してみよう

具体例で見てみましょう。

家具を製造する丸木工業の総資産は10億円、経常利益は1億円とします。

総資本利益率は、10％になります。

売上高は、10億円で総資本回転率は1回転でした。

総資産の中身は次の通りです。

売上債権…………2億円
たな卸資産………4億円
固定資産…………2億円
その他の資産……2億円

この丸木工業のいろいろな資産の回転率を出してみると、次ページの図のようになります。各資産の効率、つまり有効に利用されているか、資産として持ちすぎていないかなどを見るのに使います。

回転率を出したところ、丸木工業は、たな卸資産を持ちすぎていることがわかりました。

そこで同社は、売れ筋商品の分析と適正在庫の達成、滞留している在庫品の処分などを行い、たな卸資産を1億円にすることに成功しました。

売上債権…………2億円
たな卸資産………1億円
固定資産…………2億円
その他の資産……2億円

その結果、売上高は10億円ですので、たな卸資産回転率は次のように10回転になりました。

このたな卸資産回転率によって計算すると資本利益率は、

売上利益率　×　総資本回転率　＝　14.3％
（1億円÷10億円）×（10億円÷7億円）

つまり、在庫削減という経営努力の結果、丸木工業の総資本利益率は10％から14.3％に向上したということになるのです。

KEYWORD

たな卸資産回転率
在庫がどれだけ入れ替わっているかをみる指標の1つ。12回転であれば仕入れた商品が毎月1回ずつ入れ替わっていることになる。

「効率」は回転率で読む

「回転率」の求め方

企業の収益 ← 利益 か 効率 をあげれば上昇する

これを見るのがさまざまな回転率

例

丸木工業

- 総資産……10億円
  - 売上債権　2億円
  - たな卸資産　4億円
  - 固定資産　2億円
  - その他の資産　2億円
- 売上高　10億円
- 経常利益　1億円

総資本回転率は $\frac{10}{10}$ で1回転

総資本利益率は $\frac{1}{10} \times 100$ で **10%**

★では、いろいろな回転率を出してみると…

$$回転率 = \frac{売上高}{回転率を出したいもの}$$

- 売上債権の回転率 = $\frac{10}{2}$ = 5
- たな卸資産の回転率 = $\frac{10}{4}$ = 2.5 ← この回転率が悪い！
- 固定資産の回転率 = $\frac{10}{2}$ = 5
- その他の回転率 = $\frac{10}{2}$ = 5

- 営業努力でたな卸資産の回転率をあげる
- たな卸資産を1億円にし、回転率を10にする
- 総資産は7億円になるが売上高が10億円維持できれば、総資本利益率は

$$\frac{1}{10} \times \frac{10}{7} \times 100 = \mathbf{14.3\%}$$

向上

■ここでのポイント

回転率をあげれば収益はあがる

Part7 あなたの会社の「収益性」はどうですか？

06. 「利益」の視点で収益性を見る

売上利益率があがれば、収益性もあがる

売上利益率は段階的に検討しよう

会社の収益性の分析をするときに、投下した資本に対する利益の割合としての総資本利益率や自己資本利益率があることを説明してきました。そして資産の効率的な利用の指標として総資本回転率を見てきました。

一方、会社の収益性の分析をするときに売上に対する利益の割合を見ることも重要です。これが「売上利益率」です。

売上利益率を段階的に検討するには、具体的には以下のステップをとります。

売上総利益率（＝売上総利益÷売上高）
↓
売上営業利益率（＝営業利益÷売上高）
↓
売上経常利益率（＝経常利益÷売上高）

売上総利益率にご注意を

「売上総利益」は会社のすべての活動に必要なお金の源です。

社員の給与、事務所の家賃、設備投資などすべて売上総利益からまかなわなければなりません。

そんな重要な売上総利益を、どれほどの売上高で稼ぎ出したかという、いわば商売の効率を表すのが「売上総利益率」です。

私はこの**売上総利益率を最も重視する指標の１つ**、としています。

ある意味、社会が必要としているか否か会社存続のメルクマール、存在価値の源泉と思っています。

物を仕入れて販売する小売店を考えてください。売上総利益率が高いということは、安く仕入れるか、高く売ることで達成できます。

それは安く仕入れさせてもその小売店に扱わせようと考える生産者がいるか、高くてもその小売店で買おうとする顧客がいるからです。

つまり、その小売店を必要としている人たちが多いということ、それだけ社会に必要とされ存在価値がある、ということです。

この価値である、売上総利益率を高めていく活動が企業には求められているのです。

商品やサービスの品質であったり、利便性や納期など、他社とは違う差別化された卓越したノウハウが売上総利益率の違いになって現れているのです。

売上総利益率の変化については、十分気をつけて見ておく必要があります。

もし、売上総利益率が低下したら、以下のことを見てみましょう。

①**売上単価の低下。価格が落ちていないか**（値引きの要求か）
②**得意先構成が変わっていないか**
③**安価な商品の販売比率が高くなっていないか**
④**売上総利益率の高い商品の売上が減っていないか**
⑤**仕入単価が上昇していないか**

KEYWORD

売上総利益率	営業利益率	経常利益率	
売上総利益を売上高で除した値。	営業利益率とは、営業利益を売上高で除して求めたものである。営業利益率は、企業の収益性、経営効率の良否を示す重要な比率。	経常利益率は、売上高に対する経常利益の割合。経常利益は財務活動を含む会社の正常な経営活動から獲得された利益。	

「利益」の視点で収益性を見る

売上利益率の求め方

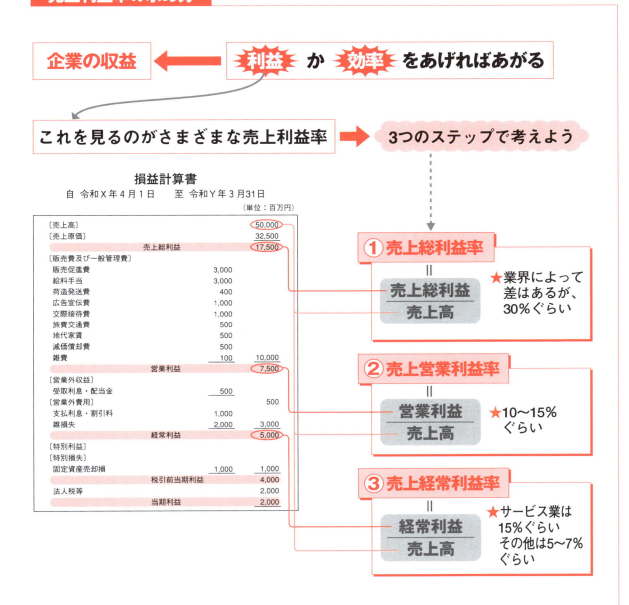

売上総利益率は会社にとって重要な指標。
変化については十分に気をつけましょう。

■ここでのポイント

**売上総利益率を高めてこそ
企業は存在する価値がある**

Part7 あなたの会社の「収益性」はどうですか？

07. 売上利益率の変化にはこう対応しよう

「利益」をあげるための方策を決算書は教えてくれない

売上総利益率をあげるには

さて、売上総利益率をあげるためにはどうすればよいでしょうか。以下のような要因がある場合の対策案としては、次のようなものがあります。

ただし、これらの分析は決算書の範疇を超えています。分析できるデータや資料が手に入ることが前提です。どういう対策を打てばいいかは、残念ながら決算書は語ってくれません。こういう方向に改善すればいい、という段階に止まります。

①販売数量の低下

商品サイクルの寿命なのか、ライバル商品の出現なのか、販売拠点や販売網が他社に比べて弱いのか、いろいろな角度から分析します。

②販売単価の低下

競合他社の動向を見ながら、当社としての販売戦略を打ち立てていきます。商品の機能やアフターサービス、品揃えによって差別化が図れる業種ならば、極力そちらに経営努力を傾け、単なる価格競争にならないようにします。

③得意先の構成による粗利益の低下

多くの場合、大口得意先の比重が増えていることが考えられます。

大口の客が増えて、販売量が増加している場合、一概にいいことばかりではないかもしれません。一社への依存度が高すぎると取引を打ち切られたときのリスクは大きいですし、単価が抑えられる傾向があります。コバンザメのように下請けでビジネスを行う場合も、切られない関係を築くことと、自己を抑え、足りたるを知る精神を持たねばやっていけないことでしょう。顧客別の取引高と利益率管理はほとんどの会社で行われていますので、おわかりのことと思います。

④商品構成の変化による粗利益の低下

販売戦略と利益計画の整合性が重要です。どの商品をどれだけ売っていくらの利益を会社として確保したいのか、行き当たりばったりでなく常に注意しましょう。商品別に利益をいくら生んでくれるのかを分析することも大切です。「言うは易し、行うは難し」ですね。でも、こうした計画があるかないかは行動に大きく影響します。また、実際、実行した結果うまくいかないのであれば、その反省材料を提供することにもなりますので、可能な限り、プランを立て実行、そして分析です。

⑤製造原価の上昇

製造原価にはいろいろな要素が含まれています。したがって、一概にこうすべきとは言えません。材料仕入れ単価がアップしているのであれば原因を調べて、代替が利く材料であれば他社（安価なメーカー等）から購入する等の手段を取ることも考えられます。また、製造要員の人件費が圧迫の要因であれば、省力化機械の導入や生産ライン作業のアウトソーシングもあるかもしれません。製造経費が膨らんでいるというのであれば、現場での改善活動等で削減させることも1つの方法です。

その他の利益率

売上総利益率に続くステップは、売上営業利益率と売上経常利益率です。この2つの変化への対応策も次ページにのせておきますので、合わせて覚えておきましょう。

KEYWORD

製造原価	アウトソーシング	
製品を製造するために要したコスト。	外部の業者に業務を委託すること。情報通信システムの設計・運用・保守を企業外の専門業者に全面的に委託するなどが代表的。	

売上利益率の変化にはこう対応しよう

売上利益率をあげるには

売上総利益率が下がった！ → 売上総利益が下がることは会社にとって大問題。以下のことを検討してみましょう。

- ●販売量の低下？
- ●販売単価の低下？
- ●得意先バランス変化による粗利の低下？
- ●商品構成の変化による粗利の低下？
- ●製造原価の上昇？

分析し、すみやかな対応を！

売上営業利益率が下がった！

↓

「販売費及び一般管理費」を見よう

- ・販売費は効果的？
- ・人員は適正な数？
- ・家賃負担は重過ぎない？

売上経常利益率が下がった！

↓

「営業外収益・費用」を見よう

- ・借入金の利息負担は重くない？
- ・たな卸資産の品質不良は？
- ・壊れやすい商品を扱い過ぎていない？

■ここでのポイント

素早い対応が利益率向上のカギ

Part7 あなたの会社の「収益性」はどうですか？

08. コストダウンは2つに分ける
コストリダクションとコストコントロールに分けて考えよう

コストダウン

コストダウンは、実は、「コストリダクション」と「コストコントロール」の2つに分けて考えたほうがいいものです。

コストリダクションとは、企画設計段階からのコスト削減の取組みです。製品のスペック（仕様）、原材料、製造工程など、設計段階からすべてを見直して徹底したコストの削減を図ります。

多くの会社では「原価企画」という制度でこれを推進しています。このやり方は、まず開発しようとする商品の売価の目標ラインを、顧客市場分析に基づいて設定します。そこから目標利益を差し引いて「許容できる原価」を設定します。

その許容原価は、そのメーカーの実力からかなり達成が厳しい水準である場合が多いのですが、新技術の開発や大規模な設備投資を含めて、許容原価の達成に向けて全社をあげて取組みます。

部品点数を3割削減することで原価が5割落とせたとか、生産ライン方式での製造から1人ですべての組み立てを行う方式に変更したことによりムダな在庫が減らせ、結果として原価が2割改善した、などがこのコストリダクションです。企画設計段階から徹底的に見直し、原価低減を図ることを通じ競争力を獲得しようとする活動です。

一方、**コストコントロール**は、製造現場において行う原価管理です。設計や製造方法が決まった後、製造活動を通じて行われる原価低減活動です。つまり、通常の生産活動の中で行うコストダウンです。

上記の原価企画に基づいて許容原価の達成の見通しがついた場合、各年度の「標準原価」を設定します。標準原価は、製造現場における達成目標となる原価で、品質を維持し、設備、要員を効率よく管理し、ムダをできるだけなくしていく活動を通じて、コストダウンを図っていきます。

コストリダクションとコストコントロールのコストダウンへの効果を比べると、前者が8割、後者が2割といわれています。

金融コストは低いほどよいのか

銀行などから借入れをすると、利息を支払わなければなりません。

可能であれば返済の必要のない資金で会社経営をしたいのですが、成長するにつれ、それに見合った投資をしなければならなくなります。

これまで通りの活動をしている限り資金に不足はないのですが、いざ、規模を一段拡大させるときに資金不足を感じるのが成長企業でしょう。

こんなとき株主が追加出資してくれればいいですが、それが不可能なとき、資金が不足しているので拡大のチャンスを逃すのか、銀行などから借金をしてでも資金を調達し、拡大のための投資をするか、経営者は決断を求められます。

しかし、過度な借入れはその後の返済がきつくなります。借入れをどのくらいするか、つまり金利負担をどの程度にするかはとても難しい問題です。金利は上がったり下がったりします。金利は自分の力では変動を操ることはできません。

このため、金利変動のリスクをどのように軽減していくかは財務担当者の腕の見せどころです。

KEYWORD

コストリダクション
企画設計段階からのコスト削減の取組み。

コストコントロール
製造段階での発生原価の統制。

標準原価
標準原価とは理想的な状態で製品1単位を製造するときにどれくらいの原価が発生するかをあらかじめ算出しておくもの。製品ごとに直接材料費、直接労務費、製造間接費の標準値を設けておく。

金利変動のリスク
金利が変動することに伴う危険度。

コストダウンは2つに分ける

コストダウン

```
                        コストダウン
```

大きな影響 ← / \ → 小さな影響

コストリダクション	コストコントロール
・企画設計段階からの 　コスト削減の取組み	・製造現場において行う 　原価管理
↓	↓
製品のスペック、原材料、製造工程など、設計段階からすべてを見直して徹底したコストの削減を図る	製造活動を通じて行われる原価低減活動。品質を維持し、設備、要員を効率よく管理し、ムダをなくす

標準原価は許容原価が達成
されなければ意味がない

許容原価 の設定　　　**標準原価** の設定

会社をあげて達成に努力	製造現場で達成に努力

■ここでのポイント

コストリダクションと
コストコントロールの違いを理解しよう

Part7 あなたの会社の「収益性」はどうですか？

09. 販管費削減でも収益性は高まる

売上のうち大きな割合を占める販管費にも目を向けてみよう

販管費はどうするか

日本の場合、売上に占める「販売費及び一般管理費」の比率は15%〜20%ぐらいで、その6割〜7割が人件費です。会社が営業利益率を上昇させるには、売上総利益率を高めるほか、販売費及び一般管理費の削減があります。販売費及び一般管理費の中身はたくさんありますが、おおむね次のような分類が可能です。

・販売活動に関する費用
・人件費
・会社を維持するために必要とする費用

たとえば、販売促進のための費用や流通経費など販売活動に関係する費用は、売上げの増加とリンクして増加するのが普通です。このように売上げとリンクして増加する費用を、売上に応じて変動するところから、**「変動費」**といいます。売上げが下がれば変動費の単価を下げる努力をしなければなりません。また、会社を維持するために必要とする費用は、家賃や光熱費、設備等の減価償却費など売上に関係せず、ほぼ一定額発生する費用です。売上に関係せず発生することから、こうした費用を**「固定費」**といいます。固定費は本当に必要なものなのかという見直しをすることが重要で、ほうっておくと、どんどん膨らみますので、注意が必要です。国家予算のようですね。

人件費は頭が痛い？

このように削減努力の果てに、なお残るのは、人件費の問題です。人間というのは一度慣れた生活水準は下げられないという特性を持っている、といわれています。経済学ではこれを「ラチェット効果」というそうですが、最近では必ずしも高まった生活水準を維持できる収入を確保できない状況もあるようです。

戦後、日本人の1人あたりの国民所得は上昇し、世界最高水準になりました。このことがグローバルに競争を強いられる企業にとっては、深刻な影響を与えています。欧米に比べても1.5倍、急進中のアジア諸国に対しては3倍〜5倍の人件費格差がある業界もあります。製造部門を東南アジアなどの人件費の安い国にシフトしているのも生き残りに必死な企業にとっては、致し方ない選択かもしれません。

企業に国境はない、といわれます。しかし、人は国という土地の上で生きています。人件費の問題を企業の問題とタカをくくっていると、企業は国を見限るかもしれません。

いま多くの日本企業でリストラ・年俸制の導入・退職金制度の見直し等が進められています。失業と給与水準の低下は、企業にもビジネスマンにも意識の改革を迫っているといえるのでしょう。中高年の自殺やホームレスの増加は、この問題を国の問題として真剣に取り組む必要があるということを示しているといえるのではないでしょうか。

働き方と働かせ方は、どんどん多様化しています。企業は人件費の変動費化を進めようとします。企業はリスクを避けるために、売上や利益に連動したコスト構造にしたいのです。

人件費の問題は、頭が痛い？ということです。

KEYWORD

人件費	変動費	固定費	
経費のうち、給料・諸手当など人の労働に対して支払われる経費。	変動費とは企業の営業活動に伴って比例的に発生するコスト。	何もしなくてもそこにそれが存在しているだけで発生するコスト。売れても売れなくても一定してかかる費用。	

販管費削減でも収益性は高まる

販管費の削減と収益性

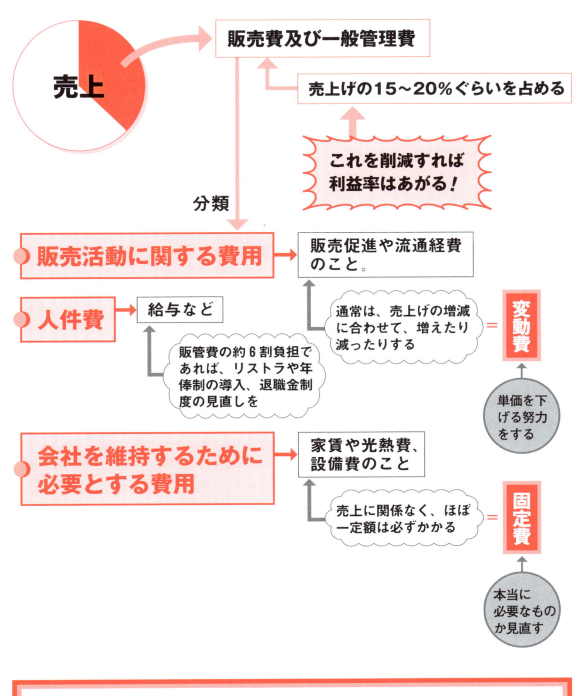

■ここでのポイント

販管費の削減でも収益性はあがる

Part8 「生産性」はこう調べよう

01. ヒト、モノ、カネ、そして情報

経営資源をどう活かすかがカギとなる

「ヒト、モノ、カネ、情報」は会社の財産

古くから、「ヒト、モノ、カネ」が経営資源であるといわれてきました。

現在では「情報」も付け加えることが多いようです。経営資源というのは、会社の財産であり、それをいかに有効に活用して利益をあげるかが経営者に問われるわけです。

現代という時代のキーワードは、「国際化」「自由化」「多様化」「情報化」「スピード化」といったところでしょうか？

その中で経営資源のあり方を考えてみましょう。

①「ヒト」

企業の国際化の中で、さまざまな国籍やバックグラウンドを持った人材が企業に入ってきます。またさまざまな価値観を持った人が、顧客にも、社員にも増えてくるでしょう。

さらに情報化は会社と社員の関係そのものを変えていくかもしれません（ジョブ単位で、必要なときに、必要なスキルを持った人をインターネットで募集するようなことも起きるでしょう）。

②「モノ」

材料などのたな卸資産や製造設備などは、目に見える財産その「モノ」です。

③「カネ」

金融の国際化、自由化、企業情報のオープン化によって、必要な資金を必要なときに、必要な金利のタイプでスピーディーに調達できるようになってくるでしょう。

いまや24時間、世界中のどこかで金融市場はオープンしています。そして、為替は自由です。最も国際化が進んでいるのが「カネ」といえるでしょう。だからこそ、恐ろしいともいえます。他国で起きた現象がすぐに日本にも影響し、自国のコントロールできないところで為替やレートが決まります。このことは大掛かりに意図をもった集団が金融の力を使って国をも動かすことができることに他なりません。

④「情報」

情報はますます国際的なレベルでの入手が容易になり、調達方法も多様化するでしょう。

このように、すべての経営資源の調達がどこまでも自由かつスピーディーに行えるようになるのが、未来の企業像ではないでしょうか。

商売の原点は、不変なり！

それでは、いつの時代も変わらないものとはなんでしょう。それは、ビジネスの本質ではないでしょうか。ビジネスの本質は、顧客が欲しいものを顧客が納得する価格で提供し、利益をあげられるということでしょう。

利益をあげられるということは、何らかの「付加価値」を企業の中で創造し、それを顧客が納得し購入しているはずです。企業の形態、モノの流れが変わっても、残り続けるのは、顧客に満足を提供して金を稼ぐという商売の原点の部分に他なりません。

KEYWORD

為替	レート	付加価値	
通貨と通貨の交換レート。	率。割合。歩合。	生産過程で新たに付け加えられる価値。総生産額から外部購入費用を差し引いたもので、人件費・利子・利潤に分配される。一国全体の付加価値の合計が生産国民所得となる。	

ヒト、モノ、カネ、そして情報

経営資源と時代の流れ

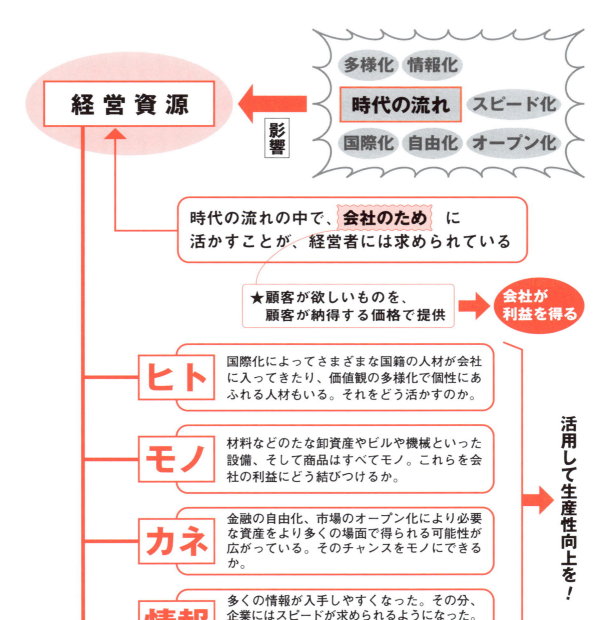

■ここでのポイント

時代に合わせた経営資源の活用を！

Part8 「生産性」はこう調べよう

02. 企業の付加価値とはなにか

付加価値 ＝ 企業の存在感

付加価値を計算してみよう

会社の決算書に「付加価値」という項目はありません。付加価値とは、会社が付加した、ないしは付加できた価値、ということですから、その大きさは会社の存在価値の大きさ、といってもいいのではないでしょうか。

会社がその付加価値ぶん値段を高くしても売れる、ということですから、購入する側はその金額に相当する価値を感じているということになります。

付加価値は、売上高から、商品仕入や原材料仕入れ、外注加工費などの「外部購入費用」を差し引いたものです。したがって、当社が外部に支払っているお金と、お客さんが当社に支払ってくれるお金の差額が、当社が生み出している付加価値です。

売上高－外部購入費用＝付加価値といえます。

このように式で示すとわかるのですが、決算書から付加価値を計算しようとすると情報が不足して難しいことが多いです。

製造メーカーの場合の外部購入費用には、材料や外部の業者に加工委託した費用などが含まれるのですが、これらの金額を示しながらまとめられている決算書は多くないのです。

しかし、商社や小売業を考えると、外部からの購入費用のほとんどは商品仕入れです。

したがって、付加価値は、売上高から商品仕入れ、期首と期末の在庫が同じだとすると売上原価を差し引いたもの、つまり**粗利益といわれる売上総利益とイコール**ということができます。

生産性の行き着く先

交通手段の発達や情報化の進展は、便利である一方で企業にとって付加価値を提供しにくく、つまり儲けにくくしているといえます。

たとえばその昔、地方の特産物はその地方に行かなければ手に入らなかったか、高いお金を出してお店に取り寄せてもらわなければなりませんでした。しかし交通手段の発達は、本人が気軽に地方へ行き、手に入れることを可能にし、お店に高いお金を払って取り寄せてもらうことをしなくて済みます。

また、情報化の進展でインターネットを使い、直接出向かなくとも発注ができ、宅配便で品物を送ってもらうことが可能になりました。

便利になった反面、企業は仕事を失ったり、儲けにくくなってきたといわれています。消費者と生産者が簡単に連絡し直接取引できる時代になってきたことから、商社などには、その必要性に一石を投ずる発言もあったりします。

しかし、企業はこの時代の流れに負けないようにその存在感を示し、生産性を高め、利益を確保しなければなりません。生産性も情報技術や交通手段などの進歩によって高まっていきますから、会社の生産性向上の努力とは時間との戦いといえます。

他社よりも生産性が優れている会社は、その時間との戦いにおいて、**ライバルよりも一歩先を歩んでいる会社**ということになります。

KEYWORD

外部購入費用	生産性	
外部から購入した費用。	生産のために投入される労働・資本などの要素が生産に貢献する程度。生産量を生産要素の投入量で割った値で表す。	

企業の付加価値とはなにか

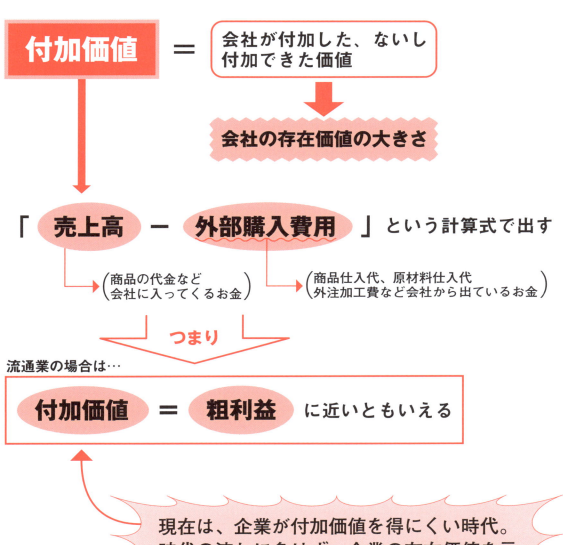

Part8 「生産性」はこう調べよう

03. 生産性の分析をしてみよう

「生産性」は従業員一人あたりで見る

労働生産性分析は従業員一人あたりで

生産性分析といった場合、その多くは、従業員一人あたりで見る、労働生産性をいいます。

つまり、一人あたりどれだけ付加価値を獲得できたか、で見るのです。

経営資源の投入に対して、どれくらいの成果があったか、その効率を一人あたりの付加価値で見るのが労働生産性分析です。

ここで、**売上高÷従業員は「一人あたりの売上高」**を意味します。

一人あたりの売上高をあげるように努力すれば、労働生産性は高まります。

また、**付加価値÷売上高は「売上高付加価値率」**です。

売上高当たりの付加価値をあげれば、労働生産性は高まります。もう1つ、労働生産性の分解をしてみましょう。

労働生産性の分解

固定資産÷従業員は「労働装備率」といいます。一人あたりどれくらい固定資産が使われているか示します。

おもしろいのは、労働装備率の上昇は労働生産性を向上させるということです。

売上高÷固定資産は「固定資産回転率」です。これは購入した固定資産が有効に活用され、お金の回収にどの程度使われているかを示します。

要は固定資産を持つだけでなく、売上げに結び

つかなければいけないということです。

以上のことから、労働生産性向上のポイントは、設備などの固定資産を導入し、かつそれを上手に活用することです。

日本の企業の平均的な労働生産性は、上場企業全業種平均1,500万円、製造業平均で1,200万円です。

労働装備率は、全業種平均で2,500万円ぐらい、製造業平均で1,600万円ぐらいです。

その他、他社と比較したり過去の数値と比較する上で参考となる生産性の指標としては、次ページの図のようなものがあります。

KEYWORD

労働生産性	売上高付加価値率	労働装備率	
投入した労働量に対してどれくらいの生産量が得られたかを表す指標。多くの場合、一定の労働時間あたりの生産量で表す。	付加価値額を売上高で除した値。	労働者一人あたりどれだけの資本（通常は有形固定資産）を使用しているかを示す指標。労働の資本装備率。	

生産性の分析をしてみよう

生産性の分析

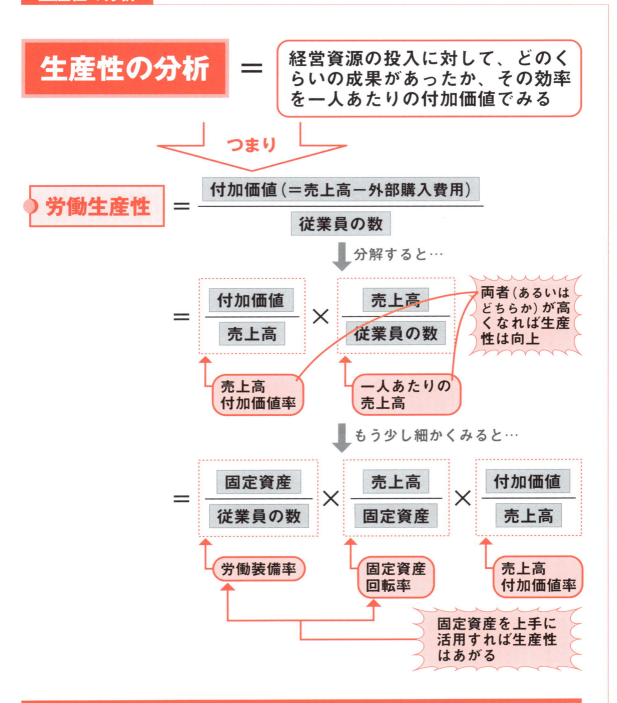

■ここでのポイント

固定資産の活用が
生産性向上のポイント

Part8 「生産性」はこう調べよう

04. 生産性向上のキーポイント

固定資産の活用と人件費を見てみよう

設備投資を評価する指標

会社には設備、土地、車両運搬具などいろいろな固定資産があり、長期にわたって資金を運用することになります。

固定資産の稼動状況は、**「固定資産回転率」**で見ます。固定資産がなぜ取得されるかというと、製品を作り売るために他なりません。

固定資産に投資された結果、製品が作られて、販売され、代金が回収されることによって資金は循環します。

固定資産の投資額に対し、売上高の金額が多いということは、それだけ資金が循環し、固定資産も稼動しているということです。

固定資産の稼動状況を売上高との関連で見るために、次ページの算式を用います。分母の固定資産は当期末と前期末の平均値を用います。

年間の売上高は、1年間の固定資産を使用して得られたものだからです。

固定資産回転率は特に業種で数値が大きく異なる指標です。各業種の数値は右ページにあります。

設備投資効率とは

「設備投資効率」とは、固定資産に対する付加価値の割合です。

また、分母の有形固定資産には、当期末と前期末の平均値を用います。

さらに「建設仮勘定」といって、まだ建設中のものは、固定資産から除きます。

なお、建設仮勘定というのは、貸借対照表の上で表示されていますので金額は決算書からわかります。

労働分配率と生産性

労働分配率とは、付加価値に占める人件費の割合のことです。

日本の企業の労働分配率は、企業種平均で50%強となっています。

製造業平均では60%弱です。

この比率は高ければ高いほど「ヒト」による仕事が多いこと、もしくは一人あたりの人件費が多額であることを示します。

これだけ情報技術や生産技術が進んでいる今日、「ヒト」の力で仕事をする部分が他社に比べて大きい場合、たいていは生産性があまりよくないという評価になります。

この式の意味は、売上高に占める人件費の割合を減らすか、売上高に占める付加価値の割合を増やせば、労働分配率が小さくなることを表しています。

人件費÷従業員数は「一人あたりの人件費」で給与水準を表します。

一方、**付加価値÷従業員数は「労働生産性」**です。

会社としては給与水準をおさえて、なおかつ労働生産性をあげれば、労働分配率が下がり、会社の生産性が向上することがわかります。

KEYWORD

設備投資	建設仮勘定	労働分配率	
建物・機械など、生産設備である固定資産に資本を投下すること。	期をまたがって建物等を建設する場合、最終的な金額が未定であるため、期末に一時的にコストを集計する勘定。完成後は固定資産になる。	国・産業・企業における、所得ないし付加価値額に対する労働者の取り分の割合。	

生産性向上のキーポイント

固定資産は上手に活用されているか

● 固定資産は稼働しているか？ ➡ 固定資産回転率 を見る

$$◎固定資産回転率 = \frac{売上高}{固定資産}$$

※日本企業の平均値

◎製造業………1.91	◎科学…………1.54	◎石油…………2.51
◎機械………1.85	◎電気…………2.17	◎自動車………2.39
◎商業………10.52	◎不動産………0.54	◎電力…………0.42

● 固定資産は効率よく利益を得ているか？ ➡ 設備投資効率 を見る

$$◎設備投資効率 = \frac{粗付加価値額^{(←減価償却費を含む)}}{有形固定資産}$$

※日本企業の平均値

◎製造業……77.32	◎科学………60.94	◎石油………36.02
◎機械………90.82	◎電気………127.71	◎自動車……77.98
◎商業………102.95	◎不動産……25.56	◎電力………27.74

労働分配率と生産性

$$労働分配率 = \frac{人件費}{付加価値}$$

日本企業の場合、平均は50％強、この比率が高ければ、「ヒト」による仕事が多いことを意味する。他社よりも高い割合ならば、その他社よりも生産性は低いことに！

$$= \frac{人件費}{売上高} \div \frac{付加価値}{売上高}$$

売上高に占める人件費を減らすか、売上高に占める付加価値の割合を増やせば労働分配率は小さくなる

$$= \frac{人件費}{従業員の数} \div \frac{付加価値}{従業員の数}$$

一人あたりの人件費をおさえるか、労働生産性をあげれば、労働分配率は小さくなる

■ここでのポイント

生産性向上は 固定資産と人件費がカギとなる

Part9 「安全性」と「資金繰り状態」も決算書でわかる

01. なぜ、「安全性」を調べるのか

安全性は会社の返済能力

安全性に関心を持とう

安全性は会社にとってとても大切なものです。

現実の会社は多くの債権・債務を持ちながら、日々活動を続けています。

「モノ」を売ったら、代金が回収されるまでの間、売掛金や受取手形といった売上債権が計上されます。

これを計上する必要がない会社は、お客から現金で毎日お金が入る、いわゆる「日銭商売」会社だけです。

商品の仕入れは毎日現金で行うことはまれで、通常は買掛金や支払手形といった仕入債務が計上されています。

それだけではありません。

経費の支払いや給与、また税金までもいちいち支払うのではなく、一定期間分をまとめて支払います。

このとき、必ず未払分の債務計上が行われます。会社にとって、売上債権などの債権については回収できないという貸倒れのリスクが常にあります。どの会社も、債権の相手先の安全性に関心を持たずにはいられません。

安全性は会社の持久力

会社というものは、永久に存在することを前提に活動しています。永久に存在しようとする以上、あまり急いで走ってはいけません。

会社の場合、急いで走るということは、借金を増やして、規模の拡大を図り、より多くの利益を追求することを意味します。

急いで走っている会社は借入金が多く、そのうちの多くは先行投資につぎ込まれるため、長期間にわたって資金が寝ていることになります。

そうすると手元には現金は残りません。

何か計画の狂いがあって資金繰りが行きづまると、たちまち支払いが滞ってしまいます。

会社を永久に存続させるには、持久力を持たなければなりません。

そのためには、自社の体力を知り、競合相手を知った上で無理をしすぎず走るに限ります。そういった姿勢は、決算書を通して見る安全性の分析の上でも必ずわかるものなのです。

KEYWORD

日銭商売
現金取引で商売すること。

仕入債務
仕入活動によって生じた債務の総称。買掛金や支払手形など。

なぜ、「安全性」を調べるのか

「会社」と「安全性」の関係

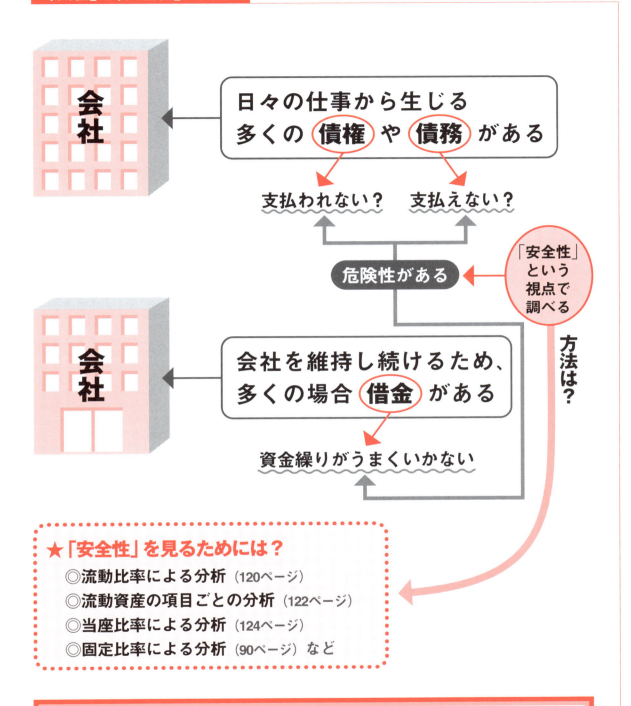

■ここでのポイント

安全性と資金繰りをセットで考えよう

Part9 「安全性」と「資金繰り状態」も決算書でわかる

02. 流動比率で安全性を見る

安全性は流動比率を見るのが第一歩

流動比率による分析

会社の安全性を見る場合、その代表選手は「流動比率」です。流動資産と流動負債の比率を見るのです。

もしいま、流動比率が1の会社があるとすれば、1年以内に支払わなければならない負債に対し、それと同額の、1年以内に現金化できる資産を持っているということになります。

つまり、その会社には返済能力があるのです。もし流動資産が少なくて流動比率が1を切っている場合、その会社はいまある借金を返すために、また新たな借金をしなければなりません。

しかし、新しくお金を貸してくれるところが見つからなければ、その時点でその会社は支払不能に陥り、倒産することになってしまいます。つまり、流動比率は会社の短期的支払能力を示すものなのです。

流動比率が1、つまり100％を切っているととても危険な状態です。逆に100％あれば十分かというと、そうでもありません。一般的には、200％あることが理想といわれています。

日本の上場企業平均でみると全業種平均120％超、製造業平均で170％ぐらいです。

流動比率は高いほどよいのか

流動比率が安全性を示すものならば、高いほどよいと考えがちですが、いつもそうだというわけではありません。

無借金経営をしている会社が良い例です。無借金経営の多くの場合は銀行からの借入れがないという意味で、仕入代金や経費関係などの支払債務は普通の会社と同様に持っています。

ただ、それにしても負債が少ないことは確かです。

無借金経営が良しとされるのは、多くの場合、競争が少ない業種や成熟産業、あるいは独占企業の場合です。成長産業では、無借金経営は競合他社との比較で拡大に遅れをとり、競争に負けてしまうリスクを含んでいます。無借金経営でいくら流動比率がよくても、会社としては成長力に遅れをとり、将来競争に負けてしまうのではかえって危険であるともいえます。

逆に流動比率が100％を割ると危険かというと必ずしもそうとはいえません。電力、ガス会社などは流動比率が低いことが多いのですが、回収は確実で資金化が早いため、安全性は低くないと考えられています。

流動比率の落とし穴

流動比率には「落とし穴」があります。

流動資産の中身が「実は金にならない、なりにくい資産」だと、流動比率をせっかく出しても、かえって判断をミスリードするだけです。

流動比率は流動資産がお金に換わることが前提なので、お金にならない＝負債の返済のための原資とならない資産では意味がないのです。

KEYWORD

流動比率
流動資産を流動負債で割った比率のこと。企業の財務的安定性を示す経営指標の1つ。

資金化
土地を売却して現金にするなど資産を換金すること。

流動比率で安全性を見る

流動比率と安全性

貸借対照表の要旨
（令和Y年3月31日現在）

（単位：億円）

資産の部		負債および純資産の部	
科目	金額	科目	金額
流動資産	14,001	流動負債	13,286
現金	2,879	支払手形	3,556
受取手形	3,572	買掛金	5,426
売掛金	2,805	未払金・未払費用	1,704
有価証券	1,706	その他	2,600
たな卸資産	1,138	固定負債	7,891
その他	1,901	長期借入金	3,549
固定資産	21,951		

$$流動比率 = \frac{流動資産}{流動負債} \times 100$$

100%を超えているか？

No → 資金繰りに注意！

短期的な資金調達先を確保しておくとともに、決済条件の見直しをはかる必要もあるでしょう。
・売上債権の回収期間を短くする
・支払いまでの期間を長くする

Yes ↓

ひとまずは安心

流動資産の内容が本当に実在し、価値があるものなのか確認しておきましょう。
・回収できそうもない売上債権はないか
・売れる見込みのない商品、製品はないか
・使う見込みのない材料、部品はないか
・時価が下がってしまった有価証券等はないか
・仮払金、立替金などの内容を見直し整理する必要はないか
・短期貸付金の回収に問題はないか

■ここでのポイント

流動比率が100%いっていないとまずい

Part9 「安全性」と「資金繰り状態」も決算書でわかる

03. 流動資産の正体をつかめ

流動資産が持つリスクを知っておこう

流動資産の項目とその注意点

①現金・預金

現金そのものと、1年以内に満期がくる銀行預金などが含まれています。銀行の倒産がありえます。ペイオフ解禁で預金といえども絶対安全とは言い切れません。

②受取手形

手形には手形発効日と決済日があり、そこにずれがあります。そのずれが1ヶ月のものもあれば、半年以上、決済日が先ですぐにはお金にならないものもあるのです。また会社がつぶれた場合はお金が返ってきません。リスクがあります。手形はある意味、いくらでも発行できます。権利の裏付けなく発行することもできるのです。

たとえば、資金繰りに困った会社同士がぐるになり、お互いに手形を発行しあうことで、相手方の手形を手に入れ、その手形を決済に使ったり、金融機関で割り引いて現金化する、というものです。お互いに手形の支払いができているうちはいいですが、いざ一方が決済できなくなると連座して決済不能に陥ります。

安全な手形かどうか、注意が必要です。

③売掛金

売掛金とは、売上代金の回収権利ですが、回収できない、払ってもらえない、貸倒れのリスクがあります。取り込み詐欺にあったり、相手先が倒産したりして回収できないものや、相手先がつぶれてはいないが回収が長期間滞っているものが含まれていることもあります。

受取手形や売掛金が不良債権だと、支払能力が

あるとはいえません。

決算書だけでは、どこに対する売上債権かわからないこともあり、場合によっては慎重な調査が必要です。

④たな卸資産

売れない商品が含まれているリスクがあります。売れたとしても、正常な価格でないものや代金回収に期間を要するケースもありますので注意が必要です。

⑤短期貸付金

短期貸付金については、従業員や取引先に対する貸付ですが、売上債権同様、貸倒れのリスクがあります。

従業員の給料の前借りとか聞いたことありませんか？ こうした従業員が多額の借入れの申し出をしてきたら、危ないですよね。

⑥有価証券

買ったときの価格を時価が下回っている場合があります。

売買市場があって、常に証券の価格が変動しているので、買った価格で計上することが原則である決算書では含み損のリスクがある、ということです。

⑦その他の流動資産

前払費用などがここに含まれます。

すでに支払いは済ませてあり、権利としての資産性が認められるものが前払費用です。

KEYWORD

決済	前払費用
代金、または証券の受け渡しによって売買取引を済ませること。	法人が一定の契約により継続的に役務の提供を受けるために支出した費用のうち、その事業年度終了の日においてまだ提供を受けていない役務に対応するもの。

流動資産の正体をつかめ

流動資産のリスク

資産の部	
科目	金額
流動資産	14,001
現金	2,879
受取手形	3,572
売掛金	2,805
有価証券	1,706
たな卸資産	1,138
その他	1,901
固定資産	21,951

いくら流動比率が100％を超えていても、流動資産の中身が「現金化」できない、あるいは、されにくいものならば、実際の返済力は低くなってしまう

そこで

流動資産それぞれにあるリスクを覚えておこう

現金・預金
ペイオフ解禁で預け先の銀行の経営状況を知る必要あり

受取手形
決済日はいつか、知る必要あり。また、どこの会社が発行した手形なのか、発行先の会社の経営状況を調べることも大切

売掛金・短期貸付金
不良債権になる可能性を調査する必要あり

たな卸資産
売れない商品、あまりに高い価格がついた商品がないか調べる必要あり

その他の流動資産
換金性がないものはないか調べておくのも大切

有価証券
含み損のリスクがあるので、買った価格と現在の価格を比べてみる

■ここでのポイント

「流動比率が100％以上」でも安心してはいけない

Part9 「安全性」と「資金繰り状態」も決算書でわかる

04. 当座比率でなにを見るのか
十分な支払能力の有無は当座比率で調べる

当座比率で支払準備の度合いがわかる

流動資産の大部分は大きく当座資産とたな卸資産の2つに分けられます。

当座資産というのは、現金預金、売掛金、受取手形、有価証券、未収金など一応はすぐに現金になるものです。

これに対して、**たな卸資産**とは商品や製品などのいわゆる在庫です。

在庫というのは顧客に売ることにより、やがて代金が回収されるというかたちでお金に換わります。

当座資産との違いは、販売というステップを経由するところであり、経営分析上は当座資産のように「次の段階は即お金である」というものとは区別しているのです。

「当座比率」は、次の式で算出されます。

当座比率＝当座資産÷流動負債

一言で言えば当座比率は、**流動比率をより厳しくした概念**です。

より現金化しやすい当座資産と流動負債の比率で、会社の支払能力を見ようとするからで、より辛い（すっぱい？）ことから「酸性テスト」とも呼ばれています。

当座比率の理想的な数値

日本企業の全業種平均では、当座比率は8割強ぐらいです。

製造業平均では100%を少し上回っています。

願わくば、当座比率は100%を確保したいところです。

100%以上あれば、短期的な支払準備について、とりあえず大丈夫ということになります。

当座比率は、支払いにそのままあてることができる資産を、どれだけ会社が準備しているかを表します。

業種によって違いますが、100%を超えるようにしておいて欲しいところです。

当座比率にも落とし穴はある

一般に当座比率が高いほど安全性も高いと解釈できます。

しかし、会社の当座資産の中に、不良債権など現金化しにくいものが含まれていると、支払能力があるとはいえなくなってしまいます。

この点は流動比率の落とし穴と同じで、資産内容のチェックが重要です。

KEYWORD

未収金	当座比率	
固定資産・有価証券の売却など本来の営業取引以外の取引から生じた債権に使われる勘定科目。	「当座資産」と「流動負債」を対比した数字。	

当座比率でなにを見るのか

当座比率

貸借対照表の要旨
（令和Y年3月31日現在）

（単位：億円）

資産の部		負債および純資産の部	
科目	金額	科目	金額
流動資産	14,001	流動負債	13,286
現金	2,879	支払手形	3,556
受取手形	3,572	買掛金	5,426
売掛金	2,805	未払金・未払費用	1,704
有価証券	1,706	その他	2,600
たな卸資産	1,138	固定負債	7,891
その他	1,901	長期借入金	3,549
固定資産	21,951		

当座資産

$$当座比率 = \frac{当座資産}{流動負債} \times 100$$

会社の支払い能力を示す数値

◎ **流動比率** よりも厳しい見方
＝

当座比率が100％あれば
会社の支払能力は十分
安心できる

念のため

・当座資産の中に支払い資金として使えない、拘束されている預金等がないことを確認しておきましょう。
・1年以内に支払わなければならない負債が網羅されていることを確認しておきましょう。
・1年以内に返済予定の長期借入金。
・支払いが予定されている賞与の支払い。

もし当座比率が100％なければ…

流動比率が100％あるかどうか調べて会社の安全を確認

■ここでのポイント

当座比率100％は会社の安全性の証

Part9 「安全性」と「資金繰り状態」も決算書でわかる

05. 設備投資の妥当性はどう見る？

減価償却費を基準にしたり、固定比率で見てみよう

過大な設備投資は事故のもと

会社が「設備投資」をしようとする場合、どれくらいの金額が妥当なのでしょうか？

もちろんいうまでもなく、会社がこれから規模拡大をしたいのか、現状維持でいきたいのか、などにより異なります。

それでも1つの目安として、多くの会社では次のような考え方を持っています。

『安全な範囲の投資規模は、毎期の減価償却費の範囲内である』

つまり、減価償却によって価値が減少していく分だけ、投資していくというやり方です。

固定資産の減価償却は、会社にとって資金回収を意味します。

この考え方を踏まえて、毎年の減価償却費の金額を超える投資をする場合、その会社は拡大積極路線をとっているといえます。

逆に下回る場合は、そうではないということになります。

固定比率

設備投資をすると、その多くは固定資産として計上されることになります。

毎年の減価償却の範囲内で設備投資をしているかが、「妥当な範囲内」の1つの目安です。

そして、固定資産全体のバランスを調べるのが、固定比率です。

固定長期適合率とはなにか

「固定長期適合率」という見方もあります。

この式の意味は、固定資産を調達するための資金を、自己資本（純資産）と長期借入金でどの程度まかなっているかということです。

日本企業の場合、全業種平均で80％強、製造業平均で70％強となっています。

この固定長期適合率は、100％を下回らなければ危険です。

100％を上回るということは、固定資産の調達に必要な資金が、自己資本（純資産）と固定負債とでは足りず、短期借入金まで使っていることを意味するからです。

それは1年以内におとずれる、短期借入金の返済が苦しくなることを暗示しているからです。

経営でまず考えねばならないのは、会社をつぶさないことです。

利益や規模の拡大を求めるがため、投資を積極的に行うことがあります。

そうした場合にも**資金計画は堅めに立て、余裕をもって投資を行う**ことが求められます。

少なくとも、短期借入金で固定資産を取得することはタブーと認識してください。

KEYWORD

固定比率	固定長期適合率	
長期資金の安全度。 固定比率＝（固定資産÷ 自己資本［純資産］） ×100（％）	固定資産投資の安全性を示す指標。固定資産と自己資本（純資産）＋固定負債の比率。	

設備投資の妥当性はどう見る？

設備投資の妥当性

①減価償却費以内かどうかという基準 ➡ 損益計算書の減価償却費と、設備投資額を比べる

②固定比率・固定長期適合率を見る

貸借対照表の要旨
（令和Y年3月31日現在）

（単位：億円）

資産の部		負債および純資産の部	
科目	金額	科目	金額
流動資産	14,001	流動負債	13,286
たな卸資産	1,158		
その他	1,901	固定負債	7,891
固定資産	21,951	長期借入金	3,549
有形固定資産	6,838	その他	4,342
建物・構築物	2,076	負債合計	21,177
機械装置	2,035	株主資本	14,775
土地	1,125	資本金	2,003
その他	1,602	資本剰余金	4,891
無形固定資産	15	利益剰余金	7,881
投資等	15,098	評価・換算差額等	0
投資有価証券	12,619	純資産合計	14,775
その他	2,479		
資産合計	35,952	負債・純資産合計	35,952

$$固定比率 = \frac{固定資産}{自己資本（純資産）}$$

100%未満なら安全

100%以上の場合

$$固定長期適合率 = \frac{固定資産}{自己資本（純資産）+ 固定負債}$$

100%未満ならOK

100%以上の場合 会社の安全性に問題あり

新規の投資は慎重に！

？固定長期適合率が100%以上ということは？

1年以内に返済しなければならない短期の資金で長期資産への投資を行っていることになるので、短期資金の返済に支障が生じるおそれがあります。
まずは、この状態を脱却することが財務的には優先課題です。

■ここでのポイント

設備投資額は2つの視点で見てみよう

Part9 「安全性」と「資金繰り状態」も決算書でわかる

06. 「含み損益」の持つ意味

「含み損益」を念頭におかないと正しい経営分析はできない

安全性確保のための基本姿勢

安全性を計る基本的な考えは、流動比率や固定比率にしろ、借金の返済能力があるかという分析でした。

しかし一番大切なことは、常に「ある金を返すのではなく、返すお金を作る」という姿勢ではないでしょうか。

つまり、**儲けることによってお金を作り、そのことによって財務体質をよくしていこう**という考え方です。

貸借対照表は大化けする

会計の本を読むと、「貸借対照表は会社の財政状態を表す」と書いてあります。ただし、貸借対照表には大きな盲点があることも覚えておいてください。「含み損益」の問題がそれです。いまの会計は**「取得原価主義」**という考え方が原則です。取得原価主義というのは、資産の帳簿価額（簿価）は、それを買ったときの値段で計上し、その後の資産の相場（時価）が変化しても、簿価は変えないというやり方です。

そして、このように帳簿上表現されない時価と簿価の差額を「含み損益」といいます。

資産の価値が減少することについては、今の会計上のルールでは、帳簿上も価値を減らすことが可能です。

一部大企業において、市場性のある有価証券については含み損益を考慮した時価で評価し、売ったとした場合の税金分を「繰延税金負債」、手取り分を評価差額として「その他資本の構成要素」に計上することになっています。

一方、土地などの価値が上がった場合、現行の会計ルールでは簿価（帳簿上の価額）は増やしません。その結果、貸借対照表に計上されている土地等の金額と実際の時価とが著しくひらいてしまっているケースもよくあるのです。

含み益を加味して経営分析

「含み益を加味したところで、会社の収益性は変わらない」ということです。いくら土地などの含み益がたくさんあっても、商品やサービスの収益性が悪く利益を獲得できなければ含み益を食いつぶしながらも、いつかは会社倒産に追い込まれます。

キャッシュフロー計算書を思い出してください。営業活動によるキャッシュフローが大幅にマイナスである会社は、投資活動によるキャッシュフローがプラス、つまり、固定資産の売却などによる収入があっても、構造的に営業活動によるキャッシュがプラスに改善できない限り、いつかは資金ショートに陥り、会社は倒産してしまいます。

会社継続には営業活動によるキャッシュフロー、つまり、通常の営業活動から獲得する利益が必要で、土地などの含み益があったとしても、食いつなぐことはできるが根本的な解決策ではない、ということです。

含み益が大きいからといってすぐに安心してしまうのはまちがいのもとです。

KEYWORD

取得原価主義	簿価	時価	
資産の評価の基礎を、その資産を取得するために実際に支払った金額とする考え方。	資産・負債および純資産について帳簿上に計上されている価額。帳簿価額。	商品などのその時々の市場価格。	

「含み損益」の持つ意味

含み損益

貸借対照表の要旨
（令和Y年3月31日現在）

（単位：億円）

資産の部		負債および純資産の部	
科目	金額	科目	金額
流動資産	14,001	流動負債	13,286
現金	2,879	支払手形	3,556
受取手形	3,572	買掛金	5,426
売掛金	2,805	未払金・未払費用	1,704
有価証券	1,706	その他	2,600
たな卸資産	1,138	固定負債	7,891
その他	1,901	長期借入金	3,549
固定資産	21,951	その他	4,342
有形固定資産	6,838	負債合計	21,177
建物・構築物	2,076	株主資本	14,775
機械装置	2,035	資本金	2,003
土地	1,125	資本剰余金	4,891
その他	1,602	利益剰余金	7,881
無形固定資産	15	評価・換算差額等	0
投資等	15,098	純資産合計	14,775
投資有価証券	12,619		
その他	2,479		
資産合計	35,952	負債・純資産合計	35,952

損益計算書の要旨
自 令和X年4月1日
至 令和Y年3月31日

（単位：億円）

科目	金額
売上高	33,196
営業費用	33,044
営業利益	151
営業外損益	-5
経常利益	146
特別損益	-493
税引前当期利益	-347
法人税、住民税及び事業税	7
当期利益	-347

（注）①有形固定資産の減価
　　　償却累計額
　　　　18,573億円
　　　②1株当たり当期利益
　　　　-12円67銭

キャッシュフロー計算書
○○株式会社
自令和X年4月1日
至令和Y年3月31日

（単位億円）

Ⅰ営業活動によるキャッシュフロー	
1．税引前当期利益	-347
2．減価償却費	200
3．投資有価証券売却損益	543
4．土地売却損益	-50
5．売上債権の増加額	-30
6．たな卸資産の減少額	30
7．仕入債務の増加額	28
営業活動によるキャッシュフロー	374
Ⅱ投資活動によるキャッシュフロー	
1．有形固定資産売却による収入	250
2．有形固定資産取得による支出	-120
3．投資有価証券売却による収入	307
投資活動によるキャッシュフロー	437
Ⅲ財務活動によるキャッシュフロー	
1．長期借入れによる収入	500
2．長期借入金の返済による支出	-850
財務活動によるキャッシュフロー	-350
現金及び現金同等物の増減額	461
現金及び現金同等物の期首残高	2,418
現金及び現金同等物の期末残高	2,879

決算書は会社の財務状況を知ることができる

キャッシュの量は、やはりキャッシュフローでチェック！

貸借対照表を使えば…

借金の返済能力 ＝ 会社の安定性 がわかる

check! **流動比率**

check! **当座比率**

check! **固定比率**

check! **固定長期適合率**

★ ただし、貸借対照表上に計上されている数字には、**含み損益** があることに注意！

資産の帳簿価格（簿価）←（買った時の価格）

資産の現在価格（時価）

この差が含み損益

現在の会計ルールでは、含み損は帳簿上も対応させることができるが、**含み益**の場合は帳簿に現れない。

→含み益があるからといって安心はできない。

■ここでのポイント

含み損益によっては貸借対照表はあてにならない

Part9 「安全性」と「資金繰り状態」も決算書でわかる

07. 安全性分析は2つの視点で

「静態分析」と「動態分析」の両方で安全性は分析しよう

静態分析と動態分析で安全性分析を強化する

安全性の分析のところで、流動比率と当座比率などを勉強しました。

これらは会社が現に保有している資産と負債のバランスから支払能力があるかないかを分析する方法で、いわば会社の一定時点の残高、「ストック」の分析を通じて会社の体力を見たわけです。

このように一定時点での分析ですので、この仕方を**「静態分析」**といいます。

動態分析と経常収支比率とは？

一方、会社の実際のお金の流れ「フロー」から、会社の資金繰りの状況や支払能力を見る方法もあります。

これが**「動態分析」**というものです。

この代表的な手法は、**「経常収支比率」**です。しかし、キャッシュフロー計算書が作成されていれば、資金の動きがわかりますので、それに勝るものはありません。キャッシュフロー計算書が、まだ必要とされていなかった時代、大いにもてはやされた比率です。

経営分析は、なにかとなにかを比較して比率を出しますが、その比率からは他社と比べていいか悪いかはわかりますが、どこが悪いか、どう改善すればいいか、なにもヒントをくれません。

私が、損益計算書、貸借対照表そしてキャッシュフロー計算書などの決算書そのものを重視し、それを読めるようになることを推奨しているのは、会社を理解し、取引の判断に使ったり、業務の改善につなげることが可能になるからです。

可能な限り、決算書の金額および構成比を使って会社を読み、語れるようになりましょう。

話を経常収支比率に戻しましょう。

経常収支比率とは、経常収入と経常支出の比率です。

「経常収入」というのは、経常損益に直接関係する収入のことです。

経常損益ですから、土地売却益などの、いわゆる特別項目は入りません。

経常収入の内訳は、売上収入、営業外収益です。

営業外収益には、預金につく受取利息や、株式を保有することから受け取る受取配当金などが含まれます。

一方、「経常支出」というのは経常損益に直接関係する支出です。

原材料や商品代などの支払、人件費など諸費用や営業外項目の支払です。「収支」という言葉を使います。

この場合、売上高が売上収入ではありません。

お金を現実に回収した金額、つまり、売上高－売上債権増加額が「売上収入」です。

売上収入以外でも、同じように関連する債権、債務を加減することによって、実際の入出金額を求めます。

この比率が100％を切っている場合は、普通に活動すれば支出が収入を上回るということですから、危険信号です。

KEYWORD

経常収支比率	経常収入	経常支出
経常収入と経常支出の比率。健全性、安全性を表す指標。経営を続けるには1（100％）以上であることが必要。	売上、営業外収入などの通常の活動によって実際に入金した金額。	売上原価、販売費、管理費、営業外支出などの、通常の活動で実際に支出した金額。

安全性分析は2つの視点で

静態分析と動態分析

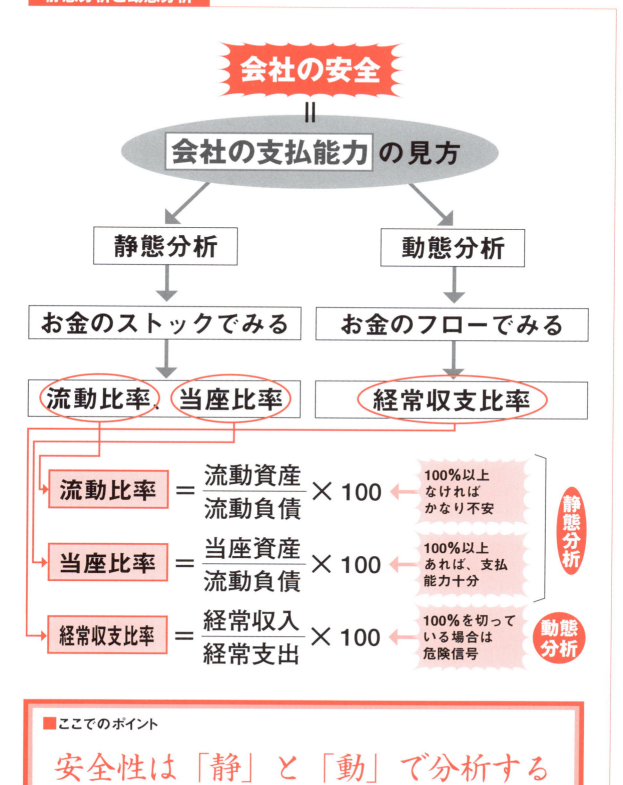

■ ここでのポイント

安全性は「静」と「動」で分析する

Part9 「安全性」と「資金繰り状態」も決算書でわかる

08. 財務マネジメントの達人を目指そう

「安全な会社」を作るためには財務に精通した人が必要

損益と資金繰りはどこが違う？

損益の善し悪しと資金繰りの善し悪しは、なぜ違うものになるのでしょうか。

たとえば、日銭商売なら毎日現金が入ってくる商売で損益計算上、売上を計上するタイミングと現金が入金されるタイミングが一致しています。

普通の会社では、商品を売り上げてから入金されるまでタイム・ラグがあります。

そのため会社が物を売ってからお金を回収するまでにつなぎのお金（給与、家賃、経費、商品仕入等の支払資金）が必要になります。

会社はこれを運転資金として銀行から借入れたり、仕入業者の支払を延ばしたりして工面をしています。

これが資金繰りであって、売上計上時点で認識する損益とは異なるのです。

資金繰り表とはなにか

会社は、資金繰りをコントロールするためのツールとして通常「資金繰り表」を作成・使用しています。

キャッシュフロー計算書と何が違うのでしょうか。キャッシュフロー計算書とは、一定期間の資金の動きを3つの活動に分けて、把握します。

経過した期間を対象としますので、こうであったという結果報告書です。

これに対し、資金繰り表は、今後の入金予定と支払予定、そして予想資金残高を時系列に並べた将来予測の計画表です。

資金繰り表の原理は、**繰越残＋入金－出金＝資金残高**です。

つまり、会社の資金余裕額がいくらかをそれぞれの将来の日にちごとにヨコに並べて示す表にほかなりません。

資金繰り表を作成するタイミングは、会社の余裕の程度にもよります。日々で作成している会社もありますし、5日単位や月に2〜3回程度の会社もあります。

資金繰り表は公表される決算書などと違い、作成の有無、形式は一切自由です。

それぞれの会社にあった工夫をすることが大切です。

会社はつぶれないこと、資金ショートを起こさないことがまず求められるので、形式はどうであれ、何らかの資金繰り表を作成しています。貸借対照表や損益計算書は年1回作成するだけ、という会社でも、表にまとめていないにしても経営者は資金繰りを注意して見ています。経営者の関心はまず資金です。

経理部門と財務部門

大きな会社になると経理部門と財務部門があります。経理部門はいわゆる日常経理処理と決算作業、決算書作りが中心です。これに対し、財務部門は、会社の資金ポジションの管理が仕事で、資金繰りや資金の調達・運用を主な仕事としています。同じように金額を扱う管理部門ですが、経理と財務には違いがあります。

KEYWORD

経理部門	財務部門	
日常の経理や決算書の作成を主業務とする部門。	資金繰りや預金の管理、借入れの手配など資金の管理を主業務とする部門。	

財務マネジメントの達人を目指そう

経理と財務

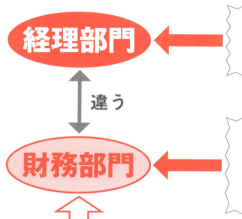

経理部門 ← 日常の経理処理、決算作業、決算書作りが大きな仕事

違う

財務部門 ← 会社の資金ポジションの管理・資金繰りや資金の調達・運用が大きな仕事

会社の安全性を担う重要な立場！

● 財務マネジメントをする上で大切なこと ●

- 資金繰りの精度が高い
- 繰越残高について銀行に残高の照合をする
- 入金や出金も精度が必要
- 営業部からの入金予定、得意先の情報も蓄積する
- 資金繰りの状況、余剰資金の運用などを、経営者へ密かに報告・連絡・相談する
- 財務取引に関する勉強を怠らない
- 「リスク」に関する認識を持つ

■ここでのポイント

財務マネジメントが安全性の決め手

Part10　成長する会社はこんな会社だ

01. 成長力ある会社を見抜こう
成長力も出資者が重視すべき要素の１つ

夢なき会社に明日はナシ

　経営者がまず心がけることは、会社をつぶさないこと、そして、会社価値を増大させ続けることです。経営が悪ければ経営者交代があり得ます。出資者にとって、経営をまかせている経営者に能力がなければ更迭して、後任にまかせることも選択肢です。また、最終的に会社を手放すことも出資者が取り得る選択肢の1つです。

　出資者にとって、会社は投資先ですので投資効率が悪いと判断したならば、より高いリターンを求め、意思決定していくのです。こうした出資者から経営をまかされている経営者は、最大限会社を発展させ、利益をあげるよう行動します。つまり、**会社価値の極大化**を求めるのです。アメリカではあまりにも経営者が短期的な志向で利益を追求するあまり、将来への投資をしなくなったということを聞いたことはありませんか？　こうした出資者と経営者との関係が資本主義社会で見られる原則的な関係で、経営者の成績表である決算書で経営者の経営能力を評価しているのです。

　しかし、多くの会社は出資者イコール経営者です。こんなにシビアに考えることはありません。

　こんな会社に求められる経営者とは、会社の明日を考え、発展に導くことができる経営者です。

　経営者は会社の理想とする理念を持ち、方向性を示しながら、的確な経営戦略を持ってビジネスを伸ばしていかなければなりません。

　明日のメシの種は何であるべきかを常に考え、将来にわたって適正な利潤を追求する、それが経営者の仕事といえます。

　会社の将来の発展を保証してくれるのは、経営者の方針と判断以外にありません。

　時代の変化やマーケット・ライバルを読み、明日のメシの種を今日からまいておくこと、それが経営者に望まれる姿勢ではないでしょうか。

会社の将来を見る方法

　会社の将来を間接的ではありますが、決算書から見る方法の1つに、売上高と研究開発費の比率があります。

　会社が研究開発費に多額の「カネ」を投資することは、明日のメシの種をまいていることに他なりません。

　これは売上に対する比率で計ることができます。

　会社の将来を計るにはもう1つ、新製品が売上に占める比率を見る方法があります。

　業種により違いはありますが、逆に同業他社と比較すれば、その会社の将来性を計る尺度としても参考になります。

　新製品の比重が高い会社は、たいてい活気があります。

　成熟産業にあっても、新商品の開発に成功し、ビジネスとしても金儲けに成功した会社は社内が明るい空気に満ちています。

　その空気がまた次の成功を生む源になっていくものです。

　しかし、決算書だけでは、将来性を計る情報が少な過ぎるのが現実です。

MEMO

研究開発費
研究開発のために使われた人件費、原材料費、減価償却費など。

成長力ある会社を見抜こう

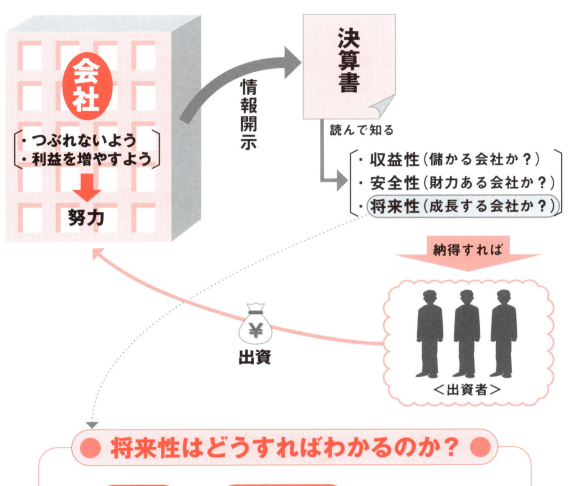

Part10 成長する会社はこんな会社だ

02. 損益計算書から成長性を読む

売上高と経常利益の伸び率を見よう

成長性を測る2つの視点

会社の成長性を見るには、売上高の伸びを見るという視点と、経常利益の伸びを見るという視点の2つがあります。

まず「売上高伸び率」を見てみましょう。

$$売上高伸び率 = \frac{当年度売上高 - 前年度売上高}{前年度売上高}$$

売上高伸び率について語る場合、会社の外部から見る場合は他社比較、過去からの推移が中心となります。

内部から分析する場合は、商品別売上高の推移を見て、商品の成長の可能性や衰退の時期をつかむことが中心です。

売上高伸び率を見る場合、大きい会社ほどそう簡単に伸び率は大きくなりません。

売上高そのものを念頭において伸び率を評価するようにしないと、つい実際の実力より低い評価をしてしまいがちです。

次に、前年度の比較だけでは十分でなく、できれば過去**5年ぐらいの伸び率をヨコに並べて傾向を探るべき**です。

さらに、業界の平均値や、直接の競合他社との比較が大切であることは言うまでもありません。

経常利益の伸びを見る

会社の成長性を測るもう1つの尺度は会社の経常利益です。

「経常利益伸び率」は次の式で見ることができます。

$$経常利益伸び率 = \frac{当年度経常利益 - 前年度経常利益}{前年度経常利益}$$

経常利益率を見るときに気をつけることは、業種平均との比較や、5年ぐらいの長期的推移を見ることに加えて、売上高経常利益率や総資本経常利益率とあわせて分析するということです。

利益が出ている会社である限り、売上の伸び率より、経常利益の伸びのほうが大きくなるのが普通です。

売れている商品の構成が変わってきたり、原価が高くなるなど、状況が変わらない限り利益の伸びが高くなります。

そうでなければ、無理をして売上増加させていると考えられます。

KEYWORD

売上高伸び率
売上高の伸び率。
（当期売上高－前期売上高）÷前期
売上高

経常利益伸び率
経常利益の伸び率。
（当期経常利益－前期経常利益）÷
前期経常利益

損益計算書から成長性を読む

損益計算書から成長性を読む方法

❶ 前年度の損益計算書　今年度の損益計算書　**2つの損益計算書を用意する**

　　　　　　　　　　　　　　　大きな会社ほど、伸び率はそう大きくならない

❷ 当年の売上高と前年の売上高を比べて、**売上高伸び率** を見る

 ＝ (当年度売上高 − 前年度売上高) / 前年度売上高

　　　　　　　　　　　　　　　利益が出ている会社はこちらの伸びが大きくなるのが普通

❸ 当年の経常利益と前年の経常利益を比べて、**経常利益伸び率** を見る

 ＝ (当年度経常利益 − 前年度経常利益) / 前年度経常利益

もっと詳しい分析のためには…
- 他社との比較
- 過去5年ぐらいの伸び率

も見てみよう

■ここでのポイント

売上高と経常利益で成長性を判断する

137

Part10 成長する会社はこんな会社だ

03. 単に「太る」のは「成長」とは言えない

総資本は増加の「内容」に注目しよう

総資本増加率は会社の体重計

人間の場合、単に太ることを「成長する」とはいいません。会社も同じです。人間と同様、会社の場合、「体重計」の代わりに使える尺度は「総資本増加率」です。総資本が増加すること自体は悪いことではありません。総資本増加率が高いこともそうです。これは人間の体重と同じと考えてください。体重が増えると同時に背丈も伸びることを「成長する」といいます。成長するとともに体力や知力も向上していきます。会社もそうであればなにも問題はありません。会社の場合、売上や利益の伸びはそれほどでもないのに総資本が増加することは「太る」ことを意味します。

なぜ会社が太ったのか？

太りすぎは次ページのような財務体質の悪化を招きます。規模の拡大を狙って多額の設備投資をしたが、計画通り製品が売れなかったり、売れると思って大量に商品を仕入れたが倉庫でデッドストック化してしまったり、誰かれかまわず掛け売りし続けた結果、不良債権を山ほど抱えたり…。

またこれらのツケを払うために借金は増加し、金利負担が重くのしかかり、おまけに得意先は倒産するし、在庫の山。こんな具合です。人間の場合でも太りすぎは病気のもと。会社も同じです。

会社は営業活動を活発に行うことにより、売上が増え、その結果売上債権や在庫の増加を招き、総資本が増えます。また一方で、増資をしたり借入れをすることでも、総資本が増えます。

同じように総資本の増加ですが、その太り方には違いがあります。前者は活動をし、つまり運動をして筋肉がつくことで身長とともに体重が増えるのに対し、後者は、資金という食事をすることで太ったに過ぎません。今後の活動のために、食事をしたということでしょうが、一時的には身長に見合わない体重となっています。

身長と体重の関係、つまり売上高と総資本の関係は業種により違いがありますが、1〜2が普通です。売上高を身長、総資本を体重と考え理解してください。売上高と総資本の関係を総資本回転率といいましたね。覚えておいてください。

健全な成長かどうかは
付加価値が示している

売上が伸びることは成長ですが、利益もそれに伴って伸びるのでなければ健全ではありません。

売上と利益と両方そろって伸びるなら健全な成長といえます。もっと厳しく全社の質的な成長を見ようとする場合に「一人あたりの付加価値増加率」を用いることができます。

付加価値はお客さんがあなたの会社に「儲けてもいいですよ」といって落としてくれるお金の額といってよいでしょう。一人あたりの付加価値額というのは、従業員一人につき、いくらの付加価値が生み出されているかということです。

また、**一人あたりの付加価値が増加するということは、会社が提供する価値が増加すること**を意味します。これくらい質的な成長を測ることのできる尺度はありません。

KEYWORD

総資本増加率
総資本の増加率。
（当期総資本ー前期総資本）÷前期
総資本

デッドストック
売れ残り品。不良在庫。

付加価値増加率
付加価値の増加率。
（当期付加価値ー前期付加価値）÷
前期付加価値

単に「太る」のは「成長」とは言えない

総資本増加率

$$総資本増加率 = \frac{当年度の総資本 - 前年度の総資本}{前年度の総資本}$$

■ 増加自体は悪いことではない ← 売上げや利益が伸びていればOK

しかし、以下の理由による増加は問題！

- 自己資本比率の低下
- 総資本回転率の悪化
- 在庫、債権、固定資産などの回転率の悪化
- 流動比率の悪化
- 金利負担などによる利益率の悪化

$$総資本回転率 = \frac{売上高}{総資本}$$

<決算ではこう現れる>

〔貸借対照表〕
- 過度の投資
- 滞留在庫
- 不良債権

〔損益計算書〕
- 金利負担増
- 減価償却費負担増
- 貸倒れ損失

→ 総資本増加 →

<会社は太る>

■ここでのポイント

総資本の増加は必ず理由を確かめよう

Part11 「損益分岐点」はここにある

01. どれだけ売れば利益が出るのか

損益分岐点は企業活動にとって重要なファクター

損益分岐点分析で企業活動の実態をつかむ

会社は利益を追求しています。ここでは「損益分岐点分析」を取り上げて解説していきましょう。

これをキチンと理解することによって、売上数量、価格、コスト、利益の関係が分析できるようになります。

会社はなにを目安に利益目標を設定することができるのでしょうか。

何個売ればトントンなのか、原価が上がった場合、何個売らなければならないか、など利益計画の基礎を与えてくれるのが損益分岐点分析です。

商品の価格を上げれば1個あたりの粗利益は大きくなります。しかし値段が高くなれば売上数量は減ってしまうかもしれません。

いま売上数量が2倍になったら、利益はいくらになるか、販売価格をどこまで下げたら赤字になるのかといった疑問に損益分岐点分析は答えてくれます。

損益分岐点分析によって得られる情報をもとに、会社は利益計画、経営計画を策定しています。

損益計算書の限界

会社の利益計画の策定に必要な情報は実は損益計算書からだけでは十分に得ることはできません。

会社の売上高、売上原価、販売費及び一般管理費などの金額は損益計算書を見ればわかります。

しかし売上高が5割増えたときに費用がどう変化し、その結果利益の金額がいくらになるのか

という動態的な分析はできません。

それは損益分岐点分析を行ってはじめて可能になります。

固定費と変動費が損益分岐点分析のモト

損益分岐点分析をする場合、まず理解しなければならないのは、「費用の発生の態様によって費用を区分する」という**「固定費」**と**「変動費」**の概念です。

固定費は会社の売上高の増減に関係なく一定金額が発生する費用です。一方、変動費は売上高の増減に比例して発生する費用です。

損益計算書では費用をこのように区別していません。費用の中身によって、会議費とか販売促進費だとか区別しています。

つまり固定費、変動費という区別の仕方と、決算上の費用科目の区別の仕方はもともと違っているわけです。損益分岐点分析をするためには、固定費と変動費とにすべての費用をふるい分けることが必要になります。

さて、損益計算書を見ると、まず売上原価があります。商品が売れた分の仕入コストに該当するのが売上原価ですから、当然これは売上げに比例して増減します。よって変動費です。

これ以外に販売手数料、荷造運送費、営業マンの歩合給、出来高給なども売上高に比例するので変動費となります。

一方、家賃、人件費、設備等の減価償却費、支払保険料などは売上高の増減に関係なく発生しますので固定費として扱います。

KEYWORD

固定費	変動費	歩合給	損益分岐点
生産費用のうち、地代・利子・減価償却費などのように、生産数量の変化に関係なく一定額を要する費用。不変費用。	生産費用のうち生産数量の変化や売上に比例して増減するのが変動費。	出来高や成績に応じて支払われる給料。	売上高と総費用が等しくなる点。すべての費用を回収するために必要な売上高、生産量を指す。この点を超えると利益が生まれる。ブレーク・イーブン・ポイント。

どれだけ売れば利益が出るのか

損益分岐点の分析

損益分岐点 → 何個売れればトントンなのか？ 原価を上げた場合、何個売ればよいのか？ など、どこからが「利益」となるのかを示す点

売上数量、販売価格、コストそして利益の相関関係から分析する

そのためにはまず、

費用を「固定費」と「変動費」に分けることからスタートする

損益計算書

固定費 会社の売上高に関係なく一定金額が発生する費用
（家賃）（人件費）（減価償却費）（保険料） など

変動費 会社の売上高の増減に比例して発生する費用
（販売手数料）（荷造費）（運送費）（歩合給）（売上原価） など

■ここでのポイント

損益分岐点の分析は固定費と変動費の分類がスタート

Part11 「損益分岐点」はここにある

02. 損益分岐点の求め方

損益分岐点は売上高と費用が一致する点のこと

限界利益はなにを示しているか

売上高から変動費を差し引いた利益を**限界利益**といいます。

つまり、売上原価や荷造運送費、販売手数料など売ることによりかかる費用を売上高から差し引いた利益ですから、この利益がプラスである限り売上を増やせば利益が増える、ということです。

限界利益がマイナスということは、売れば売るほど損をするということです。

会社は限界利益がマイナスになるとその商品の取り扱いを止めます。これを「操業停止点」といいます。この限界利益を売上高で割った値を「限界利益率」といいます。

損益分岐点を計算してみよう

「損益分岐点」とは、売上高と費用が一致する点のことです。

◎**損益分岐点：売上高＝費用**

それでは黒字と赤字のターニング・ポイントになる売上高（「損益分岐点売上高」）はいくらかと聞かれれば、「計算すればわかるんじゃないの？」と答えるでしょう。その計算を行うのが、損益分岐点を求めることに他なりません。

実際に損益分岐点を求めてみましょう。

・J商会：パソコン部品を取扱っており販売価格は1個1000円
・パソコン部品の変動費単価は1個500円
・1ヶ月当たりの固定費は月100万円

上記の例であれば、パソコン部品を1個売ることでの儲けは、販売価格1000円－変動単価500円の500円となります。これが限界利益です。

限界利益率は50%です。1ヶ月の固定費が100万円ですので、この固定費をカバーするために何個販売すればいいでしょう。1個売ることでの儲け（限界利益）で除せば販売数量が求められましたね。

100万円÷500円＝2000個

2000個売れば販売のための変動単価をカバーし、なおかつ固定的に発生する人件費や家賃などの固定費100万円を確保できるということです。利益は残りませんが、費用はすべてカバーできる販売数量が2000個、というわけです。このときの売上高は1000円×2000個＝200万円、です。このように損も益も出ない点を損益分岐点、その売上高を**損益分岐点売上**といいます。

安全余裕度で経営の余裕度を知ろう

会社の余裕度を測る尺度として、**「安全余裕率」**というものがあります。現在の売上高が損益分岐点売上をどの程度上回っているかを見るものです。この安全余裕度が100%を超えていれば、その会社は損益分岐点を超えている売上高を計上していることになります。その会社は黒字です。逆に安全余裕度が100%を切る場合は、その会社の売上高は損益分岐点を下回り赤字です。安全余裕度の目標ラインは、120%といわれています。次ページで、先のJ商会の今月の売上高は240万円として安全余裕度を求めてありますので、一緒に見ておきましょう。

KEYWORD

限界利益率
商品を売る場合に何%が限界利益（売ることで得られる利益）であるかを示すもの。
（売上高－変動費）÷売上高

安全余裕度
企業の経営状態を示す数値。売上高が損益分岐点売上高を超えている割合。企業の安全度。

損益分岐点の求め方

限界利益

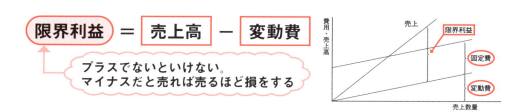

損益分岐点

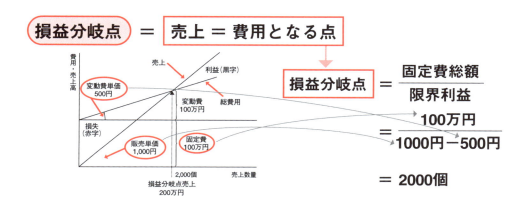

安全余裕度

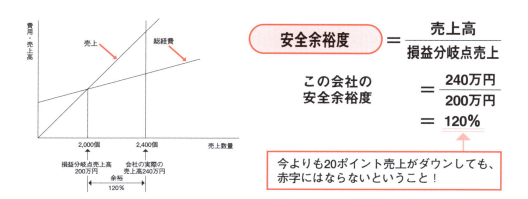

■ここでのポイント

損益分岐点クリアが黒字への第一歩！

Part12 決算書を読むための心構え

01. 決算書の構造を理解しよう

「いつ」「だれから」集めて、「どう」使ったお金なのか

決算書を読む前に

我が国には、100万社を超える会社がありますが、そのほとんどは中小・中堅企業です。会社という組織形態で事業を行うために設立され、出資者自らが経営者となる、いわゆる非上場会社です。非上場会社の多くは、実務上、税法基準で決算を行います。利益を減らすには厳しく、多く出すには寛容な規定になっています。このため、非上場会社の決算書では不良資産を放置するなど企業実体を正しく表示しないケースも多々ありますので、注意が必要です。特に数期間の比較を通じ、変化を見ていくことが重視され、経営比率を用い同業他社と比較し、何が違うか、その違いはどこから来ているか、推察していきます。

一方、トヨタやNTTなど株式市場（証券取引所）に上場している会社の株式は投資家が値上がりや配当を期待して保有し、自由に売買できるようになっています。したがって決算書は厳しい基準で作成され、監査という第三者のチェックが求められています。

このため、決算数値そのものの信頼性は高いのですが、注意すべきはその会社が採用している会計基準です。新たに会計処理の基準が制定されたり、改定されたり、採用する基準そのものを日本基準からIFRSに変えたり等々、時系列比較するとき注意が必要です。ましてや同業他社比較するときは、この会計基準の違いを見逃してはなりません。

決算書の国際基準

我が国の会計基準は、会社としての経営状態を適正に取りまとめるという観点から作られています。国際財務報告基準（International Financial Reporting Standards：IFRS）は、株主や投資家といった決算書利用者への報告の視点を重視して定められ、まとめられています。IFRSでは、基本的に「お金を集め」「投資をし」「営業を行い」、儲けるという観点から会社の活動をまとめようとしているようです。キャッシュフロー計算書が「**営業活動によるキャッシュフロー**」「**投資活動によるキャッシュフロー**」「**財務活動によるキャッシュフロー**」に区別されているのはご承知の通りです。

損益計算書は「**包括利益計算書**」となり、収益や費用が経常的に発生するか否かではなく、「営業活動」から生み出された利益に「財務活動」による収益・費用を加減して当期純利益を算出し、「投資活動」の結果である資産の再評価差額を考慮して包括利益を表しています。

貸借対照表も「**財政状態計算書**」となり、「投資」した結果としての資産、「財務」活動としての金融資産、「営業」上の資産といった観点から配列も変わります。もちろん金融資産は時価で評価し、会社としての現在価値を表そうとしています。

IFRSは2005年からEUで導入され、現在では世界100を超える国や地域で採用されています。日本では、独自の基準が残り併用されているのが現状です。

KEYWORD

IFRS
International Financial Reporting Standardsの略称。国際的に統一された会計基準を作ることを目指す国際会計基準審議会が定めた報告基準。

決算書の構造を理解しよう

日本の企業構造

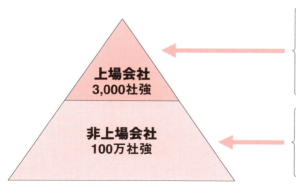

上場会社 3,000社強
- 取引所が認めた会社
- 株式売買自由
- 出資者≠経営者
- 決算書は厳しい基準と第三者のチェック
- 採用する会計処理の基準に注意

非上場会社 100万社強
- 上場会社以外の会社
- 株式売買に制限
- 出資者＝経営者が多い
- 決算書は税法基準が多い

IFRSと日本の会計基準の違い

我が国の会計基準	国際財務報告基準（IFRS）
経営成果をまとめることに重点	投資家の関心に力点
損益計算書 　日常的に発生するか否か 　　営業利益 　　経常利益 　　当期利益	包括利益計算書 　　営業活動の利益 　　＋財務活動の収益・費用 　　＋投資活動による資産の再評価差額 　　　　　　　　　　＝包括利益
貸借対照表－基本、取得原価主義 　流動・固定 　　現金化しやすい順に配列	財政状態計算書－基本、時価主義 　　　　　　　（会社の現在価値を表す） 　流動・非流動 　　投資資産 　　財務金融資産 　　営業上の資産　　活動形能で区分

■ここでのポイント

基準により決算書の内容は変わる

145

Part12 決算書を読むための心構え

02. 投資家への決算情報

上場会社の投資判断は複数の情報を読み比べる

決算情報は複数ある

上場会社は、法律により作成が義務づけられている決算書以外に、上場している証券取引所の定めたルールに従い、タイムリーに決算情報を発信することが求められています。どのような決算情報があるか見ていきましょう。

決算短信

最も速く公表される決算情報は、「**決算短信**」です。決算日を迎え売上や利益がいくらになったか、投資家としてはなるべく早く知りたいものです。証券取引所は、こうした決算情報を適時に開示するよう要請しています。通常、決算日から45日以内に開示されます。決算短信は速報性に重点が置かれていることから、これが確定した決算数値である保証はありません。法的に正式な手続きを経て決算確定するには時間がかかります。

公表される決算短信は、記載様式が決められている本紙と添付資料で構成されます。本紙には、前期と比較しながら業績（売上、利益、純資産額など）を示すとともに、配当の状況や次期の業績予想などがまとめられています。添付資料には、損益計算書などの決算書の他、事業部門別の業績分析や事業の見通し、経営方針、配当の予定などが記載され、1年分の会社の事業活動を読むことができます。タイムリーな投資判断に資する決算情報の宝庫です。決算短信には、3ヶ月毎に作成する決算予想に資するタイムリー情報として「**四半期決算短信**」もあります。

決算短信は、証券取引所が提供する適時開示情報閲覧サービス（TDNet）や上場企業各社のWebサイト上に掲載され、誰でも閲覧できます。

計算書類等

上場会社に限らず、会社法に基づいて作成される決算書を「**計算書類等**」といいます。出資者である株主に報告する目的で作成され、株主総会への招集通知に添付されます。3ヶ月以内に開催される株主総会で報告するため、タイミングとしては株主総会招集通知書発送のとき、大体決算日から2ヶ月程でまとめられることになります。

どんな会社でも株式会社である限り、会社法に基づいて作成が求められる文書ですが、一定の大会社以外、決算の精度に保証はありません。

有価証券報告書

有価証券報告書（有報）は、上場会社に対し、金融商品取引法に基づき作成が義務づけられています。決算日後3ヶ月以内に提出することが求められ、株主総会に報告して確定した決算情報を基礎としています。記載される情報は、決算書以外には、一年間の事業活動を振り返り、会社を取り巻く環境やその中での会社の方針・活動、その結果としての事業毎の業績や今後の取組など、その内容は豊富です。記載内容や表示方法など基本様式が決められているので、見慣れてくれば他社との比較や経営者の経営姿勢を読み取ることができるようになります。決算書の数字を見るとき、その背景としてどのような経営環境、方針、活動、結果であったか想像を巡らせます。その重要な情報が「**有価証券報告書**」から得られるのです。

KEYWORD

決算短信	計算書類等	有価証券報告書	
取引所の自主ルール。決算後、最初に開示される総合的な決算情報。	会社法に規定されている決算書。貸借対照表、損益計算書、株主資本等変動計算書、個別注記表、事業報告及びそれらの附属明細書。	金融商品取引法による適性開示資料。1. 企業の概況、2. 事業の状況、3. 設備の状況、4. 提出会社の状況、5. 経理の状況、のほか、監査報告書も添付されている。	

投資家への決算情報

決算書作成の流れ

3月末	5月中旬	5月末	6月末
←45日以内→		←決算日から3ヶ月以内→	
決算期末	決算短信 （会社法監査）	株主総会招集通知 計算書類等 （金融商品取引法監査）	株主総会 有価証券報告書

企業情報開示の流れ

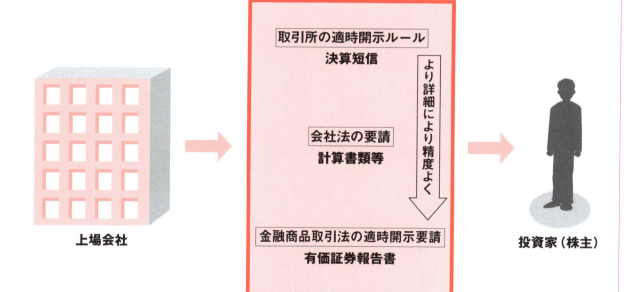

上場会社 → 取引所の適時開示ルール **決算短信** / 会社法の要請 **計算書類等** / 金融商品取引法の適時開示要請 **有価証券報告書**（より詳細により精度よく）→ 投資家（株主）

■ ここでのポイント

投資情報として有価証券報告書に勝るものはない！

147

プラクティス

実在12社の決算書を読もう

【今期の決算書を見るにあたっての留意点】

　これまで明確でなかった収益の認識基準が、国際財務報告基準（IFRS）の考え方を取り入れ策定され、2021年4月より適用となりました（大会社［監査対象会社］以外は任意適用）。

　従来は「収益は実現したときに計上する」とだけ規定され、たとえば商品を売るという行為は、商品を発送（出荷）した時点で実現したと考えられ処理してきましたが、制定された収益の認識基準では「収益は履行義務を充足したときに認識する」となり、「商品を売る約束」（履行義務）をして「その約束を果たす」（その充足）ときとなります。つまり、商品を実際に引き渡したときや、顧客が約束通りの商品であると確認したとき、というように「充足のとき」を考えます。

　また、収益の認識は5つのステップを踏んで行うとされ、物品の販売と保守サービスをセットで契約した場合などは、履行義務が2つに分かれるので、それぞれについて金額や充足のタイミングを考えなければならないことになりました。

　現在、大企業が公表する決算書の作成基準は株式を公開している証券市場や活動のグローバル度などを考慮し、企業自身が決めています。同業種であっても「日本基準」「米国基準」「IFRS基準」と、異なる会計基準で作成されているケースがあることに注意しましょう。

プラクティス Part 1 トヨタ自動車の決算書を読もう（IFRS基準）

世界的な販売台数減少が営業収益に影を落とす

▶連結財政状態計算書　数字右の%は「資産合計」および「負債・資本合計」に占める各項目の構成比

（百万円）

	平成31年4月1日(IFRSへの移行日)		令和2年3月31日		令和3年3月31日	
資産の部						
流動資産						
現金及び現金同等物	3,602,805	6.7%	4,098,450	7.6%	5,100,857	8.2%
営業債権及びその他の債権	2,954,617	5.5%	2,648,360	4.9%	2,958,742	4.8%
金融事業に係る債権	6,657,367	12.5%	6,621,604	12.3%	6,756,189	10.9%
その他の金融資産	2,640,392	4.9%	2,143,602	4.0%	4,215,457	6.8%
棚卸資産	2,731,040	5.1%	2,533,892	4.7%	2,888,028	4.6%
未収法人所得税	84,574	0.2%	237,609	0.4%	112,458	0.2%
その他の流動資産	507,654	1.0%	679,804	1.3%	745,070	1.2%
流動資産合計	19,178,450	35.9%	18,963,320	35.1%	22,776,800	36.6%
非流動資産						
持分法で会計処理されている投資	3,467,242	6.5%	4,297,564	8.0%	4,160,803	6.7%
金融事業に係る債権	10,281,028	19.2%	10,417,797	19.3%	12,449,525	20.0%
その他の金融資産	7,769,740	14.5%	7,901,517	14.6%	9,083,914	14.6%
有形固定資産						
土地	1,359,271	2.5%	1,318,964	2.4%	1,345,037	2.2%
建物	4,833,278	9.0%	4,741,451	8.8%	4,999,206	8.0%
機械装置	11,956,773	22.4%	11,979,449	22.2%	12,753,951	20.5%
賃貸用車両及び器具	6,139,163	11.5%	5,928,833	11.0%	6,203,721	10.0%
建設仮勘定	656,067	1.2%	517,460	1.0%	675,875	1.1%
小計	24,944,551	46.7%	24,486,156	45.4%	25,977,791	41.7%
減価償却累計額及び減損損失累計額（控除）	△14,260,446		△13,952,141		△14,566,638	
有形固定資産合計	10,684,105	20.0%	10,534,016	19.5%	11,411,153	18.3%
使用権資産	396,830	0.7%	337,335	0.6%	390,144	0.6%
無形資産	908,737	1.7%	1,000,257	1.9%	1,108,634	1.8%
繰延税金資産	446,383	0.8%	326,364	0.6%	336,224	0.5%
その他の非流動資産	283,889	0.5%	194,192	0.4%	549,942	0.9%
非流動資産合計	34,237,955	64.1%	35,009,043	64.9%	39,490,339	63.4%
資産合計	53,416,405	100.0%	53,972,363	100.0%	62,267,140	100.0%
負債						
流動負債						
営業債務及びその他の債務	3,856,133	7.2%	3,498,029	6.5%	4,045,939	6.5%
有利子負債	9,701,813	18.2%	9,906,755	18.4%	12,212,060	19.6%
未払費用	1,350,252	2.5%	1,256,794	2.3%	1,397,140	2.2%
その他の金融負債	475,302	0.9%	538,740	1.0%	763,875	1.2%
未払法人所得税	321,316	0.6%	212,276	0.4%	350,880	0.6%
品質保証に係る負債	1,769,514	3.3%	1,552,970	2.9%	1,482,872	2.4%
その他の流動負債	1,008,032	1.9%	1,176,645	2.2%	1,207,700	1.9%
流動負債合計	18,482,362	34.6%	18,142,209	33.6%	21,460,466	34.5%
非流動負債						
有利子負債	11,342,315	21.2%	11,434,219	21.2%	13,447,575	21.6%
その他の金融負債	189,957	0.4%	360,588	0.7%	323,432	0.5%
退職給付に係る負債	1,002,710	1.9%	1,022,161	1.9%	1,035,096	1.7%
繰延税金負債	1,227,292	2.3%	1,198,005	2.2%	1,247,220	2.0%
その他の非流動負債	516,560	1.0%	476,169	0.9%	465,021	0.7%
非流動負債合計	14,278,833	26.7%	14,491,142	26.8%	16,518,344	26.5%
負債合計	32,761,195	61.3%	32,633,351	60.5%	37,978,811	61.0%
資本						
資本金	397,050	0.7%	397,050	0.7%	397,050	0.6%
資本剰余金	487,162	0.9%	489,334	0.9%	497,275	0.8%
利益剰余金	20,613,776	38.6%	22,234,061	41.2%	24,104,176	38.7%
その他の資本の構成要素	1,016,035	1.9%	585,549	1.1%	1,307,726	2.1%
自己株式	△2,606,925		△3,087,106		△2,901,680	
親会社の所有者に帰属する持分合計	19,907,100	37.3%	20,618,888	38.2%	23,404,547	37.6%
非支配持分	748,110	1.4%	720,124	1.3%	883,782	1.4%
資本合計	20,655,210	38.7%	21,339,012	39.5%	24,288,329	39.0%
負債及び資本合計	53,416,405	100.0%	53,972,363	100.0%	62,267,140	100.0%

▶連結損益計算書

(百万円)
数字右の%は「営業収益」に占める各項目の構成比

	平成31年3月31日		令和2年3月31日		令和3年3月31日	
営業収益						
商品・製品売上収益	28,105,338	93.0%	27,693,693	92.7%	25,077,398	92.1%
金融事業に係る金融収益	2,120,343	7.0%	2,172,854	7.3%	2,137,195	7.9%
営業収益合計	30,225,681	100.0%	29,866,547	100.0%	27,214,594	100.0%
売上原価並びに販売費及び一般管理費						
売上原価	23,389,495	77.4%	23,103,596	77.4%	21,199,890	77.9%
金融事業に係る金融費用	1,392,290	4.6%	1,381,755	4.6%	1,182,330	4.3%
販売費及び一般管理費	2,976,351	9.8%	2,981,965	10.0%	2,634,625	9.7%
売上原価並びに販売費及び一般管理費合計	27,758,136	91.8%	27,467,315	92.0%	25,016,845	91.9%
営業利益	2,467,545	8.2%	2,399,232	8.0%	2,197,748	8.1%
持分法による投資損益	360,066	1.2%	310,247	1.0%	351,029	1.3%
その他の金融収益	225,495	0.7%	305,846	1.0%	435,229	1.6%
その他の金融費用	28,078	0.1%	47,155	0.2%	47,537	0.2%
為替差損益＜純額＞	12,400	0.0%	△ 94,619		15,142	0.1%
未実現持分証券評価損益	△ 341,054		—		—	
その他＜純額＞	△ 50,843		△ 80,607		△ 19,257	
税引前利益	2,645,531	8.8%	2,792,942	9.4%	2,932,354	10.8%
法人所得税費用	659,944	2.2%	681,817	2.3%	649,976	2.4%
当期利益	1,985,587	6.6%	2,111,125	7.1%	2,282,378	8.4%

＊平成31年3月期はIFRS移行前の数字

▶連結キャッシュ・フロー計算書

(百万円)

	平成31年3月31日	令和2年3月31日	令和3年3月31日
営業活動によるキャッシュ・フロー	3,766,597	2,398,496	2,727,162
投資活動によるキャッシュ・フロー	△ 2,697,241	△ 2,124,650	△ 4,684,175
財務活動によるキャッシュ・フロー	△ 540,839	362,805	2,739,174
現金及び現金同等物に対する為替変動の影響額	—	△ 141,007	220,245
現金及び現金同等物純増減額（△は減少）	486,876	495,645	1,002,406
現金及び現金同等物期首残高	3,219,639	3,602,805	4,098,450
現金及び現金同等物期末残高	3,706,515	4,098,450	5,100,857

＊平成31年3月期はIFRS移行前の数字

▶指標

	平成31年3月31日	令和2年3月31日	令和3年3月31日
商品・製品売上総利益率	16.8%	16.6%	15.5%
売上営業利益率	8.2%	8.0%	8.1%
売上税引前利益率	8.8%	9.4%	10.8%
総資本回転率	0.57	0.55	0.44
固定資産回転率	0.88	0.85	0.69
流動比率	103.8%	104.5%	106.1%
固定比率	165.8%	164.1%	162.6%
固定長期適合率	98.0%	97.7%	96.8%

＊平成31年3月期はIFRS移行前の数字

◎来期は営業収益30兆円達成なるか?

　トヨタ自動車では2021年度から会計基準がIFRS基準に変わりました。これにより、海外で事業展開するその他の企業と会社間の比較がしやすくなります。

　前期の売上高は30兆円を目前としていましたが、今期は営業収益合計が27兆2,145億円と、前年より約9％ダウンしてしまいました。新型コロナウイルス感染症（以下、コロナ）による販売台数減少と為替変動の影響が大きいようです。営業収益の内訳をみると、金融事業に係る金融収益は前年とほぼ同額なのに対し、商品・製品売上収益は約2.6兆円の落ち込みです。実際、連結販売台数は前期の85.4％、764万6,000台と発表されています。

　もっとも、売上原価・販売費及び一般管理費が営業収益に占める割合は前年と変わりません。今後、コロナによる需要の落ち込みが回復すれば、従前の利益を出すことができると考えられます。来期の見通しは連結販売台数870万台、営業収益30兆円となっています。その他、財政状態計算書やキャッシュ・フロー計算書に目立った変化はありません。流動比率や固定長期適合率も概ね問題のない水準で安定しています。

◎為替レートの変動にも注意

　トヨタのような輸出企業の業績を左右する不確定要素が為替レート。一般的には円安になると利益が増えます。今期は約151億円の為替差益を計上しています。前期は約946億円の赤字だったために利益の押し下げ要因となりましたが、今期は逆に利益の押し上げ要因に。当期利益は前年より1,712億円増加しています。

　そして、同社が静岡県裾野市で開発している実験都市「Woven City」（ウーブンシティ）にも注目です。自動車の自動運転はもちろん、ロボット・AI・パーソナルモビリティ（1人乗りの小型車）、といった次世代の技術を集約した都市を作ろうとしています。補足資料によると、研究開発費（Woven Cityだけでなく、自動車などの研究開発費も含む）はおよそ1.1兆円。EV化、脱炭素に向けた施策も怠らないでしょう。これだけの研究開発費を投じることができるのもトヨタの強みといえそうです。

　今後は単なる自動車メーカーでは飽き足らず、日本のリーディングカンパニーとして、さらなる躍進を遂げる姿が見られるかもしれません。

プラクティス Part 2　パナソニックの決算書を読もう（IFRS基準）
脱炭素社会で車載電池事業は次なる成長の礎となるか？

▶ 連結財政状態計算書　　数字右の%は「資産合計」および「負債・資本合計」に占める各項目の構成比　　（百万円）

	平成31年3月31日		令和2年3月31日		令和3年3月31日	
資産						
流動資産						
現金及び現金同等物	772,264	12.8%	1,016,504	16.3%	1,593,224	23.3%
営業債権及び契約資産	1,190,620	19.8%	1,051,203	16.9%	1,194,391	17.4%
その他の金融資産	131,305	2.2%	148,436	2.4%	149,629	2.2%
棚卸資産	1,016,437	16.9%	793,516	12.8%	832,569	12.2%
その他の流動資産	150,395	2.5%	162,822	2.6%	144,833	2.1%
売却目的で保有する資産	13,072	0.2%	263,354	4.2%	8,101	0.1%
流動資産合計	3,274,093	54.4%	3,435,835	55.3%	3,922,747	57.3%
非流動資産						
持分法で会計処理されている投資	136,486	2.3%	306,864	4.9%	455,960	6.7%
その他の金融資産	216,225	3.6%	215,293	3.5%	231,024	3.4%
有形固定資産	1,324,374	22.0%	1,034,632	16.6%	1,061,614	15.5%
使用権資産	−		261,075	4.2%	249,954	3.7%
のれん及び無形資産	719,557	12.0%	620,611	10.0%	602,042	8.8%
繰延税金資産	288,538	4.8%	290,365	4.7%	239,863	3.5%
その他の非流動資産	54,658	0.9%	53,843	0.9%	83,869	1.2%
非流動資産合計	2,739,838	45.6%	2,782,683	44.7%	2,924,326	42.7%
資産合計	6,013,931	100.0%	6,218,518	100.0%	6,847,073	100.0%
負債						
流動負債						
短期負債及び一年以内返済長期負債	382,301	6.4%	250,620	4.0%	309,790	4.5%
リース負債	7,654	0.1%	64,375	1.0%	59,346	0.9%
営業債務	1,151,174	19.1%	969,695	15.6%	1,045,617	15.3%
その他の金融負債	273,817	4.6%	212,674	3.4%	220,583	3.2%
未払法人所得税	55,355	0.9%	38,641	0.6%	119,124	1.7%
引当金	184,512	3.1%	165,746	2.7%	149,095	2.2%
契約負債	113,649	1.9%	95,296	1.5%	113,025	1.7%
その他の流動負債	812,251	13.5%	730,456	11.7%	784,864	11.5%
売却目的で保有する資産に直接関連する負債	8,737	0.1%	88,605	1.4%	2,884	0.0%
流動負債合計	2,989,450	49.7%	2,616,108	42.1%	2,804,328	41.0%
非流動負債						
長期負債	600,750	10.0%	953,831	15.3%	879,728	12.8%
リース負債	8,016	0.1%	202,485	3.3%	198,559	2.9%
その他の金融負債	16,667	0.3%	16,316	0.3%	32,794	0.5%
退職給付に係る負債	256,289	4.3%	221,946	3.6%	104,856	1.5%
引当金	6,116	0.1%	3,898	0.1%	3,272	0.0%
繰延税金負債	38,192	0.6%	33,404	0.5%	34,837	0.5%
契約負債	5,686	0.1%	6,366	0.1%	9,671	0.1%
その他の非流動負債	8,150	0.1%	8,296	0.1%	10,526	0.2%
非流動負債合計	939,866	15.6%	1,446,542	23.3%	1,274,243	18.6%
負債合計	3,929,316	65.3%	4,062,650	65.3%	4,078,571	59.6%
資本						
親会社の所有者に帰属する持分						
資本金	258,740	4.3%	258,867	4.2%	258,981	3.8%
資本剰余金	528,880	8.8%	531,048	8.5%	529,157	7.7%
利益剰余金	1,500,870	25.0%	1,646,403	26.5%	2,154,023	31.5%
その他の資本の構成要素	△ 164,417		△ 227,957		△ 138,370	
自己株式	△ 210,560		△ 210,012		△ 209,757	
親会社の所有者に属する持分合計	1,913,513	31.8%	1,998,349	32.1%	2,594,034	37.9%
非支配持分	171,102	2.8%	157,519	2.5%	174,468	2.5%
資本合計	2,084,615	34.7%	2,155,868	34.7%	2,768,502	40.4%
負債及び資本合計	6,013,931	100.0%	6,218,518	100.0%	6,847,073	100.0%

▶連結損益計算書

(百万円)
数字右の%は「売上高」に占める各項目の構成比

	平成31年3月31日		令和2年3月31日		令和3年3月31日	
売上高	8,002,733	100.0%	↘ 7,490,601	100.0%	↘ 6,698,794	100.0%
売上原価	5,736,234	71.7%	5,339,557	71.3%	4,723,943	70.5%
売上総利益	2,266,499	28.3%	2,151,044	28.7%	1,974,851	29.5%
販売費及び一般管理費	1,939,467	24.2%	1,864,381	24.9%	1,667,696	24.9%
持分法による投資損益	10,853	0.1%	5,298	0.1%	△ 20,753	
その他の損益	73,613	0.9%	1,790	0.0%	△ 27,802	
営業利益	411,498	5.1%	↘ 293,751	3.9%	↘ 258,600	3.9%
金融収益	25,603	0.3%	31,360	0.4%	20,846	0.3%
金融費用	20,645	0.3%	34,061	0.5%	18,626	0.3%
税引前利益	416,456	5.2%	291,050	3.9%	260,820	3.9%
法人所得税費用	113,719	1.4%	51,012	0.7%	76,926	1.1%
当期純利益	302,737	3.8%	240,038	3.2%	183,894	2.7%

▶連結キャッシュ・フロー計算書

(百万円)

	平成31年3月31日	令和2年3月31日	令和3年3月31日
営業活動によるキャッシュ・フロー	203,677	430,303	504,038
投資活動によるキャッシュ・フロー	△ 193,387	△ 206,096	↗ 176,596
財務活動によるキャッシュ・フロー	△ 341,761	48,222	↘ △ 177,704
現金及び現金同等物に係る換算差額	14,150	△ 28,050	74,284
現金及び現金同等物の増減額（△は減少）	△ 317,321	244,379	577,214
現金及び現金同等物の期首残高	1,089,585	772,264	1,016,504
現金及び現金同等物の期末残高	772,264	1,016,504	1,593,224

▶指標

	平成31年3月31日	令和2年3月31日	令和3年3月31日
売上総利益率	28.3%	28.7%	29.5%
売上営業利益率	5.1%	3.9%	3.9%
売上税引前利益率	5.2%	3.9%	3.9%
総資本回転率	1.33	1.20	0.98
固定資産回転率	2.92	2.69	2.29
流動比率	109.5%	131.3%	139.9%
固定比率	131.4%	129.1%	105.6%
固定長期適合率	90.6%	77.2%	72.3%

◎ 会社の体質改善は進んでいる？

今期の売上高は前年比10.6％減の6兆6,987億円、営業利益は同12％減の2,586億円、当期純利益も同23.4％減の1,838億円でした。コロナによる影響というものの2期連続で売上も利益も減少しています。固定費・販管費削減などの効果により利益をカバーしているとはいえ、その方法は事業譲渡や生産停止、自社生産からの撤退によるところが大きいようです。

2021年度は低収益体質からの脱却を目指した中期経営戦略の最終年度にあたりますが、その達成はおろか、事業の切り売りによる譲渡益計上と固定費削減により営業利益が保たれているといえるでしょう。

また、今期は減価償却の実施額、設備投資の実施額、研究開発費、さらには従業員数を減らしています。数字づくりに奔走する経営陣の姿が想像できます。

◎ 低収益体質から脱出できる？

キャッシュ・フロー計算書を見てください。営業活動によるキャッシュ・フローはプラスで増えているものの、投資活動によるキャッシュ・フローがプラス、財務活動によるキャッシュ・フローがマイナスとなっています。本書73頁に示した「出直し型」のタイプになります。

また、セグメント別の売上を見ると、ウイルスや菌などに効果を発揮するという「ナノイー」を擁する空質関連事業をはじめ、白物家電製品や5G関連機器などは好調だった一方、テレビやデジタルカメラ、自動車・航空機関連製品などは不調と、事業ごとに明暗が分かれています。

2022年4月には持株会社制に移行するようですが、まさに出直しの局面にあるように思います。新しいスタートに向け、新体制での手腕が試されます。

プラクティス Part 3 ソフトバンクGRの決算書を読もう（IFRS基準）

国内企業で過去最大、グループ全体で約5兆円の純利益！

▶連結財政状態計算書

数字右の%は「資産の部」および「負債・資本の部」に占める各項目の構成比

（百万円）

	平成31年3月31日		令和2年3月31日		令和3年3月31日	
資産の部						
流動資産						
現金及び現金同等物	3,858,518	10.7%	3,369,015	9.0%	4,662,725	10.2%
営業債権及びその他の債権	2,339,977	6.5%	2,072,326	5.6%	2,216,434	4.8%
資産運用子会社からの投資	−		−		658,227	1.4%
資産運用子会社における担保差入有価証券等	−		−		1,615,342	3.5%
その他の金融資産	203,476	0.6%	313,487	0.8%	1,055,222	2.3%
棚卸資産	365,260	1.0%	185,097	0.5%	126,830	0.3%
その他の流動資産	766,556	2.1%	460,970	1.2%	446,739	1.0%
売却目的保有に分類された資産	224,201	0.6%	9,236,048	24.8%	38,647	0.1%
流動資産合計	7,757,988	21.5%	15,636,943	42.0%	10,820,166	23.7%
非流動資産						
有形固定資産	4,070,704	11.3%	1,264,516	3.4%	1,668,578	3.6%
使用権資産	−		1,293,692	3.5%	1,147,020	2.5%
のれん	4,321,467	12.0%	3,998,167	10.7%	4,684,419	10.2%
無形資産	6,892,195	19.1%	1,985,972	5.3%	2,308,370	5.0%
持分法で会計処理されている投資	2,641,045	7.3%	3,240,361	8.7%	4,349,971	9.5%
FVTPLで会計処理されているSVF1およびSVF2からの投資	7,115,629	19.7%	6,892,232	18.5%	13,646,774	29.8%
投資有価証券	924,614	2.6%	1,211,511	3.3%	3,706,784	8.1%
その他の金融資産等	1,185,856	3.3%	1,159,972	3.1%	2,827,922	6.2%
その他の非流動資産	1,186,978	3.3%	573,926	1.5%	590,449	1.3%
非流動資産合計	28,338,488	78.5%	21,620,349	58.0%	34,930,287	76.3%
資産合計	36,096,476	100.0%	37,257,292	100.0%	45,750,453	100.0%
負債及び資本の部						
流動負債						
有利子負債	3,480,960	9.6%	3,845,153	10.3%	7,735,239	16.9%
リース負債	−		378,383	1.0%	307,447	0.7%
銀行業の預金	745,943	2.1%	873,087	2.3%	1,109,240	2.4%
営業債務及びその他の債務	1,909,608	5.3%	1,585,326	4.3%	1,970,275	4.3%
その他の金融負債等	778,563	2.2%	257,277	0.7%	388,171	0.8%
未払法人所得税	534,906	1.5%	164,298	0.4%	391,930	0.9%
その他の流動負債	1,231,717	3.3%	632,638	1.7%	977,382	2.1%
売却目的保有に分類された資産に直接関連する負債	−		6,454,971	17.3%	11,271	0.0%
流動負債合計	8,681,697	24.1%	14,191,133	38.1%	12,890,955	28.2%
非流動負債						
有利子負債	12,204,146	33.8%	9,286,729	24.9%	10,777,736	23.6%
リース負債	−		761,943	2.0%	727,554	1.6%
SVF1における外部投資家持分	4,107,288	11.4%	4,559,728	12.2%	6,601,791	14.4%
その他の金融負債等	187,660	0.5%	205,282	0.6%	448,099	1.0%
繰延税金負債	1,391,072	3.9%	711,216	1.9%	2,030,651	4.4%
その他の非流動負債	515,409	1.4%	168,344	0.5%	318,074	0.7%
非流動負債合計	18,405,575	51.0%	15,693,242	42.1%	20,903,905	45.7%
負債合計	27,087,272	75.0%	29,884,375	80.2%	33,794,860	73.9%
資本						
親会社の所有者に帰属する持分						
資本金	238,772	0.7%	238,772	0.6%	238,772	0.5%
資本剰余金	1,964,638	5.4%	1,987,201	5.3%	3,115,380	6.8%
利益剰余金	5,571,285	15.4%	3,945,820	10.6%	8,810,422	19.3%
自己株式	△ 443,482		△ 101,616		△ 2,290,077	
その他の包括利益累計額	290,268	0.8%	△ 156,564		338,596	0.7%
親会社の所有者に帰属する持分合計	7,621,481	21.1%	5,913,613	15.9%	10,213,093	22.3%
非支配持分	1,387,723	3.8%	1,459,304	3.9%	1,742,500	3.8%
資本合計	9,009,204	25.0%	7,372,917	19.8%	11,955,593	26.1%
負債及び資本合計	36,096,476	100.0%	37,257,292	100.0%	45,750,453	100.0%

▶連結損益計算書

(百万円)
数字右の%は「売上高」に占める各項目の構成比

	平成31年3月31日		令和2年3月31日		令和3年3月31日	
売上高	6,093,548	100.0%	5,238,938	100.0%	5,628,167	100.0%
売上原価	3,567,185	58.5%	2,584,273	49.3%	2,753,238	48.9%
売上総利益	2,526,363	41.5%	2,654,665	50.7%	2,874,929	51.1%
投資損益						
持株会社投資事業からの投資損益	―		484,308	9.2%	945,944	16.8%
SVF1およびSVF2等からの投資損益	―		△1,844,867		6,292,024	111.8%
その他の投資損益	―		△ 49,594		291,038	5.2%
投資損益合計	―		△1,410,153		7,529,006	133.8%
販売費及び一般管理費	1,866,315	30.6%	2,060,080	39.3%	2,271,497	40.4%
財務費用	341,937	5.6%	293,897	5.6%	307,250	5.5%
持分法による投資損益	320,101	5.3%	624,015	11.9%	616,432	11.0%
デリバティブ関連損益(投資損益を除く)	158,423	2.6%	15	0.0%	△480,251	
SVF1における外部投資家持分の増減額	△ 586,152		540,930	10.3%	△2,246,417	
その他の損益	△ 33,192		△ 5,457		△ 44,496	
税引前利益	1,682,673	27.6%	50,038	1.0%	5,670,456	100.8%
法人所得税	237,023	3.90%	792,655	15.1%	1,303,168	23.2%
継続事業からの純利益	1,445,650	23.70%	△ 742,617		4,367,288	77.6%
非継続事業からの純利益	8,968	0.10%	△ 58,143		710,948	12.6%
純利益	1,454,618	23.90%	△ 800,760		5,078,236	90.2%

▶連結キャッシュ・フロー計算書

(百万円)

	平成31年3月31日	令和2年3月31日	令和3年3月31日
営業活動によるキャッシュ・フロー	1,171,864	1,117,879	557,250
投資活動によるキャッシュ・フロー	△ 2,908,016	△ 4,286,921	△ 1,468,599
財務活動によるキャッシュ・フロー	2,202,291	2,920,863	2,194,077
現金及び現金同等物に係る換算差額	57,729	△ 342	12,230
売却目的保有に分類された資産への振替に伴う現金及び現金同等物の減少額	―	△ 240,982	△ 1,248
現金及び現金同等物の増減額（△は減少）	523,868	△ 489,503	1,293,710
現金及び現金同等物の期首残高	3,334,650	3,858,518	3,369,015
現金及び現金同等物の期末残高	3,858,518	3,369,015	4,662,725

▶指標

	平成31年3月31日	令和2年3月31日	令和3年3月31日
売上総利益率	41.5%	50.7%	51.1%
流動比率	89.4%	110.2%	83.9%
固定比率	314.6%	293.2%	292.2%
固定長期適合率	103.4%	93.7%	106.3%

＊同社は2020年4月1日、スプリントが子会社でなくなったことで、事業会社というより戦略的投資持株会社として投資活動の重要性が一層高まったとして「営業利益」の表示をやめ、代わりに「投資損益」を表示するようになった。これを踏まえた表記と解説を行っている。

◎ 純利益5兆円を達成

ソフトバンクグループ（以下、ソフトバンクGR）の今期の純利益は5兆円を超えています。これは純利益ベースで世界3位となっています。

ソフトバンクGRは直接・間接に多くの企業に投資を行う戦略的投資持株会社です。2020年4月1日、スプリントが子会社でなくなったことで投資活動の重要性が一層高まったとして「営業利益」表示をやめ、「投資損益」を表示するように変えました。

売上に計上されている事業のうちソフトバンクの携帯通信事業をはじめ、eコマース事業（ZOZO子会社化／LINE経営統合等）や、テレワーク関連需要が伸びたことで増収増益を実現しています。

同社はテクノロジー分野に力点を置き「直接または子会社を通じて保有する投資」と「ファンドを通じた投資（ソフトバンク・ビジョン・ファンド）」を主に行っており、市場の急激な回復で投資のパフォーマンスは好調に推移、それぞれ9,459億円、6兆2,920億円の投資利益を計上しました。ただし、国際会計基準（IFRS）を適用しているため、その多くが未実現評価益であることを忘れてはなりません。

◎ 投資の成否に会社の業績が依存

同社は昨年発表した、保有資産の売却または資金化を通じた財務改善（4.5兆円プログラム）を実行し、今期5.6兆円の資産売却・資金化を実現。自己株式を2兆円、借入金返済1兆円、その他投資機会に備える資金を保持することになりました。とはいえ、投資には資金がつきもの、借入れや新規社債発行などを通じて有利子負債が増えています。このように同社の業績は投資の成否に大幅に依存しているため、投資先の業績とともに証券市場の動向に大きく左右されることを理解しておきましょう。

もっとも、同社の投資先の成長には夢があるのも事実です。アマゾン、グーグルをはじめ、動画配信のネットフリックス、米国の料理宅配大手ドアダッシュ、配車サービスのウーバー・テクノロジーズなど、コロナ禍でも成長が期待できる会社が多数含まれます。

日本でも、傘下のヤフーとLINEが経営統合し、Yahoo! JAPANやLINE、PayPayなどのサービスで顧客の囲い込みを行っています。投資の成否だけでなく、これらのサービスでも新しい体験を生み出せるかどうか。今後の展開が楽しみです。

プラクティス Part 4 ニトリHDの決算書を読もう（日本基準）
34期連続で増収増益。島忠買収でさらに拡大路線へ？

▶ **連結貸借対照表**

（百万円）

数字右の%は「資産の部」および「負債・純資産の部」に占める各項目の構成比

	平成31年2月20日		令和2年2月20日		令和3年2月20日	
資産の部						
流動資産						
現金及び預金	102,345	16.5%	159,190	23.3%	158,577	17.1%
受取手形及び売掛金	24,818	4.0%	27,880	4.1%	37,806	4.1%
たな卸資産	62,907	10.2%	65,512	9.6%	80,736	8.7%
その他	20,969	3.4%	11,006	1.6%	25,629	2.8%
流動資産合計	211,042	34.1%	263,589	38.6%	302,750	32.7%
固定資産						
有形固定資産						
建物及び構築物（純額）	115,868	18.7%	111,548	16.3%	174,644	18.8%
工具, 器具及び備品等（純額）	11,731	1.9%	12,784	1.9%	12,747	1.4%
土地	171,342	27.7%	173,010	25.3%	257,012	27.7%
使用権資産（純額）	2,143	0.3%	6,552	1.0%	5,867	0.6%
建設仮勘定	955	0.2%	3,489	0.5%	9,762	1.1%
有形固定資産合計	302,041	48.8%	307,387	45.0%	460,034	49.6%
無形固定資産						
のれん	—		—		31,665	3.4%
ソフトウエア等	11,744	1.9%	17,439	2.6%	9,902	1.1%
借地権	7,111	1.1%	7,160	1.0%	7,178	0.8%
無形固定資産合計	18,857	3.0%	24,599	3.6%	48,748	5.3%
投資その他の資産						
投資有価証券	26,103	4.2%	25,535	3.7%	25,727	2.8%
敷金等	37,176	6.0%	37,743	5.5%	48,803	5.3%
繰延税金資産	11,905	1.9%	13,246	1.9%	25,389	2.7%
その他	12,158	2.0%	11,143	1.6%	15,592	1.7%
投資その他の資産合計	87,344	14.1%	87,670	12.8%	115,514	12.5%
固定資産合計	408,244	65.9%	419,657	61.4%	624,297	67.3%
資産合計	619,286	100.0%	683,247	100.0%	927,048	100.0%
負債の部						
流動負債						
支払手形及び買掛金	20,956	3.4%	19,774	2.9%	44,554	4.8%
短期借入金	2,826	0.5%	4,341	0.6%	50,285	5.4%
未払法人税等	43,224	7.0%	43,147	6.3%	63,863	6.9%
賞与引当金等	6,536	1.1%	6,378	0.9%	8,252	0.9%
その他	21,444	3.5%	23,420	3.4%	39,388	4.2%
流動負債合計	95,016	15.3%	97,063	14.2%	206,345	22.3%
固定負債						
長期借入金	6,028	1.0%	4,000	0.6%	2,000	0.2%
退職給付に係る負債	3,430	0.6%	1,571	0.2%	5,414	0.6%
資産除去債務	5,365	0.9%	5,673	0.8%	14,608	1.6%
その他	9,252	1.5%	14,075	2.1%	16,820	1.8%
固定負債合計	24,078	3.9%	25,322	3.7%	38,844	4.2%
負債合計	119,094	19.2%	122,385	17.9%	245,190	26.4%
純資産の部						
株主資本						
資本金	13,370	2.2%	13,370	2.0%	13,370	1.4%
資本剰余金	19,841	3.2%	25,074	3.7%	26,255	2.8%
利益剰余金	472,755	76.3%	532,471	77.9%	612,082	66.0%
自己株式	△ 7,727		△ 10,875		△ 8,971	
株主資本合計	498,240	80.5%	560,042	82.0%	642,737	69.3%
その他の包括利益累計額						
その他の包括利益累計額合計	1,481	0.2%	529	0.1%	△640	
新株予約権	470	0.1%	289	0.0%	—	
非支配株主持分	—		—		39,760	4.3%
純資産合計	500,192	80.8%	560,861	82.1%	681,857	73.6%
負債純資産合計	619,286	100.0%	683,247	100.0%	927,048	100.0%

▶連結損益計算書

(百万円)
数字右の%は「売上高」に占める各項目の構成比

	平成31年2月20日		令和2年2月20日		令和3年2月20日	
売上高	608,131	100.0%	642,273	100.0%	716,900	100.0%
売上原価	276,709	45.5%	287,909	44.8%	305,109	42.6%
売上総利益	331,421	54.5%	354,364	55.2%	411,791	57.4%
販売費及び一般管理費	230,642	37.9%	246,886	38.4%	274,104	38.2%
営業利益	100,779	16.6%	107,478	16.7%	137,687	19.2%
営業外収益						
受取利息・配当金	518	0.1%	558	0.1%	539	0.1%
持分法による投資利益	511	0.1%	588	0.1%	566	0.1%
その他	1,528	0.3%	1,327	0.2%	1,255	0.2%
営業外収益合計	2,561	0.4%	2,476	0.4%	2,363	0.3%
営業外費用						
支払利息	101	0.0%	283	0.0%	294	0.0%
支払手数料	−		−		1,000	0.1%
その他	185	0.0%	148	0.0%	329	0.0%
営業外費用合計	286	0.0%	432	0.1%	1,624	0.2%
経常利益	103,053	16.9%	109,522	17.1%	138,426	19.3%
特別利益						
特別利益合計	102	0.0%	626	0.1%	767	0.1%
特別損失						
減損損失	653	0.1%	4,090	0.6%	8,351	1.2%
その他	2,009	0.3%	986	0.2%	144	0.0%
特別損失合計	2,665	0.4%	5,078	0.8%	8,497	1.2%
税金等調整前当期純利益	100,490	16.5%	105,069	16.4%	130,696	18.2%
法人税、住民税及び事業税	33,813	5.6%	34,979	5.4%	42,431	5.9%
法人税等調整額	△ 1,504		△ 1,304		△ 3,848	
法人税等合計	32,309	5.3%	33,674	5.2%	38,582	5.4%
当期純利益	68,180	11.2%	71,395	11.1%	92,114	12.8%

▶連結キャッシュ・フロー計算書

(百万円)

	平成31年2月20日	令和2年2月20日	令和3年2月20日
営業活動によるキャッシュ・フロー	81,664	99,337	150,879
投資活動によるキャッシュ・フロー	△ 30,424	△ 44,486	△ 195,985
財務活動によるキャッシュ・フロー	△ 11,340	△ 13,862	30,309
現金及び現金同等物に係る換算差額	△ 768	△ 250	△ 507
現金及び現金同等物の増減額（△は減少）	39,130	40,737	△ 15,304
現金及び現金同等物の期首残高	60,923	100,053	140,791
現金及び現金同等物の期末残高	100,053	140,791	125,487

▶指標

	平成31年2月20日	令和2年2月20日	令和3年2月20日
売上総利益率	54.5%	55.2%	57.4%
売上営業利益率	16.6%	16.7%	19.2%
売上経常利益率	16.9%	17.1%	19.3%
売上税引前利益率	16.5%	16.4%	18.2%
総資本回転率	0.98	0.94	0.77
固定資産回転率	1.49	1.53	1.15
流動比率	222.1%	271.6%	146.7%
固定比率	81.6%	74.8%	91.6%
固定長期適合率	77.9%	71.6%	86.6%

◎34期連続増収増益を達成

　長年増収増益を達成してきたニトリは、コロナ禍にあっても盤石。売上高は前年比111.6％となる7,169億円、営業利益は同128.1％となる1,376億円。これで34期連続増収増益となりました。同社の決算説明会資料によると、店舗売上（海外含む）が6,238億円（前期比108.6％）だったのに対し、通販はなんと705億円（同159.2％）。店舗の売上ももちろん伸びていますが、それ以上に来店せずに買い物のできるネット通販が堅調だったことが読み取れます。

　また、島忠を完全子会社にしたことで、のれんが発生し、建物や土地などの有形固定資産や負債も大幅に増加しています。なお、同社は日本基準を適用しているため、のれんは10年間で均等償却するそうです。2021年2月末時点での店舗数は722店舗（前期末比＋111店舗）となっています。来期もさらに110店舗の出店を予定しています。

◎あえていえば「客単価」

　経営そのものは盤石で、指標の上からは問題点は特に見出せません。CFからも、利益が出ていること、そしてそれを投資活動に回している様子がうかがえます。

　あえて気になる点を言えば「客単価」でしょう。2021年2月期の客数前年比は112.8％だったのに対し、客単価は97.95％と、前年を割り込んでいます。今後もさらに利益を上げるには、客単価のアップが欠かせません。海外を含めた買上客数は1億人を突破。900万人いるというアプリ会員へのアプローチ、さらには経営統合した島忠とのシナジーをどう生み出し、島忠の低い利益率を引き上げられるかにかかっているでしょう。

　2021年3月に肉料理主体の「ニトリダイニング」を試験的に開業するなど、新しいことにも意欲的にチャレンジしているニトリの次の一手に注目しましょう。

プラクティス **Part 5**

オリエンタルランドの決算書を読もう（日本基準）

臨時休園で売上高6割減、上場以来初の赤字へ。

▶**連結貸借対照表**　数字右の％は「資産の部」および「負債・純資産の部」に占める各項目の構成比

（百万円）

	平成31年3月31日		令和2年3月31日		令和3年3月31日	
資産の部						
流動資産						
現金及び預金	377,551	35.9%	261,164	25.8%	↘ 197,317	19.0%
受取手形及び売掛金	22,083	2.1%	7,225	0.7%	12,040	1.2%
有価証券	20,999	2.0%	19,999	2.0%	33,495	3.2%
商品及び製品	9,733	0.9%	11,679	1.2%	12,511	1.2%
仕掛品	477	0.0%	172	0.0%	118	0.0%
原材料及び貯蔵品	7,590	0.7%	8,236	0.8%	8,901	0.9%
その他	3,882	0.4%	8,263	0.8%	9,757	0.9%
貸倒引当金	△ 5	0.0%	△ 0		△ 8	
流動資産合計	441,835	42.0%	316,741	31.3%	274,134	26.3%
固定資産						
有形固定資産						
建物及び構築物（純額）	270,971	25.8%	291,012	28.8%	↗ 315,411	30.3%
機械装置及び運搬具（純額）	28,125	2.7%	34,557	3.4%	↗ 47,849	4.6%
土地	117,653	11.2%	117,653	11.6%	115,890	11.1%
建設仮勘定	82,342	7.8%	152,165	15.1%	↗ 165,344	15.9%
その他（純額）	15,228	1.4%	15,197	1.5%	21,063	2.0%
有形固定資産合計	514,322	48.9%	610,586	60.4%	665,557	64.0%
無形固定資産						
無形固定資産合計	13,770	1.3%	16,334	1.6%	17,111	1.6%
投資その他の資産						
投資有価証券	60,810	5.8%	46,925	4.6%	49,601	4.8%
退職給付に係る資産	5,666	0.5%	5,492	0.5%	8,857	0.9%
繰延税金資産	—		5,524	0.5%	17,639	1.7%
その他	15,140	1.4%	9,134	0.9%	7,660	0.7%
貸倒引当金	△ 88		△ 88		△ 97	
投資その他の資産合計	81,527	7.8%	66,989	6.6%	83,662	8.0%
固定資産合計	609,619	58.0%	693,910	68.7%	766,331	73.7%
資産合計	1,051,455	100.0%	1,010,651	100.0%	1,040,465	100.0%
負債の部						
流動負債						
支払手形及び買掛金	19,907	1.9%	13,921	1.4%	9,072	0.9%
1年内償還予定の社債	20,000	1.9%	—		30,000	2.9%
1年内返済予定の長期借入金	6,119	0.6%	4,580	0.5%	3,859	0.4%
未払法人税等	22,470	2.1%	7,991	0.8%	9,023	0.9%
その他	86,154	8.2%	74,001	7.3%	69,414	6.7%
流動負債合計	154,652	14.7%	100,495	9.9%	121,370	11.7%
固定負債						
社債	80,000	7.6%	80,000	7.9%	↗ 150,000	14.4%
長期借入金	2,304	0.2%	2,488	0.2%	2,364	0.2%
退職給付に係る負債	4,483	0.4%	3,537	0.3%	3,030	0.3%
その他	6,813	0.6%	3,873	0.4%	3,752	0.4%
固定負債合計	93,601	8.9%	89,898	8.9%	159,147	15.3%
負債合計	248,253	23.6%	190,394	18.8%	280,517	27.0%
純資産の部						
株主資本						
資本金	63,201	6.0%	63,201	6.3%	63,201	6.1%
資本剰余金	111,938	10.6%	111,970	11.1%	112,001	10.8%
利益剰余金	696,718	66.3%	744,452	73.7%	678,792	65.2%
自己株式	△ 89,183		△ 109,325		△ 108,771	
株主資本合計	782,674	74.4%	810,298	80.2%	745,223	71.6%
その他の包括利益累計額	20,526	2.0%	9,958	1.0%	14,724	1.4%
純資産合計	803,201	76.4%	820,257	81.2%	759,948	73.0%
負債純資産合計	1,051,455	100.0%	1,010,651	100.0%	1,040,465	100.0%

▶連結損益計算書

（百万円）
数字右の%は「売上高」に占める各項目の構成比

	平成31年3月31日		令和2年3月31日		令和3年3月31日	
売上高	525,622	100.0%	464,450	100.0%	170,581	100.0%
売上原価	326,283	62.1%	300,601	64.7%	169,678	99.5%
売上総利益	199,339	37.9%	163,849	35.3%	902	0.5%
販売費及び一般管理費	70,061	13.3%	66,986	14.4%	46,891	27.5%
営業利益又は営業損失（△）	129,278	24.6%	96,862	20.9%	△45,989	
営業外収益						
営業外収益合計	2,198	0.4%	2,582	0.6%	1,833	1.1%
営業外費用						
支払利息	222	0.0%	291	0.1%	353	0.2%
持分法による投資損失	349	0.1%	183	0.0%	485	0.3%
支払手数料	754	0.1%	582	0.1%	821	0.5%
減価償却費	−		−		1,026	0.6%
割増退職金	−		37		1,813	1.1%
その他	709	0.1%	287	0.1%	548	0.3%
営業外費用合計	2,037	0.4%	1,382	0.3%	5,049	3.0%
経常利益又は経常損失（△）	129,439	24.6%	98,062	21.1%	△49,205	
特別利益						
特別利益合計	−		341	0.1%	−	
特別損失						
臨時休園による損失	−		9,270	2.0%	12,965	7.6%
減損損失	−		−		5,633	
特別損失合計	−		9,270	2.0%	18,598	10.9%
税金等調整前当期純利益又は税金等調整前当期純損失（△）	129,439	24.6%	89,133	19.2%	△67,804	
法人税等	39,153	7.4%	26,916	5.8%	△13,613	
当期純利益又は当期純損失（△）	90,286	17.2%	62,217	13.4%	△54,190	

▶連結キャッシュ・フロー計算書

（百万円）

	平成31年3月31日	令和2年3月31日	令和3年3月31日
営業活動によるキャッシュ・フロー	134,974	73,336	△23,834
投資活動によるキャッシュ・フロー	△135,360	20,534	△160,738
財務活動によるキャッシュ・フロー	36,601	△55,257	88,724
現金及び現金同等物に係る換算差額	△14	0	0
現金及び現金同等物の増減額（△は減少）	36,200	38,613	△95,847
現金及び現金同等物の期首残高	186,350	222,551	261,164
現金及び現金同等物の期末残高	222,551	261,164	165,317

▶指標

	平成31年3月31日	令和2年3月31日	令和3年3月31日
売上総利益率	37.9%	35.3%	0.5%
売上営業利益率	24.6%	20.9%	−27.0%
売上経常利益率	24.6%	21.1%	−28.8%
売上税引前利益率	24.6%	19.2%	−39.7%
総資本回転率	0.50	0.46	0.16
固定資産回転率	0.86	0.67	0.22
流動比率	285.7%	315.2%	225.9%
固定比率	75.9%	84.6%	100.8%
固定長期適合率	68.0%	76.2%	83.4%

◎ 大幅な減収減益で苦しい決算

　コロナ禍で大きな打撃を受けた業界のひとつが、レジャー産業です。東京ディズニーランド・ディズニーシーを運営するオリエンタルランドも、売上高は前年より2,938億円減の1,705億円、営業利益は1,428億円減の−459億円、そして当期純利益は1,164億円減の−541億円と、売上・各利益とも減収減益となりました。2020年3月期に2,901万人だった入園者数も、今期は756万人と4分の1ほどに。入園者数が少なければ、営業利益ベースでマイナスになってしまうのは仕方のないところでしょう。損益計算書にも「臨時休園による損失」が特別損失として計上されています。コロナによる入園制限や臨時休園・休館などが今後も続くようであれば、苦しいと言わざるをえません。

　2020年6月にコストコントロールチームが発足し、役員報酬や社員の冬季賞与の減額といった人件費の削減や、集客活動やイベントの見直し・中止といった諸経費の削減と雇用調整助成金の活用で実質約650億円の支出が抑えられたといいます。

◎ コロナ収束後に期待

　もっとも、オリエンタルランドの不調はコロナによるものと断言しても差し支えありません。現に、来園者は少ないとはいえ、客単価は上昇しています。これは、チケットの価格の見直しに加えて、新エリアの物販などが好調だったからだといいます。

　2020年9月、ディズニーランドの「ニューファンタジーランド」には映画「美女と野獣」をテーマにしたアトラクションがオープン。ベイマックスのアトラクションも好評です。さらに、2023年度には、ディズニーシーに「ファンタジースプリング」がオープン予定。「アナと雪の女王」「ラプンツェル」等をテーマに、約2,500億円を投じて開発される新エリアです。CF計算書からも投資の手をゆるめていないことがわかります。手持ちの現金は減少しているものの、これまで利益剰余金を積み上げてきたからこそできることです。同社の持つコンテンツの力は、コロナの前後で変わるものではありません。来期の業績予想は「現時点で策定困難」として発表していませんが、コロナが収束に向かう頃には、新しいコンテンツの力も借りながら、再び利益を上げられるようになるでしょう。

プラクティス Part **6** 富士フイルムHDの決算書を読もう（米国基準）
アビガン®錠の増産体制を整え、脱フィルムを図る？

▶ **連結貸借対照表**　数字右の%は「資産の部」および「負債・純資産の部」に占める各項目の構成比　（百万円）

	平成31年3月31日		令和2年3月31日		令和3年3月31日	
資産の部						
流動資産						
現金及び現金同等物	654,747	19.2%	396,091	11.9%	394,795	11.1%
受取債権	617,795	18.1%	558,418	16.8%	605,718	17.1%
棚卸資産	374,456	11.0%	380,911	11.5%	417,662	11.8%
前払費用及びその他の流動資産	83,908	2.5%	153,783	4.6%	89,201	2.5%
流動資産合計	1,730,906	50.7%	1,489,203	44.8%	1,507,376	42.5%
投資及び長期債権						
関連会社等に対する投資及び貸付金	33,445	1.0%	27,770	0.8%	31,849	0.9%
投資有価証券	105,678	3.1%	87,209	2.6%	111,650	3.1%
長期リース債権	72,814	2.1%	61,724	1.9%	62,068	1.7%
その他の長期債権	27,755	0.8%	26,430	0.8%	22,259	0.6%
投資及び長期債権合計	239,692	7.0%	203,133	6.1%	227,826	6.4%
有形固定資産						
土地	98,211	2.9%	96,776	2.9%	105,764	3.0%
建物及び構築物	690,207	20.2%	732,716	22.1%	718,513	20.2%
機械装置及びその他の有形固定資産	1,447,115	42.4%	1,478,270	44.5%	1,474,840	41.6%
建設仮勘定	36,420	1.1%	47,481	1.4%	63,913	1.8%
減価償却累計額	△ 1,745,156		△ 1,754,696		△ 1,727,779	
有形固定資産合計	526,797	15.4%	600,547	18.1%	635,251	17.9%
その他の資産						
オペレーティング・リース使用権資産	—		75,261	2.3%	78,203	2.2%
営業権	655,508	19.2%	687,155	20.7%	804,199	22.7%
その他の無形固定資産	145,013	4.2%	142,071	4.3%	128,496	3.6%
繰延税金資産	32,762	1.0%	37,811	1.1%	33,179	0.9%
その他	84,014	2.5%	86,511	2.6%	134,673	3.8%
その他の資産合計	917,297	26.9%	1,028,809	31.0%	1,178,750	33.2%
資産合計	3,414,692	100.0%	3,321,692	100.0%	3,549,203	100.0%
負債の部						
流動負債						
社債及び短期借入金	170,579	5.0%	120,998	3.6%	63,729	1.8%
支払債務	238,356	7.0%	222,298	6.7%	239,920	6.8%
未払法人税等	18,950	0.6%	24,893	0.7%	24,527	0.7%
未払費用	182,833	5.4%	171,989	5.2%	197,519	5.6%
短期オペレーティング・リース負債	—		25,696	0.8%	28,938	0.8%
その他の流動負債	91,567	2.7%	94,133	2.8%	161,651	4.6%
流動負債合計	702,285	20.6%	660,007	19.9%	716,284	20.2%
固定負債						
社債及び長期借入金	353,533	10.4%	503,171	15.1%	439,351	12.4%
退職給付引当金	40,335	1.2%	33,818	1.0%	30,090	0.8%
長期オペレーティング・リース負債	—		52,652	1.6%	54,946	1.5%
繰延税金負債	19,959	0.6%	21,558	0.6%	32,240	0.9%
その他の固定負債	53,739	1.6%	56,729	1.7%	54,135	1.5%
固定負債合計	467,566	13.7%	667,928	20.1%	610,762	17.2%
負債合計	1,169,851	34.3%	1,327,935	40.0%	1,327,046	37.4%
純資産の部						
株主資本						
資本金	40,363	1.2%	40,363	1.2%	40,363	1.1%
資本剰余金	24,494	0.7%	—		—	
利益剰余金	2,507,719	73.4%	2,563,091	77.2%	2,702,760	76.2%
その他の包括利益(△損失)累積額	△100,593		△ 164,100		△ 52,836	
自己株式	△ 435,020		△ 486,102		△ 485,721	
株主資本合計	2,036,963	59.7%	1,953,252	58.8%	2,204,566	62.1%
非支配持分	207,878	6.1%	40,505	1.2%	17,591	0.5%
純資産合計	2,244,841	65.7%	1,993,757	60.0%	2,222,157	62.6%
負債・純資産合計	3,414,692	100.0%	3,321,692	100.0%	3,549,203	100.0%

▶ 連結損益計算書

(百万円)
数字右の%は「売上高」に占める各項目の構成比

	平成31年3月31日		令和2年3月31日		令和3年3月31日	
売上高	2,431,489	100.0%	2,315,141	100.0%	2,192,519	100.0%
売上原価	1,433,973	59.0%	1,360,648	58.8%	1,322,828	60.3%
売上総利益	997,516	41.0%	954,493	41.2%	869,691	39.7%
営業費用						
販売費及び一般管理費	631,557	26.0%	610,043	26.4%	552,068	25.2%
研究開発費	156,132	6.4%	157,880	6.8%	152,150	6.9%
営業利益	209,827	8.6%	186,570	8.1%	165,473	7.5%
営業外収益及び費用（△）						
受取利息及び配当金	4,787	0.2%	5,183	0.2%	3,884	0.2%
支払利息	△ 3,314		△ 2,316		△ 2,578	
為替差損益・純額	△ 2,919		△ 2,133		△ 2,593	
持分証券に関する損益・純額	△ 244		△ 22,084		48,778	2.2%
その他損益・純額	4,625	0.2%	7,851	0.3%	22,906	1.0%
税金等調整前当期純利益	212,762	8.8%	173,071	7.5%	235,870	10.8%
法人税等						
法人税・住民税及び事業税	43,697	1.8%	42,822	1.8%	47,973	2.2%
法人税等調整額	12,359	0.5%	△ 6,708		7,638	0.3%
持分法による投資損益	418	0.0%	1,341	0.1%	3,198	0.1%
当期純利益	157,124	6.5%	138,298	6.0%	183,457	8.4%

▶ 連結キャッシュ・フロー計算書

(百万円)

	平成31年3月31日	令和2年3月31日	令和3年3月31日
営業活動によるキャッシュ・フロー	249,343	255,667	420,861
投資活動によるキャッシュ・フロー	△ 208,585	△ 244,850	△ 279,381
財務活動によるキャッシュ・フロー	△ 153,522	△ 250,943	△ 163,093
為替変動による現金及び現金同等物への影響	△ 735	△ 18,530	20,317
現金及び現金同等物の増減額（△は減少）	△ 113,499	△ 258,656	△ 1,296
現金及び現金同等物の期首残高	768,246	654,747	396,091
現金及び現金同等物の期末残高	654,747	396,091	394,795

▶ 指標

	平成31年3月31日	令和2年3月31日	令和3年3月31日
売上総利益率	41.0%	41.2%	39.7%
売上営業利益率	8.6%	8.1%	7.5%
売上税引前利益率	8.8%	7.5%	10.8%
総資本回転率	0.71	0.70	0.62
固定資産回転率	1.44	1.26	1.07
流動比率	246.5%	225.6%	210.4%
固定比率	75.0%	91.9%	91.9%
固定長期適合率	62.1%	68.8%	72.1%

◎ 売上高は減収も当期純利益は過去最高

　富士フイルムというと、名前の通りカメラフイルムの会社でしたが、今ではカメラや印刷の事業に加えてヘルスケア製品の開発も行う精密化学メーカーとなっています。

　コロナの影響もあり今期の売上高は約2.2兆円と、減収となっています。しかし、販管費が改善したことや持分証券の利益があったことなどによって、当期純利益は1,834億円と過去最高を記録しています。

　製品の製造に大規模な機械を利用することから、有形固定資産のうち「機械装置及びその他の有形固定資産」の金額が資産の4割強を占めています。また今期に関していえば、日立から画像診断関連事業を買収したこともあり、棚卸資産や営業権が増加しています。

　純資産が62.6％と充実しており、キャッシュ・フローの面でも「優良型」の会社です。

◎ アビガン®がコロナに打ち勝つか

　富士フイルムは製薬会社として「アビガン®」の製造を行っています。アビガン®はもともと、インフルエンザの治療薬として開発されたものですが、コロナにも効果があると期待されています。2020年10月以降、コロナの治療薬として厚生労働省に承認申請を行いつつ、臨床試験を進めています。これが治療薬として認められ、効果があると判断されれば、社会的に大きな意義があるでしょう。

　アビガン®のほかにも、AIが解析するコロナの画像診断支援ソフトや、インドから広がったとされる「デルタ変異型ウイルス」の判定キットなど、コロナに役立つ薬や医療機器などを開発している同社。2022年3月期はコロナの影響が一部残るとしつつも、営業利益1,800億円、ROE（自己資本利益率）を8.4％まで高めるとしています。さらに、中期経営計画「VISION2023」を掲げ、今後3年間で1.2兆円を投じ、ヘルスケア・高機能材料を中心に成長することを目指すといいます。社会的な価値を高めながら、成長できるかが今後のカギになるでしょう。

プラクティス Part 7

小売業界の決算書を読もう （IFRS基準）
企業存続を最優先？　J.フロントリテイリング

▶ **連結財政状態計算書** 　数字右の%は「資産」および「負債・資本合計」に占める各項目の構成比

（百万円）

	令和2年2月29日		令和3年2月28日	
資産				
流動資産				
現金及び現金同等物	34,633	2.8%	↗ 128,925	10.2%
営業債権及びその他の債権	144,244	11.6%	↘ 113,414	9.0%
棚卸資産	19,169	1.5%	20,684	1.6%
その他の流動資産	10,376	0.8%	10,580	0.8%
流動資産合計	208,424	16.8%	273,605	21.7%
非流動資産				
有形固定資産	473,167	38.1%	493,644	39.1%
使用権資産	179,632	14.5%	157,819	12.5%
投資不動産	219,354	17.7%	188,879	14.9%
無形資産等	6,185	0.5%	6,275	0.5%
持分法で会計処理されている投資	37,439	3.0%	37,815	3.0%
その他の金融資産	91,379	7.4%	86,870	6.9%
その他の非流動資産	24,722	2.0%	18,812	1.5%
非流動資産合計	1,031,883	83.2%	990,116	78.3%
資産合計	1,240,308	100.0%	1,263,722	100.0%
負債				
流動負債				
社債及び借入金	108,400	8.7%	↗ 145,151	11.5%
営業債務及びその他の債務	144,020	11.6%	↘ 121,937	9.6%
リース負債	29,493	2.4%	29,799	2.4%
その他の金融負債	30,199	2.4%	30,211	2.4%
その他の流動負債	61,775	5.0%	62,824	5.0%
流動負債合計	373,889	30.1%	389,926	30.9%
非流動負債				
社債及び借入金	149,876	12.1%	↗ 214,779	17.0%
リース負債	191,003	15.4%	173,085	13.7%
その他の金融負債	41,087	3.3%	39,237	3.1%
引当金	4,909	0.4%	10,534	0.8%
繰延税金負債	58,829	4.7%	51,301	4.1%
その他の非流動負債	21,030	1.7%	20,512	1.6%
非流動負債合計	466,737	37.6%	509,451	40.3%
負債合計	840,627	67.8%	899,378	71.2%
資本				
資本金	31,974	2.6%	31,974	2.5%
資本剰余金	189,340	15.3%	188,542	14.9%
自己株式	△14,974		△14,830	
その他の資本の構成要素	11,641	0.9%	9,578	0.8%
利益剰余金	169,206	13.6%	136,906	10.8%
親会社の所有者に帰属する持分合計	387,188	31.2%	352,171	27.9%
非支配持分	12,493	1.0%	12,171	1.0%
資本合計	399,681	32.2%	364,343	28.8%
負債及び資本合計	1,240,308	100.0%	1,263,722	100.0%

（注釈）
- 営業減による手許資金の積み増し
- 営業減による新規調達増
- 新規調達増
- 30%程度

▶ **個別企業コメント**

コロナの影響を受け減収・赤字転落。そんななか、顧客および従業員の安全安心の確保と企業存続を最優先に事業運営に努めたとのこと。純資産の割合が30％程度と低いことから先が見通せないなかの慎重な経営姿勢が感じられます。海外株主割合が高いためか、1株当り27円、総額70億円の配当を実施しています。

（日本基準）

外国人観光客受け入れ制限で免税売上高も激減、三越伊勢丹HD

▶連結貸借対照表

数字右の%は「資産の部」および「負債・純資産の部」に占める各項目の構成比

（百万円）

	令和2年3月31日		令和3年3月31日	
資産の部				
流動資産				
現金及び預金	74,301	6.1%	↗ 100,041	8.3%
受取手形及び売掛金	119,441	9.8%	116,415	9.7%
たな卸資産	41,578	3.4%	29,781	2.5%
その他	36,989	3.0%	36,208	3.0%
流動資産合計	272,313	22.3%	282,448	23.6%
固定資産				
有形固定資産				
建物及び構築物（純額）	170,907	14.0%	↘ 161,238	13.5%
土地	533,433	43.6%	↘ 521,541	43.5%
その他（純額）	30,630	2.5%	27,472	2.3%
有形固定資産合計	734,972	60.1%	710,252	59.3%
無形固定資産				
ソフトウエア	18,044	1.5%	15,410	1.3%
その他	22,717	1.9%	23,453	2.0%
無形固定資産合計	40,762	3.3%	38,863	3.2%
投資その他の資産				
投資有価証券	108,743	8.9%	110,558	9.2%
差入保証金	47,968	3.9%	44,910	3.7%
その他	18,906	1.5%	11,165	0.9%
投資その他の資産合計	175,618	14.4%	166,635	13.9%
固定資産合計	951,353	77.7%	915,751	76.4%
繰延資産（社債発行費）合計	133	0.0%	102	0.0%
資産合計	1,223,800	100.0%	1,198,303	100.0%
負債の部				
流動負債				
支払手形及び買掛金	79,742	6.5%	83,140	6.9%
短期借入金等	71,401	5.8%	↗ 81,084	6.8%
商品券	77,374	6.3%	80,012	6.7%
引当金	53,116	4.3%	51,150	4.3%
その他	99,676	8.1%	82,464	6.9%
流動負債合計	381,313	31.2%	377,853	31.5%
固定負債				
長期借入金・社債	104,146	8.5%	↗ 127,800	10.7%
繰延税金負債	128,011	10.5%	128,522	10.7%
その他	60,167	4.9%	55,850	4.7%
固定負債合計	292,325	23.9%	312,173	26.1%
負債合計	673,639	55.0%	690,027	57.6%
純資産の部				
株主資本				
資本金	50,790	4.2%	50,995	4.3%
資本剰余金	322,985	26.4%	323,755	27.0%
利益剰余金	183,644	15.0%	138,865	11.6%
自己株式	△19,304		△18,654	
株主資本合計	538,115	44.0%	494,962	41.3%
その他の包括利益累計額合計	4,229	0.3%	6,973	0.6%
非支配株主持分等	7,815	0.6%	6,338	0.5%
純資産合計	550,161	45.0%	508,275	42.4%
負債純資産合計	1,223,800	100.0%	1,198,303	100.0%

営業減による手許資金の積み増し

子会社譲渡による連結除外のため

安定資金確保のため

安定資金確保のため

40%超

▶個別企業コメント

減収・赤字転落。先行き不透明ななか、J.フロント同様、安定的な資金確保を行っています。そんな状況でも伊勢丹新宿本店・三越日本橋店のステータスは高く、ラグジュアリーブランドや宝飾品など、付加価値の高い商品の売上は好調のようです。1株当り9円、総額34億円の配当を実施しています。

▶ 財務諸表ハイライト（連結損益計算書）

◎ J.フロントリテイリング

(百万円)
数字右の%は「売上収益」に占める各項目の構成比

	令和2年2月29日		令和3年2月28日	
売上収益	480,621	100.0%	319,079	100.0%
売上総利益	206,953	43.1%	134,368	42.1%
営業利益又は営業損失（△）	40,286	8.4%	△ 24,265	
税引前利益又は税引前損失（△）	37,161	7.7%	△ 28,672	
当期利益又は当期損失（△）	23,393	4.9%	△ 26,421	

◎ 三越伊勢丹HD

(百万円)
数字右の%は「売上高」に占める各項目の構成比

	令和2年3月31日		令和3年3月31日	
売上高	1,119,191	100.0%	816,009	100.0%
売上総利益	322,702	28.8%	227,565	27.9%
営業利益又は営業損失（△）	15,679	1.4%	△ 20,976	
税金等調整前当期純損失（△）	△ 2,303		△ 30,997	
当期純損失（△）	△ 12,615		△ 42,080	

▶ 財務諸表ハイライト（連結キャッシュ・フロー計算書）

◎ J.フロントリテイリング

(百万円)

	令和2年2月29日	令和3年2月28日
営業活動によるキャッシュ・フロー	73,358	56,471
投資活動によるキャッシュ・フロー	△ 49,559	△ 20,870
財務活動によるキャッシュ・フロー	△ 14,829	58,727
現金及び現金同等物の増減額	8,970	94,328
現金及び現金同等物の期首残高	25,659	34,633
現金及び現金同等物の為替変動による影響	4	△ 37
現金及び現金同等物の期末残高	34,633	128,925

◎ 三越伊勢丹HD

(百万円)

	令和2年3月31日	令和3年3月31日
営業活動によるキャッシュ・フロー	16,281	1,197
投資活動によるキャッシュ・フロー	△ 9,965	△ 4,737
財務活動によるキャッシュ・フロー	20,259	29,733
現金及び現金同等物に係る換算差額	△ 141	53
現金及び現金同等物の増減額（△は減少）	26,433	26,247
現金及び現金同等物の期首残高	50,147	76,659
連結の範囲の変更に伴う現金及び現金同等物の増減額（△は減少）	△ 0	△ 108
非連結子会社との合併に伴う現金及び現金同等物の増加額	79	—
現金及び現金同等物の期末残高	76,659	102,797

▶ 指標

	J.フロントリテイリング	三越伊勢丹HD
売上総利益率	42.1%	27.9%
売上営業利益率	−7.6%	−2.6%
売上税引前利益率	−9.0%	−3.8%
総資本回転率	0.25	0.68
固定資産回転率	0.32	0.89
流動比率	70.2%	74.8%
固定比率	271.8%	180.2%
固定長期適合率	113.3%	111.6%

J.フロントリテイリングと三越伊勢丹HDの貸借対照表を比べてみよう

主要都市や大きな街の駅前に店舗を構え、かつては街の顔と呼ばれた百貨店も近年は苦戦が続くうえ、コロナの影響で営業自粛を強いられたこと、インバウンド（訪日外国人）消費が期待できないことで、厳しい状態が続いています。

J.フロントリテイリング（以下、J.フロント）は「松坂屋」「大丸」「PARCO」、三越伊勢丹HD（以下、三越伊勢丹）は「三越」「伊勢丹」を手掛ける会社です。2社の貸借対照表を比較してみましょう。なお、J.フロントはIFRS基準、三越伊勢丹は日本基準で決算書が作成されている点に注意が必要です。

①現金及び現金同等物

現金及び現金同等物はJ.フロントが約1,289億円、三越伊勢丹が約1,000億円と、どちらも前期に比べ大幅に増加しています。コロナの影響で経営の見通しが立たず、財務状態を安定化させるために手元の資金を積み上げたものと見られます。CFを見ると、どちらも財務CFが増加しており、外部から資金調達して、現金を積み増ししています。また、投資CFの支出も抑えられています。

②資産の部

資産の部から見ていきましょう。現金が増加したとは言え、J.フロントは流動資産21.7%に対して非流動資産78.3%、三越伊勢丹は流動資産23.6%に対して固定資産76.4%と、どちらも資産の4分の3強が固定資産です。これは一等地に店を構える百貨店ならではで、三越伊勢丹では「土地」の多さが目を引きます。

一方、J.フロントは有形固定資産に加えて投資不動産と使用権資産が示されています。これはIFRS適用等によりショッピングセンター「PARCO」などの賃貸施設とリース利用をリース料として費用計上するのではなく、あたかも全額借り入れ、資産を購入したとして別表記したことによります。

③負債の部

①で両社とも現金を増やしたことを紹介しましたが、その様子は負債の部からも見て取れます。

J.フロントは流動負債・非流動負債の「社債及び借入金（11.5%・17.0%）」が前年から大きく増加し、三越伊勢丹でも流動負債の「短期借入金等（6.8%）」、固定負債の「長期借入金・社債（10.7%）」が増加しています。負債・資本合計に占める金額の割合を見ると、J.フロントのほうが外部からの資金調達に頼っていることがわかります。特に、流動負債は原則1年以内に返さなければならないお金です。コロナで厳しい情勢

とは言え、J.フロントは負債合計の金額も多く、今後、資金繰りの対応に迫られるかもしれません。

④資本の部（純資産の部）

利益剰余金は、これまで会社が積み上げてきた利益です。両社とも今期赤字だったため減少させていますが、構成比11%程度となっており、稼いで会社に残っている利益はほぼ同じということです。

資本金及び資本剰余金は株主が会社に投じた金額ですが、J.フロント（2.5%・14.9%）、三越伊勢丹HD（4.3%・27.0%）と大きな違いがあります。

配当額を考えると、株主との関係において両社には大きな差があると言わざるを得ません。

⑤その他指標より

コロナによる営業自粛で各種利益率とともに、両社とも総資本回転率・固定資産回転率が悪くなっています。

もっとも、百貨店ビジネスは、ここ10年程大きく低迷しています。価格競争やネット通販に押され、新規の顧客を獲得できていないのかもしれません。単にコロナのせいにするのではなく、新たなビジネスモデルを見い出し、生まれ変わった姿を見せられるかが今後の鍵となりそうです。

プラクティス Part 8 EC業界の決算書を読もう （日本基準）
先行投資で赤字決算も巣ごもり需要が追い風、メルカリ

▶ 連結損益計算書

（百万円）
数字右の%は「売上高」に占める各項目の構成比

	令和元年6月30日		令和2年6月30日	
売上高	51,683	100.0%	76,275	100.0%
売上原価	12,864	24.9%	20,661	27.1%
売上総利益	38,818	75.1%	55,613	72.9%
販売費及び一般管理費	50,968	98.6%	74,921	98.2%
営業損失（△）	△ 12,149		△ 19,308	
営業外収益				
受取利息	66	0.1%	116	0.2%
その他	25	0.0%	95	0.1%
営業外収益合計	91	0.2%	211	0.3%
営業外費用				
支払利息	78	0.2%	248	0.3%
為替差損	34	0.1%	31	0.0%
その他	0	0.0%	15	0.0%
営業外費用合計	112	0.2%	295	0.4%
経常損失（△）	△ 12,171		△ 19,391	
特別損失				
減損損失	—		922	1.2%
投資有価証券評価損	159	0.3%	204	0.3%
段階取得に係る差損	47	0.1%	—	
事業整理損	189	0.4%	—	
特別損失合計	396	0.8%	1,127	1.5%
税金等調整前当期純損失（△）	△ 12,567		△ 20,519	
法人税、住民税及び事業税	2,394	4.6%	2,317	3.0%
法人税等調整額	△ 1,197		123	0.2%
法人税等合計	1,197	2.3%	2,440	3.2%
当期純損失（△）	△ 13,764		△ 22,959	

- 増（約1.5倍）
- 増（売上高と同様、約1.5倍）
- 赤字拡大
- 借入利息急増
- 減損発生
- 赤字拡大

▶ 個別企業コメント

スマホを使ったフリマアプリサービスを展開。設立5年で株式上場。年々売上を伸ばしていますが、連結ベースで黒字になったことはありません（2021年7月現在）。

認知度を高めるため広告宣伝に力を入れ、鹿島アントラーズも手中におさめ、その強いブランド力を顧客獲得につなげていこうとしています。取扱い高拡大に伴い、顧客からの預り資金が増え、赤字続きにもかかわらず、資金の回転には問題がなさそうです。

（日本基準）

衛生用品需要が好調で増収増益、アスクル

▶連結純損益計算書

（百万円）
数字右の%は「売上高」に占める各項目の構成比

	令和元年5月20日		令和2年5月20日		
売上高	387,470	100.0%	↗ 400,376	100.0%	3.3%up
売上原価	295,877	76.4%	304,692	76.1%	原価率改善
売上総利益	91,593	23.6%	95,683	23.9%	
返品調整引当金戻入額	39	0.0%	26	0.0%	
返品調整引当金繰入額	26	0.0%	26	0.0%	
差引売上総利益	91,606	23.6%	95,683	23.9%	
販売費及び一般管理費	87,085	22.5%	↘ 86,862	21.7%	経費削減
営業利益	4,520	1.2%	↗ 8,821	2.2%	ほぼ2倍
営業外収益					
受取利息	28	0.0%	28	0.0%	
賃貸収入	183	0.0%	260	0.1%	
その他	112	0.0%	151	0.0%	
営業外収益合計	324	0.1%	440	0.1%	
営業外費用					
支払利息	260	0.1%	249	0.1%	
賃貸費用	137	0.0%	262	0.1%	
債権売却損	14	0.0%	11	0.0%	
支払手数料	2	0.0%	3	0.0%	
その他	11	0.0%	79	0.0%	
営業外費用合計	426	0.1%	606	0.2%	
経常利益	4,418	1.1%	8,656	2.2%	
特別利益					
受取保険金	6	0.0%	—		
固定資産売却益	0	0.0%	—		
固定資産受贈益	30	0.0%	—		
新株予約権戻入益	—		2	0.0%	
特別利益合計	36	0.0%	2	0.0%	
特別損失					
減損損失	3,123	0.8%	44	0.0%	前期減損処理
固定資産除却損	82	0.0%	122	0.0%	
自己新株予約権消却損	55	0.0%	29	0.0%	
その他	19	0.0%	2	0.0%	
特別損失合計	3,281	0.8%	197	0.0%	
税金等調整前当期純利益	1,173	0.3%	8,460	2.1%	
法人税、住民税及び事業税	1,820	0.5%	2,676	0.7%	
法人税等調整額	△1,142		74	0.0%	
法人税等合計	677	0.2%	2,750	0.7%	
当期純利益	496	0.1%	5,709	1.4%	

▶個別企業コメント

オフィス用品を中心とした商品構成で、インターネットを介した B to B が主力。働く人が必要なものをもっとも早く探せて、なおかつ、即日、欲しい商品を手にできるよう、Webサイトを進化させ、さらには商品開発も行っています。

これまでの実績・信用の上に配送の効率化等、内部努力を堅実に積み重ねています（営業利益率が2.2%と低いことが気になりますが……）。

167

▶財務諸表ハイライト（連結貸借対照表）

◎ メルカリ

（百万円）
数字右の%は「資産の部」および「負債・純資産合計」に占める各項目の構成比

	令和元年6月30日		令和2年6月30日	
資産の部				
流動資産	151,813	92.7%	169,277	85.5%
固定資産	11,871	7.3%	28,736	14.5%
資産合計	163,685	100.0%	198,014	100.0%
負債の部				
流動負債	61,014	37.3%	110,128	55.6%
固定負債	51,734	31.6%	52,516	26.5%
負債合計	112,748	68.9%	162,645	82.1%
純資産の部				
純資産合計	50,936	31.1%	35,368	17.9%
負債純資産合計	163,685	100.0%	198,014	100.0%

◎ アスクル

（百万円）
数字右の%は「資産の部」および「負債・純資産合計」に占める各項目の構成比

	令和元年5月20日		令和2年5月20日	
資産の部				
流動資産	125,792	74.4%	130,458	74.9%
固定資産	43,319	25.6%	43,688	25.1%
資産合計	169,112	100.0%	174,146	100.0%
負債の部				
流動負債	84,590	50.0%	87,374	50.2%
固定負債	35,889	21.2%	33,947	19.5%
負債合計	120,480	71.2%	121,321	69.7%
純資産の部				
純資産合計	48,631	28.8%	52,825	30.3%
負債純資産合計	169,112	100.0%	174,146	100.0%

▶財務諸表ハイライト（連結キャッシュ・フロー計算書）

◎ メルカリ

（百万円）

	令和元年6月30日	令和2年6月30日
営業活動によるキャッシュ・フロー	△ 7,289	12,533
投資活動によるキャッシュ・フロー	△ 2,805	△ 2,653
財務活動によるキャッシュ・フロー	32,200	465
現金及び現金同等物に係る換算差額	△ 391	13
現金及び現金同等物の増減額（△は減少）	21,713	10,358
現金及び現金同等物の期首残高	109,157	130,774
新規連結に伴う現金及び現金同等物の増加額	77	―
連結除外に伴う現金及び現金同等物の減少額	△ 174	△ 124
現金及び現金同等物の期末残高	130,774	141,008

◎ アスクル

（百万円）

	令和元年5月20日	令和2年5月20日
営業活動によるキャッシュ・フロー	6,215	16,609
投資活動によるキャッシュ・フロー	△ 5,962	△ 6,055
財務活動によるキャッシュ・フロー	△ 4,950	△ 4,761
現金及び現金同等物に係る換算差額	△0	△ 0
現金及び現金同等物の増減額（△は減少）	△ 4,698	5,792
現金及び現金同等物の期首残高	62,177	57,469
連結除外に伴う現金及び現金同等物の減少額	△ 9	△ 0
現金及び現金同等物の期末残高	57,469	63,260

▶指標

	メルカリ	アスクル
売上総利益率	72.9%	23.9%
売上営業利益率	−25.3%	2.2%
売上税引前利益率	−26.9%	2.1%
総資本回転率	0.39	2.30
固定資産回転率	2.65	9.16
流動比率	153.7%	149.3%
固定比率	81.2%	82.7%
固定長期適合率	32.7%	50.3%

メルカリとアスクルの損益計算書を比べてみよう

　スマホのフリマアプリサービス「メルカリ」を運営するメルカリと、オフィス用品の通販を手掛けるアスクルの損益計算書を比較します。ネットショッピング・通販という業態は、コロナに合っているといえます。とはいえ、個人間売買が主体のメルカリと、B to Bの企業間取引が中心のアスクルでは、お金のかけどころが違うことがわかります。

①売上高・売上原価・売上総利益

　メルカリの売上高は約762億円、アスクルの売上高は約4,000億円ですから、アスクルのほうが事業規模が大きいことがわかります。こうした場合には、金額だけで比較しても勝負になりません。損益計算書であれば、売上高に対する利益の比率に注目しましょう。

　メルカリはフリマアプリを運営し、出品商品が落札された時点で手数料を徴収するビジネスモデルのため、自社で製品を製造・開発する必要がありません。一方のアスクルは、自社工場で製品を製造する他、他社から商品を仕入れ販売しています。売上原価は、メルカリが約206億円（27.1％）、アスクルは約3,046億円（76.1％）と、大きく差が開きます。こうした点にも両社の収益構造の違いが表れています。

②営業利益

　両社の事業規模が異なるため、売上高に占める各項目の構成比に注目してください。メルカリの販管費は売上高の98.2％を占める749億円、営業利益が赤字（営業損失）となることもいとわない極端なお金の使い方をしています。メルカリの場合、単純に顧客にアプリを使ってもらうほど売上が上がります。また、出品数が多いほど、サービス全体の魅力も向上します。売上原価が少なくて済む分、利用者に対する広告宣伝に力を入れているのです。

　一方、アスクルの営業利益は88億円、販管費は売上高の21.7％です。また、2021年7月に発表した2021年5月期の決算によれば、アスクルの今期の営業利益は138億円、過去最高益を大幅に更新したとのこと。コロナこそありましたが、それ故に利用者が増加したこと、除菌液など感染対策商品の売れ行きが好調なことに加えて、販管費の伸びを抑えられていることがその要因と考えられます。

③営業外収益・費用、特別利益・損失

　このあたりは両社ともに金額の割合が少なく、差もそれほどないので読み飛ばしてしまっても問題ないでしょう。実際に見比べるときには、特に数字の割合が大きくなっているところがあれば、その理由に注目しましょう。たとえば特別利益に大きな金額が計上されていたら、当期純利益を見せかけで大きくしようとしている姿がうかがえる、といった具合です。

④当期純利益

　アスクルの当期純利益は57億円（2021年5月期の純利益は775億円。2期連続で過去最高益を更新）。オフィス用品の通販サービスに加え、個人向けのLOHACOも順調です。

　一方、メルカリは－229億円の赤字。しかも、前期より赤字が拡大しています。フリマアプリに加え、決済サービスのメルペイ、米国での事業展開も進めているため、こうした事業が足かせとなってきたのです。しかし、メルカリは今やフリマアプリの代表格となりました。長年の先行投資が功を奏し、米国での取引高も徐々に増加、2021年6月期の決算は本稿執筆時点で、同社が2018年に上場して以来初となる増収増益（売上高1,060億円・営業利益45億円・当期純利益50億円）を見込んでいることを付け加えておきます。

⑤その他・指標から

　メルカリの貸借対照表の負債の部にある「預り金」が増加しています。これは、メルカリに出品された商品の販売代金です。出品者がメルペイを使ってこのお金を再びメルカリで使うことで、メルカリのサービス内で現金が循環する状況を作り出せます。メルカリは現金が貯まりやすい会社ともいえるでしょう。

　アスクルの総資本回転率・固定資産回転率はいずれも高く、効率のよい経営ができていることを示しています。流動比率や固定比率も問題はありません。

　両社とも巣ごもり需要を背景に売上を伸ばしやすい業態です。コロナの状況は依然見通しが立ちませんが、コロナが続いたとしても、次のフェーズに進んだとしても、堅調な成長が期待できるでしょう。

プラクティス Part 9 ゲーム業界の決算書を読もう（日本基準）

Switch用ソフトが好調で過去最高益、任天堂

▶ 連結キャッシュ・フロー計算書

(百万円)

	令和2年3月31日	令和3年3月31日	
営業活動によるキャッシュ・フロー			
税金等調整前当期純利益	361,273	↗ 681,305	利益増
減価償却費	9,557	10,798	
貸倒引当金の増減額（△は減少）	487	△ 552	利益に対する割合少ない
受取利息及び受取配当金	△ 16,689	△ 6,770	
為替差損益（△は益）	16,226	△ 24,625	為替差益
持分法による投資損益（△は益）	△ 7,945	△ 6,564	
売上債権の増減額（△は増加）	△ 55,372	△ 527	
たな卸資産の増減額（△は増加）	43,230	7,244	
仕入債務の増減額（△は減少）	20,832	22,002	仕入債務増
退職給付に係る負債の増減額（△は減少）	5,551	254	
未払消費税等の増減額（△は減少）	4,116	△ 4,613	
その他	60,567	58,752	
小計	441,835	736,703	
利息及び配当金の受取額	17,503	8,702	
利息の支払額	△ 121	△ 177	
法人税等の支払額	△ 111,464	↗ △ 133,122	支払増
営業活動によるキャッシュ・フロー	347,753	612,106 ⊕	
投資活動によるキャッシュ・フロー			
有価証券及び投資有価証券の取得による支出	△ 617,546	↗ △ 952,783	取得増
有価証券及び投資有価証券の売却及び償還による収入	418,723	803,058	
有形及び無形固定資産の取得による支出	△ 9,843	△ 7,011	
有形及び無形固定資産の売却による収入	833	4,853	
定期預金の預入による支出	△ 364,493	△ 468,817	
定期預金の払戻による収入	387,741	480,712	
その他	△ 3,847	3,454	
投資活動によるキャッシュ・フロー	△ 188,433	△ 136,533 ⊖	
財務活動によるキャッシュ・フロー			
配当金の支払額	△ 108,331	△ 194,021	配当
その他	△ 2,699	△ 916	
財務活動によるキャッシュ・フロー	△ 111,031	△ 194,938 ⊖	
現金及び現金同等物に係る換算差額	△ 12,264	30,042	
現金及び現金同等物の増減額（△は減少）	36,024	310,676	
現金及び現金同等物の期首残高	585,378	621,402	
現金及び現金同等物の期末残高	621,402	↗ 932,079	優良型企業

▶ 個別企業コメント

ソフト、ハードウェアともに販売拡大。増収（35％アップ）増益（営業利益82％アップ）。売上1.8兆円（海外比率77％）、営業利益6.8千億円、営業利益率36.4％を達成しています。自己資本比率は驚異の77％。そのほとんどは過去の利益の蓄積であり、現金等で保有しています。誰もが知るゲーム専業超優良会社。

（米国基準）

保険・金融業も好調で初の純利益1兆円超、ソニーグループ

▶連結キャッシュ・フロー計算書

（百万円）

	令和2年3月31日	令和3年3月31日	
営業活動によるキャッシュ・フロー			
当期純利益	622,260	↗ 1,191,375	利益増
営業活動から得た現金・預金及び現金同等物（純額）への当期純利益の調整			
有形固定資産の減価償却費及び無形固定資産の償却費（繰延保険契約費及び契約コストの償却を含む）	416,642	390,693	利益に対する割合多い
繰延映画製作費の償却費	329,809	273,044	
退職・年金費用（支払額控除後）	8,948	△ 42,936	
その他の営業損（益）（純額）	△ 3,611	7,468	
投資有価証券に関する損益（純額）（金融ビジネス以外）	20,177	△ 247,033	
金融ビジネスにおける有価証券及び投資有価証券に関する損益（純額）	93,088	△ 478,321	増益
繰延税額	4,799	△ 153,427	
持分法による投資利益（純額）（受取配当金相殺後）	△ 5,114	△ 4,948	
資産及び負債の増減			
受取手形、売掛金及び契約資産の増加（△）・減少	62,654	△ 37,779	
棚卸資産の増加（△）・減少	40,315	△ 57,007	
繰延映画製作費の増加	△ 361,194	△ 280,541	
支払手形及び買掛金等の増加・減少（△）	△ 131,579	292,104	支払い増加
保険契約債務その他の増加	520,683	905,343	契約増
繰延保険契約費の増加	△ 99,433	△ 102,289	
生命保険ビジネスにおける有価証券の増加	△ 124,270	△ 156,132	
その他の流動資産・流動負債の増加・減少（△）	△ 64,369	△ 39,781	
その他	19,940	△ 109,683	
営業活動から得た現金・預金及び現金同等物（純額）	1,349,745	1,350,150	⊕
投資活動によるキャッシュ・フロー			
固定資産の購入（△）・売却	△ 421,003	△ 496,416	設備投資増
金融ビジネスにおける投資及び貸付	△ 1,319,062	△ 1,631,017	投資・貸付増
投資及び貸付（金融ビジネス以外）	△ 48,853	△ 103,143	
金融ビジネスにおける投資の売却又は償還及び貸付金の回収	343,740	449,081	
投資の売却又は償還及び貸付金の回収（金融ビジネス以外）	14,456	20,309	
オリンパス株式会社株式等の売却による収入	93,173	3,151	
その他	△ 14,729	△ 23,481	
投資活動に使用した現金・預金及び現金同等物（純額）	△ 1,352,278	△ 1,781,516	⊖
財務活動によるキャッシュ・フロー			
長期借入	118,447	406,857	借入増
長期借入債務の返済	△ 198,055	△ 98,134	
短期借入金の増加（純額）	193,332	355,536	借入増
金融ビジネスにおける顧客預り金の増加（純額）	258,720	467,286	ソニー銀行預金増
配当金の支払	△ 49,574	△ 61,288	
自己株式の取得	△ 200,211	△ 366	
ソニーフィナンシャルホールディングス株式会社等の非支配持分の取得	△ 39,894	△ 396,698	株式取得
その他	△ 17,107	△ 6,226	
財務活動から得た現金・預金及び現金同等物（純額）	65,658	666,967	⊕
為替相場変動の現金・預金及び現金同等物（制限付き現金・預金含む）に対する影響額	△ 21,643	36,668	
現金・預金及び現金同等物（制限付き現金・預金含む）純増加額	41,482	272,269	
現金・預金及び現金同等物（制限付き現金・預金含む）期首残高	1,473,813	1,515,295	
現金・預金及び現金同等物（制限付き現金・預金含む）期末残高	1,515,295	1,787,564	
控除－その他の流動資産及びその他の資産に含まれる制限付き現金・預金	2,938	582	積極投資型企業
現金・預金及び現金同等物期末残高	1,512,357	1,786,982	

▶個別企業コメント

家庭用ゲーム機「PS5」、音楽制作のソニーミュージック、映画・テレビ番組制作のソニーエンタテインメント、テレビ・オーディオ等電化製品、ソニー銀行・生保・損保の金融分野と、ソニーの製品やサービスは多岐にわたりほぼ独立して日本及び米国から提供されています。映画等コロナの影響を受け減収となった分野がある一方、ゲームや金融などの分野は増収増益となっています。

▶財務諸表ハイライト（連結貸借対照表）

◎任天堂

(百万円)
数字右の％は「資産の部」および「負債・純資産合計」に占める各項目の構成比

	令和2年3月31日		令和3年3月31日	
資産の部				
流動資産	1,501,583	77.6%	2,020,375	82.6%
固定資産	432,504	22.4%	426,543	17.4%
資産合計	1,934,087	100.0%	2,446,918	100.0%
負債の部				
流動負債	355,683	18.4%	526,331	21.5%
固定負債	37,503	1.9%	45,972	1.9%
負債合計	393,186	20.3%	572,304	23.4%
純資産の部				
純資産合計	1,540,900	79.7%	1,874,614	76.6%
負債純資産合計	1,934,087	100.0%	2,446,918	100.0%

◎ソニー

(百万円)
数字右の％は「資産の部」および「負債・資本合計」に占める各項目の構成比

	令和2年3月31日		令和3年3月31日	
資本の部				
流動資産	5,735,145	24.9%	7,218,744	27.4%
非流動資産	17,304,198	75.1%	19,136,096	72.6%
資産合計	23,039,343	100.0%	26,354,840	100.0%
負債及び資本の部				
流動負債	6,240,443	27.1%	7,815,424	29.7%
非流動負債	12,001,598	52.1%	12,909,761	49.0%
負債合計	18,242,041	79.2%	20,725,185	78.6%
資本				
当社株主に帰属する資本合計	4,125,306	17.9%	5,575,839	21.2%
非支配持分	664,229	2.9%	45,637	0.2%
資本合計	4,789,535	20.8%	5,621,476	21.3%
負債及び資本合計	23,039,343	100.0%	26,354,840	100.0%

▶財務諸表ハイライト（連結損益計算書）

◎任天堂

(百万円)
数字右の％は「売上高」に占める各項目の構成比

	令和2年3月31日		令和3年3月31日	
売上高	1,308,519	100.0%	↗ 1,758,910	100.0%
売上総利益	641,701	49.0%	970,472	55.2%
営業利益	352,370	26.9%	↗ 640,634	36.4%
税金等調整前当期純利益	361,273	27.6%	681,305	38.7%
当期純利益	258,683	19.8%	480,420	27.3%

◎ソニー

(百万円)
数字右の％は「売上高及び営業収入合計」に占める各項目の構成比

	令和2年3月31日		令和3年3月31日	
売上高及び営業収入	8,259,885	100.0%	8,999,360	100.0%
純売上高	6,856,090	83.0%	7,252,766	80.6%
金融ビジネス収入	1,299,847	15.7%	1,661,520	18.5%
営業収入	103,948	1.3%	85,074	0.9%
営業利益	845,459	10.2%	971,865	10.8%
税引前利益	799,450	9.7%	1,192,370	13.2%
当期純利益	622,260	7.5%	1,191,375	13.2%

▶指標

	任天堂	ソニー
売上総利益率	55.2%	43.6%
売上営業利益率	36.4%	10.8%
売上税引前利益率	38.7%	13.2%
総資本回転率	0.72	0.34
固定資産回転率	4.12	0.47
流動比率	383.9%	92.4%
固定比率	22.8%	340.4%
固定長期適合率	22.2%	103.3%

任天堂とソニーのキャッシュ・フロー計算書を比べてみよう

> ゲーム機「Nintendo Switch」を開発・販売している任天堂と、同じく「PS5」を発売したソニーのキャッシュ・フロー計算書を比較していきます。売上のほとんどをゲーム機・ソフトが占める任天堂と、ゲームだけでなくさまざまな事業を手掛けるソニーのキャッシュ・フロー計算書には、どのような違いがあるのでしょうか。

①営業活動によるキャッシュ・フロー

営業CFは、会社が本業で得た現金（キャッシュ）を表していますから、プラスになっていることが優良企業の第一条件です。

任天堂もソニーも、営業CFの金額はプラスです。特に任天堂は前期3,477億円から今期6,121億円と、2,600億円以上も増加しています。そのほとんどは税引前当期純利益の増加によるもの。もともと業績好調な任天堂ですが、この1年で利益をさらに積み増した様子がうかがえます。

ソニーも同様で、当期純利益が前期よりも5,691億円も増加しています。ただ、ソニーは製造メーカーでもあるため、減価償却費の割合が高く、また、金融ビジネスを行っていることからキャッシュの動きは大きいです。

②投資キャッシュ・フロー

投資CFは、投資するほどにマイナスになる項目です。任天堂は前期より投資CFのマイナス幅が縮小しています。しかも、そのお金の大部分は有価証券や定期預金といった金融商品によるものであり、固定資産への投資はそれほど行われていないようです。

一方、ソニーは固定資産の購入に加えて、銀行や保険事業での顧客からの預かり資金を利用した投資や貸付けが増えています。

③フリー・キャッシュ・フロー

営業CFと投資CFを足した金額をフリーCFといいます。本業や投資で使用しない、自由に使えるお金ですから、フリーCFが多ければ多い程、経営状態が良好であると言えます。

フリーCFは任天堂が約4,755億円の黒字なのに対し、ソニーは約4,313億円の赤字です。フリーCFが赤字ということは、平たくいえば借金して投資をしているということになりますが、これは金融ビジネスに起因していることで、特段問題ではありません。

今期のソニーは、利益率の高い家庭用ゲーム機（PS5）が突出して業績好調を後押ししているという

ことで、任天堂のほうがずっと資金的に余裕のある優良型の経営をしている会社に見えます。

④財務キャッシュ・フロー

ソニーの借入金の増加は財務CFからも見て取れます。長期借入・短期借入ともに大きく増加しています。加えて、「金融ビジネスにおける顧客預り金」が2,085億円増加していることにも注目しましょう。これは、いずれ顧客に返すお金かもしれませんが、銀行や保険といった金融ビジネスが順調に顧客の支持を集めていることを示しています。

対して任天堂は資金が潤沢で、そもそも借金をする必要がないのかもしれません。

⑤その他の指標から

コロナによる巣ごもり需要を背景に、どちらも大幅な増収・増益を達成しました。任天堂では「Nintendo Switch」の総販売台数が2,833万台（2021年3月末時点）にのぼり、『あつまれ　どうぶつの森』をはじめとした同社開発のソフトも多数売れています。ソニーでも2020年はPS5の発売に加え、映画『鬼滅の刃』の大ヒットもあり、当期純利益は1兆円超えを果たしました。

とはいえ、コロナという特殊要因が収束に向かうとみられる来期は、両社とも減益を見込んでいます。アフターコロナになっても、引き続きユーザーを楽しませてくれる製品を世に出せるか、注目が集まります。

Ⅰ　決算書－総まとめ

1　貸借対照表のポイント

①**資産合計（資産の部）**＝負債と純資産合計（負債の部＋純資産の部）

②**負債純資産合計**＝負債合計（他人資本）＋純資産合計（自己資本）
　　　　　　　　　＝貸借対照表の右側
　　　　　　　　　＝資金の調達源泉（誰からの資金か）

　負債合計＝流動負債＋固定負債

③**資産合計**＝流動資産＋固定資産＋（繰延資産）
　　　　　　＝貸借対照表の左側
　　　　　　＝資金の運用形態（資金を何に使ったか）
　固定資産＝有形固定資産＋無形固定資産＋投資等

④**流動／固定**
　　１年内に資金化できるか否か（ワンイヤールール）
　　正常な営業循環から生ずるものか否か（正常営業循環基準）

⑤**勘定科目の配列ルール→流動性配列法**
　　流動性の高いもの、現金化しやすい（現金で支払わなければならない）順番

⑥**運転資金＋設備資金**（固定資金）
　　　　　　↓
　流動資産＋固定資産
　　融資を受ける場合　　資金使途（運転資金or設備資金）
　　設備資金　設備に投じられた資金は回収しにくいため返済不要（自己資本）もしくは返済に長期ＯＫの資
　　　　　　　　　　　　金（長期借入金）

⑦**決済手段として使える資産**
　　決済資金＝当座資産
　　（現金、預金、有価証券、受取手形、売掛金など）
　　運転資金の資金バランス
　　・１年内に現金化される資産（流動資産）
　　・１年内に支払わなければならない負債（流動負債）
　　　　　　　　　　↓
　　流動資産と流動負債の比率　流動比率
　　流動比率よりタイトな見方
　　当座資産と流動負債のバランスをみる当座比率＝当座資産÷流動負債

⑧**資産計上額**
　　取得した時の価額で表示（取得原価主義）
　　現在の価値を表していない（価値があるとは限らない、含み益、含み損）

　　不良債権（受取手形、売掛金、貸付金）⇒長期的に回収が滞っている債権
　　滞留在庫（商品、製品、材料、仕掛品）⇒売れ残り、流行遅れ、陳腐化
　　含み損（有価証券）⇒現在の相場との差額
　　担保提供（有価証券、定期預金）⇒担保として差入れ＝現金化できない資産

2　損益計算書のポイント

①**売上高**＝収益認識の基準⇒契約による債務の履行義務を充足した時点。引渡基準、検収基準。

②**売上総利益（粗利）**＝売上高－売上原価
　　　　　　　　　　　＝（販売価格－仕入単価）×販売数量
　　　　　　　　　　　＝売上総利益率（粗利益率）×数量×単価

$$＝商品力（商品の競争力）×販売力$$

③**営業利益**＝売上総利益－販売費及び一般管理費（販管費）
　　　　　　　　　　　　　↑
　　　　　　　　　　　販売活動経費（荷造発送費、広告宣伝費他）
　　　　　　　　　　　会社維持経費（人件費、事業経費、設備経費他）
　固定費　売上（操業度）の増減にかかわらず固定的に発生する費用　＝人件費、事業経費、設備経費他
　変動費　売上（操業度）に応じて変動する費用　＝荷造発送費、残業代他
④**経常利益**＝営業利益＋営業外収益－営業外費用　　　＝企業の経常的活動から獲得した利益
　・金融収益（受取利息、受取配当）と金融費用（支払利息割引料）
　・経常的に発生する営業活動以外から発生する収益・費用
　・雑収入、雑損
　　企業の継続的損益構造（収益力）を表わしている＝経営スタイル
⑤**税引前当期利益**＝経常利益＋特別利益－特別損失
　毎期発生する見込みのない（営業活動に直接関係しない、今期限り）利益・損失を含めた利益
　・臨時的な損失
　・前期以前の損益の修正
　来期以降の損益予測を行う際、経常性のない損益を外して考えなければならない
⑥**当期利益**＝税引前当期利益－法人税等
　法人税＝課税所得×税率
　住民税＝法人税額×税率

3　キャッシュ・フロー計算書

①**キャッシュ**
　ア　現金および要求払預金（普通預金、当座預金、通知預金）
　イ　現金同等物→容易に換金可能であり、かつ価値の変動について僅少なリスクしか負わない短期投資
　　　　（3ヶ月以内満期・償還の定期預金、譲渡性預金、CP、売り戻し条件付現先、公社債投信などが含まれ、
　　　　3ヶ月超満期の定期預金、株式は含まれない）
②**キャッシュ・フロー計算書の構成**
　一定期間におけるキャッシュの増減を次の企業活動区分で表す。
　ア　営業活動によるキャッシュ・フロー→営業損益計算の対象となる取引（売上収入、支払原価、人件費、営業
　　　　　　　　　　　　　　　　　　　　経費、役員賞与など）および次のイ、ウ以外の取引
　イ　投資活動によるキャッシュ・フロー→現金同等物に含まれない短期投資の取得・売却、有形固定資産・投
　　　　　　　　　　　　　　　　　　　　資有価証券の取得・売却、貸付金収支など
　ウ　財務活動によるキャッシュ・フロー→長短借入金の借入・返済、社債の発行・償還、増資、自己株式の取
　　　　　　　　　　　　　　　　　　　　得、配当金の支払など
　エ　法人税等→法人税等を3つの活動に配分することは困難なので営業活動区分に一括記載する
　オ　受取利息・配当金、支払利息(何れかの方法の継続適用)
　　　（a）営業活動区分に記載する方法（一般的に採用されている）
　　　（b）受取利息・配当金は投資活動区分、支払利息は財務活動区分に記載する方法
③**キャッシュ・フロー計算書の表示方法**
　営業活動区分の表示において、次の2通りがある。
　（実務上では、作成が容易な「間接法」が採用されている）
　ア　「直接法」→営業収入、営業原価支出、人件費支出、その他営業経費支出を総額で表示する。
　イ　「間接法」→税引前当期利益を起点とし、PL上の非資金項目（減価償却費、引当金繰入など）、個別表示項
　　　　　　　　　目（受取利息・配当金、支払利息）、投資活動や財務活動区分の表示項目（固定資産売却損益な
　　　　　　　　　ど）を足し戻し、売掛債権・買掛債務の期首増減額を加減して営業活動キャッシュフローを算
　　　　　　　　　定表示する。

④キャッシュ・フロー計算書のつくり方

「直接法」を作成→営業活動の取引を総額で把握するため、キャッシュ科目の仕訳の都度、営業収支データを集計する必要があり、実務上手数を要する。

「間接法」の作成→当期PLの科目内訳およびＢＳの期首・期末の差額と勘定増減内訳があれば比較的容易に作成できる。

連結キャッシュ・フロー計算書の作成方法

「原則法」→個々の連結会社のキャッシュ・フロー計算書を合算し、内部取引の資金収支を相殺して作成する。

「簡便法」→連結ＢＳ、ＰＬを作成した後、当該ＢＳ・ＰＬから上記「間接法」で作成する。

連結作業上「簡便法」が容易であり、実務上採用されている。

⑤キャッシュ・フロー計算書の意味

・ＢＳの資産・負債やPLの損益は企業サイドの裁量があり人為的操作の余地あり。

↓

キャッシュ・フロー計算書は厳然たる事実としての資金のフロー、企業行動を表している。

・設備投資の巨額化や設備のライフサイクルの短命化が進む昨今、取得原価による資産計上や減価償却による費用計上は利益の測定と実際の資金のフローとの間の乖離が大きくなった。

・必要な資金を必要なときに借り入れられたかつてのメインバンク時代が終わり、設備投資や新規事業、構造改革・M&Aなど必要資金を借入れ頼みではなく、自己資金で賄えることが安全性や機動性など企業活動の強弱に測られるようになった。

・キャッシュ・フローを営業活動、投資活動、財務活動に区分して把握することにより、BS科目の増減の原因や会社の経営戦略、経営姿勢が理解できるようになる。

⑥フリーキャッシュ・フロー

フリーキャッシュ・フロー（ＦＣＦ）とは、企業が生み出すキャッシュのうち、文字どおり企業が自由に使える資金。

「営業活動によるキャッシュ・フロー」－「現在の事業を維持するために必要な設備投資キャッシュ・フロー」

↓

・現業を維持する設備投資をしながら現業から稼得したキャッシュ・フロー

・借入金の返済、資金運用、新規設備投資、構造変革投資、配当などに廻せる自己資金。

・現業から得られた利益をキャッシュでとらえたものでFCFの大きい企業ほど企業価値が高く、株価との連動性が高い

Ⅱ　分析の視点

1　貸借対照表の分析上の着目点

①流動資産

◎現金（通貨および他社振出の小切手などの通貨代用証券）
・必要以上の保有をしていないか。

◎預金（銀行預金、郵便貯金、金銭信託、定期積金など）
・すぐに決済資金として使える預金はどの程度あるか。預金運用利回りは。
・借入金の担保等拘束されている預金はないか。
　（借入金、預金ともに多い場合、定期預金が拘束されている可能性がある）

◎受取手形（通常の営業取引により受け取った約束手形や為替手形）
・回収できない手形（不渡手形）はないか。
・期日の書き替え（手形の差し替え、期日ジャンプ）はないか。現金化までの日数。
　（受取手形と支払手形がともに多い場合、手形の融通の場合がある）

◎売掛金（商品や製品の掛売上による売上代金の未収入金など、営業上の債権）
・何日で現金化できるか。（回収サイト）
・貸倒れ、回収遅延など不良化した債権はないか。
・何カ月分の売上に相当する残高となっているか。（売掛債権回転率）
　（月々の売上に比して売掛残高が非常に多い場合、不良債権となっているか、架空売上の可能性がある）

◎有価証券（株券、国債証券、地方債証券、社債券、貸付信託の受益証券など）
・評価方法は原価法か低価法か。
・含み損はないか。
・担保に供され拘束されているものはないか。売買可能な市場性のある有価証券か。

◎商品（販売業を営む会社が販売目的で外部から買入れたもの）
・陳腐化、流行遅れなど商品価値の低下したものはないか。
　（滞留在庫は資金が現金化されず、貯蔵されている状態。価値が増幅するのであればいいが、低下するのであれば、保有を極力おさえる）
・何カ月分の売上（売上原価）に相当する在庫をかかえているか。（在庫回転率）
　（月々の売上（売上原価）に比して商品・製品在庫が多い場合、滞留在庫となっているか。利益操作の可能性はないか）

◎製品（製造業を営む会社が販売目的で自ら製造した物品）
・製造期間は何日程か。着目点「商品」に同じ。

◎仕掛品（製品の製造のため仕掛中のもの）
・稼働中の仕掛品は何日分の売上（売上原価）に相当するか。
・製品化できない不良仕掛はないか。
　（試験研究など費用化すべきところ、利益捻出のため仕掛計上している場合がある）

◎原材料（製品の製造を目的として外部から買入れた物品で、まだ消費されていないもの）
・何日分の製造に使う残高か。製造に使われない原材料はないか。

◎前渡金（商品の仕入れなどに際して前払いした金額）
・契約通りの支払か。計上の根拠は。

◎短期貸付金（得意先、従業員などに対する貸付金のうち、1年以内に返済されるもの）
・回収に問題はないか（契約書の存在、貸付条件が特殊なものでないか）。
・貸倒れの危険はないか。

◎未収金（本業の営業取引以外の取引から生ずる債権）
・多額の残高となった場合、その内容は何か。回収、貸倒れの危険はないか。

◎仮払金（現金支出はあったが、何に〔相手科目〕またはいくら〔金額〕か、が確定していないもの）
・本来決算時までに整理すべき内容である。残高がある場合、その内容は何か。
・会社の資産としての価値があるか。

◎立替金（取引先、従業員などに対する金銭の一時的な立替金）

・回収に問題はないか。多額となる場合、その内容、相手先。

◎前払費用（当期に支払った費用のうち、次期以降の前払分）

・資産性はあるか。

◎未収収益（期日未到来の未収利息など当期に発生した収益のうち、まだ受け取っていないもの）

・期間に対応した適正な計算がされているか。

◎貸倒引当金（決算日における金銭債権の貸倒れの見積額を費用計上したもの）

・適正な見積り額が計上されているか。

（利益捻出のため計上されていない場合がある）

（貸倒引当金の計上方法にはいくつかある。直接控除、間接控除）

②有形固定資産

◎建物（事務所、店舗、倉庫など）

◎構築物（塀、広告塔、煙突など、土地の上に固定した建物以外の土木設備または工作物）

◎機械装置（機械および装置ならびにこれらに付属する搬送設備）

◎車両運搬具（乗用車、トラック、オートバイ、フォークリフトなどの陸上運搬車両）

◎工具器具備品（工具ならびに応接セット、机、コピー機、ファックスなどの器具および備品）

◎土地（事務所、店舗などの敷地、資材置場、駐車場、運動場など）

◎建設仮勘定（有形固定資産の建設または制作のために支出した金額）

・資産価値があるか。含み損はないか。

・耐用年数にわたり毎年減価償却費として費用化される。

・実際に使われているか。遊休の資産はないか。

・計上されているが実際にはすでに存在しない資産などないか。

・現に稼働しうる。また、現在使用するにたえうる資産か。

・減価償却は取得価額に比してどの程度進んでいるか。（すでに費用化している割合はどの程度か）

・新規の設備投資額と減価償却費計上額との割合は。（毎年の減価償却の範囲内の投資か―更新投資）

・耐用年数は適正か。現在価値（時価）はどの程度と考えられるか。

・処分価額。再取得価額。

・自己（株主）資本もしくは長期資金によってまかなわれているか。

・建設中（本稼働前）の状態。期をまたがった設備投資を行っている。

・建設仮勘定の残高に動きがない場合、プロジェクト中止など資産性はあるか。

◎使用権資産（自社の資産として計上すべきリース物件）

③無形固定資産

◎特許権（特許法に基づいて登録することによって、発明を独占的、排除的に行使できる権利）

◎ソフトウエア（コンピュータが扱うプログラムとプログラム以外のデータ（コンテンツ）のこと）

・資産として価値があるか、陳腐化していないか。

・存在が確認できているか。

◎のれん（被買取企業の純資産を超えて買収した差額）

・当初見込んだ価値が減じていないか

・減じている場合は減損処理

④投資等

◎投資有価証券（有価証券のうち、長期所有目的のもの、または市場性のないもの）

・資産運用の一環で保有している有価証券とは区別する。

・保有する理由（企業支配、関係強化、投資等）は何か。

・資産価値はあるか。含み損はないか。時価はいくらか。

◎差入保証金（継続的な営業取引を行うためや債務不履行の担保とするため差し入れるもので、営業取引の保証金、建物を賃借する際の保証金や敷金など）

・資産価値（もどってくる権利）があるか。

・資金が滞留しているわけで、多額となると資金負担が重くなる。

◎長期貸付金（得意先、従業員などに対する貸付金のうち、1年を超えて返済されるもの）

- ・貸付条件は特殊なものでないか。返済は計画通りか。回収に問題はないか。
- ・滞留、返済不能な貸付金はないか。貸倒引当金は計上されているか。相手先に注意。

⑤流動負債
◎支払手形（通常の営業取引に振出した約束手形や引受けた為替手形などの手形債務）
- ・受取手形の回収期間と支払手形の決済期間に無理はないか。
- ・受取手形の相手に振出された手形はないか。(融通手形の可能性)
- ・受取手形と両ぶくらみになっていないか。

◎買掛金（原材料や商品の掛仕入れによる仕入代金の未払金など、営業上の債務）
- ・支払条件はどうか。支払条件からして残高は妥当か。
- ・売上原価（売上）の何ヶ月分の残高か。売掛金残高と比較し妥当か。
- ・たな卸資産に対して適正か。

◎前受金（商品や製品の売上などに際して前受けした金額）
- ・売上とひも付いて把握されているか。

◎短期借入金（銀行、取引先などからの借入金のうち、1年以内に返済するもの）
- ・決済資金（当座資産）との関係で残高が多すぎないか。預金残高も同時に多くないか。
- ・長期借入金の1年以内返済予定額も把握されているか。
- ・銀行以外からの借入先は。

◎未払金（固定資産の購入など本来の営業取引以外の取引から生ずる債務）
- ・営業上の未払金と区別されているか。支払サイトは。

◎未払法人税等（法人税および住民税の未納税額）
- ・支払うべきものが網羅されているか。
- ・法人税等計上額と支払時期との関係から妥当な金額か。
- ・利益の水準に連動しているか。

◎仮受金（現金受入はあったが、相手勘定科目または金額確定していないもの）
- ・決算時には整理すべき勘定科目。多額の残高となっていないか。

◎預り金（源泉所得税や営業保証金など従業員や取引先から一時的に預かっている金額）
- ・預り金の内容は。いずれ支払うか、返す金額。

◎未払費用（期日未到来の支払利息、家賃など、当期に発生した費用のうち、まだ支払ってないもの）
- ・支払うべきものが網羅的に計上されているか。額が妥当か。

◎前受収益（未経過の受取利息、家賃など、当期に受け取った収益のうち、次期以降の前受分）
- ・決算書であまり見かけない。発生主義を厳密に考えた場合計算するが、中小企業の多くはあまり厳密に考えていないし、大企業は金額が小さいため、他の科目と合算して表示されている場合が多い。

⑥引当金
◎賞与引当金（翌期に支払われる賞与の金額のうち、当期の負担分の見積額を費用計上したもの）
- ・期間に対応し、きちっと計算され計上されているか。積立てていない会社もある。

⑦固定負債
◎社債（社債券を発行して広く大衆から大量に資金調達を行うために発生した債務）
- ・中小企業で発行している会社はほとんどない。
- ・資金調達を直接債券発行市場にもとめ、金融機関(銀行等)からの調達から一歩独立した動きができるようになった会社と見ることができる。

◎退職給与引当金（将来の退職金の支払いに備えて引き当てているもの）
- ・社内規定に基づき、社内で退職金の手当てをするために積立てられたもの。
- ・税法の優遇がなくなり計上していない会社もある。

◎長期借入金（銀行、取引先などからの借入金のうち、1年を超えて返済するもの）
- ・事業計画との関連で返済に無理はないか。長期資金の使途は何か。
- ・借入によって拘束されている資産はないか。
- ・財務制限条項などにより、急遽返済する必要のあるものはないか。

⑧純資産
株主資本

◎資本金（出資者から出資してもらった金額などのうち、法律で定めたもの）
　・株式発行価格の1/2以上を資本金に組入れているかどうか。
◎資本剰余金（資本準備金およびその他資本剰余金で、減資差益、自己株式処分差益、合併差益など）
　・出資者が出資した金額などのうち資本金に組入れなかった額かどうか。
◎利益剰余金（利益準備金および任意積立金、当期未処分利益）
　・過去に獲得した利益のうち、法律で定めた強制的に積立てた金額かどうか。
　・過去に獲得した利益のうち、社内に保留した金額かどうか。

2　損益計算書の分析の視点

①営業収益
◎売上高（商品や製品の販売など、会社の主たる営業活動によって獲得した利益）
　・収益の認識基準に問題はないか
　・対前年との比較。前月ないし前年同月との比較などその推移に異常性はないか。
　・売掛債権残高が何ヶ月分の売上に相当するか。

②営業費用
◎売上原価（会社の主たる営業活動による収益を獲得するために直接かかった原価部分）
　・売上原価率が十分な水準にあるか。
　・売上原価率の推移に異常性はないか。
　・売上原価の構成が売上とリンクしているか。
◎仕入高（商品の仕入れなど、会社の主たる営業活動によって発生した費用）
　・期首、期末たな卸高との関連で異常はないか。売上原価との対比はどうか。
◎給与（役員に対する報酬、従業員に対する給料手当、退職金など）
◎役員報酬（役員に対する給与のうち、賞与、退職金以外のもので、定期的に一定額が支給されるもの）
　・人数から妥当な金額か。対前月、前年同月と比較し異常はないか。
◎荷造発送費（商品や製品を荷造し発送するために要した荷造費用や発送費用）
　・対前月、前年同月等と比較して異常はないか。売上に比し異常はないか。
◎支払手数料（公認会計士、税理士、弁護士などに対して支払われる手数料）
　・大きな増減はないか。その理由は。
◎販売手数料（商品の販売などに際して、代理店などに支払う仲介手数料）
　・売上に比例する直接経費。
　・売上の増減に比して異常はないか。
◎旅費交通費（会社の業務遂行のための出張旅費、電車代、バス代、タクシー代など）
　・対前月、前年同月と比較し異常はないか。
　・支出の根拠となる証憑書類がない場合もあり、その手続をルール化し、運用を徹底することが経費節減
　　には求められる。
◎広告宣伝費（不特定多数の人を対象として行う商品などの広告のために支出する費用）
　・広告効果を測定することは難しいが、認知度を高めることが売上に必要な場合、一定の広告を継続する
　　ことが求められる。企画内容と広告媒体から料金を勘案し、利用を決定。
◎消耗品費（事務用消耗品や消耗工具器具備品などの消費によって発生する費用）
　・対前年、前月等と比較し異常はないか。承認手続は適正になされているか。
◎修繕費（建物や機械などの有形固定資産の機能を維持、管理するために支出する費用）
　・固定資産との区分はできているか。
◎支払保険料（生命保険の掛け捨て保険料や、火災保険などの損害保険料）
◎租税公課（国税、地方税のほか、国、地方公共団体からの租税以外の賦課金など）
　・対前年同月等と比較し異常はないか。
◎貸倒損失（受取手形、売掛金、貸付金、前渡金などの債権の回収不能による損失額）
　・貸倒れの事実を把握する。回収の可能性の吟味、計上額の妥当性は。
◎寄付金（会社の事業の遂行に直接関係しない資産の贈与や経済的利益の供与）
　・費用性はあるか。必要な寄付金か。金額は妥当か。

II　分析の視点

　　・寄付先に公共性、一般性があるか。
◎福利厚生（従業員の福利厚生のための費用）
　　・妥当な内容、金額か。前月、対前年同月と比較し異常はないか。
◎諸会費（同業者団体、納税協会、法人会、商工会議所、町内会などの会費）
　　・必要性はあるか。金額は妥当か。
◎賃借料（土地、機械、コピー機など資産の賃貸の対価として支払う金額）
　　・契約通りの支払いか。大きな増減はないか。その理由は。
◎会議費（会社の業務に関連して、社内外で行われる商談、打合せなどの会議のための費用）
　　・前月、対前年同月と比較し異常はないか。必要性、会議の目的からして妥当か。
◎リース料
　　・固定資産に計上すべきものはないか。
◎減価償却費（固定資産の取得価額を、取得した年に一括して計上するのではなく、各年度に分け、配分したもの）
　　・前月、対前年同月と比較し異常はないか。減価償却は毎期継続されているか。
◎水道光熱費（水道代、電気代、ガス代や石油、灯油などの燃料代など）
　　・異常な増加はないか。
　　・使用場所、状況から判断して問題はないか。
◎通信費（電話代、はがき代、宅配便、パソコン通信費など通信のために要した費用）
　　・異常な増減はないか。その理由は。
◎外注費（業務委託費ともいい、会社の業務の一部を外部へ委託するための費用）
　　・売上、売上原価との関連で妥当なものか。

③営業外損益
◎受取利息（預貯金の利子、有価証券の利子、貸付金利子など金融上の受取利子等のこと）
　　・期間経過にともなって発生する利息の受取り分。実際に受け取るべき権利の計上。
◎受取配当金（会社からの配当金、信用金庫などの剰余金の分配、株式投信の収益の分配金など）
　　・元本に相当する出資金、株券等を吟味し、受けとるべき配当金が計上されているか。
◎有価証券売却損益（市場性のある一時所有の有価証券の売価損益）
　　・取引計算表にもとづき売却損益の額が正しいか計算、Check。
　　・売買目的で所有する有価証券の売却であること。
◎為替差損益（外国通貨または外貨債権債務について、円貨との換算などの際、為替相場の変動により生じた差損益）
　　・換算差損益の計算が妥当か。
◎仕入割引（商品や材料などの仕入代金を期日前に支払ったり、手形決済に代えて現金決済した場合の利子相当額の割引。仕入割引は金融上の収益であり、仕入返品や仕入値引のような仕入控除項目とは区別される）
　　・仕入先との契約で期日前に現金で決済する時、利子に相当する額を割引く制度。
　　・資金が潤沢な会社で実施できるが、日本ではあまり導入している会社はない。ファクタリング会社が、債権を買い取り実施することがある。
◎雑収入（営業外収益のうち、科目的にも金額的にも重要性の乏しい多数の項目をまとめて処理する勘定）
　　・内容を確認する。

④営業外費用
◎支払利息割引料（銀行などからの借入金に対する利息、手形を銀行などで割り引いてもらったときの割引料など金融上の費用）
　　・借入利率等から計算して妥当な計上額か。借入残高等と比較し妥当か。
◎有価証券評価損（市場性のある一時所有の有価証券について低価法を採用している場合の評価損）
　　・保有有価証券の期末時点での時価が保有単価を下回る場合、低価法を採用していると評価損を計上することになる。
◎売上割引（商品や製品などの販売代金を期日前に受け取ったり、手形決済に代えて現金決済を受けた場合の利子相当額の割引。売上割引は金融上の費用であり、売上返品や売上値引のような売上の控除項目など

とは区別される）
　　・得意先との契約により期日前代金の回収を受けた場合、一定の利息相当額を割引く制度。日本ではあまり一般的ではない。
　◎雑損失（営業外費用のうち、科目的にも金額的にも重要性の乏しい多数の科目をまとめて処理するための勘定）
　　・販売費及び一般管理費の雑費とは区別する。
　　・営業外費用のうち、その他もろもろ金額的にも大きくない損失を処理する勘定科目。内容を確認する。
⑤**特別損益**
　◎固定資産売却損益（土地、建物などの固定資産の売却によって生じた利益（損失）、すなわち、売却価額が帳簿価額を超える場合における超過部分（売却価額が帳簿価額に満たない場合におけるその不足部分）をいう）
　　・減価償却している場合には、固定資産の帳簿上の価額は取得した価額から減額されている。この帳簿上の価額と売却した価額との差額を売却損益として認識する。
　◎固定資産除却損（機械などの固定資産の使用の中止やスクラップ化などにより除却した場合の損失）
　　・使えなくなって処分する場合の帳簿上の価額プラス処分に要した金額。

3　キャッシュフロー計算書の分析の視点
①**営業活動によるキャッシュフロー**
　◎税引前当期利益 ⎫
　◎減価償却費 　　｜
　◎投資有価証券売却益 ⎬損益計算書の各項目参照
　◎土地売却益 　　｜
　◎固定資産廃棄損 ⎭
　◎売上債権の増加額
　　・売上との関係から異常な増減はないか。
　◎たな卸資産の減少額
　◎仕入債務の増加額
　　・売上原価、売上との関連から異常はないか。
　◎その他の資産、負債の増加額
　　・異常性はないか。
②**投資活動によるキャッシュフロー**
　◎有形固定資産売却による収入
　　・売却の目的はなにか。売却損は出ているか。
　◎有形固定資産取得による支出
　　・資金負担に無理はないか。
　◎投資有価証券取得による支出
　　・資金負担に無理はないか。
③**財務活動によるキャッシュフロー**
　◎短期借入金の純増減額
　◎長期借入れによる収入
　◎長期借入金の返済による支出
　　・貸借対照表の短期借入金、長期借入金の項目参照。
　◎配当金の支払額
　　・一株あたりの配当額はいくらか。

Ⅲ　決算書ドリル

問題 1 決算書の主な利用目的として該当しないものを選びなさい。

① 税務申告
② 決算公告
③ 会社が獲得した利益の分配額の決定
④ 予算公告

問題 2 次の項目のうち、決算書に含まれないものを選びなさい。

① 貸借対照表
② 損益計算書
③ キャッシュフロー計算書
④ 資金繰り表

問題 3 「貸借対照表」は、企業の何を表すものでしょうか。

① 決算日の財政状態
② 1事業期間の経営成績
③ 1事業期間の資金の動き
④ 製品を製造するためにかかった原価

問題 4 貸借対照表に関する記載として、適当でないものをすべて選びなさい。

① 貸借対照表は、資本の調達源泉とその運用形態を示す。
② 貸借対照表は、「資産」、「負債」、「純資産」の3つの要素から構成される。
③ 「資産」は、資本の調達源泉を表し、「負債」と「純資産」は、資本の運用形態を示す。
④ 「資産」と「負債」の合計額は「純資産」の合計額と一致するため、貸借対照表はBalance Sheet（バランス・シート）とも言われる。

問題 5 貸借対照表の資産及び負債の勘定科目は、一定のルールに基づき、区分・表示されます。次の選択肢のうち、誤ったものを選びなさい。

① 1年以内に現金化できる資産・負債は、流動に区分され、1年を超え、現金化する資産・負債は固定に分類される。
② 正常な営業活動から生じる中心的な資産・負債については、流動資産・負債に区分される。
③ 勘定科目は、通常重要性の高いものから順番に並べて表示される。
④ 勘定科目は、通常流動性の高いものから順番に並べて表示される。

問題 1 の解答　本書p10 参照
正解 ④

決算書は、過去の情報を主に取り扱うため、予算自体を把握することはできません。

問題 2 の解答　本書p12, p132 参照
正解 ④

一般に「決算書」と呼ばれるものは、「貸借対照表」「損益計算書」「株主資本変動計算書」「注記表」「事業報告」の5種類です。最近になって、アメリカの企業会計にならい、大会社では「キャッシュフロー計算書」も「決算書」の仲間入りをしました。

この6種類に「製造原価報告書」を含めて、「決算書」と呼ぶ場合もあります。

資金繰り表は、今後の入金予定と支払予定、そして予想資金残高を時系列に並べた資金の将来予測の計画表で、会社が資金繰りをコントロールするためのツールとして通常作成するものですが、公表される決算書には含まれません。

問題 3 の解答　本書p12, p16 参照
正解 ①

「貸借対照表」は決算日の財政状態を明らかにする表です。②を表すものは「損益計算書」、③を表すものは「キャッシュフロー計算書」、④を表すものは「製造原価報告書」です。

問題 4 の解答　本書p16 参照
正解 ③, ④

「負債」と「純資産」は、資本の調達源泉（資本をどこから調達したか）、「資産」はその運用形態（調達した資本をどのように運用しているか）を示します。会社は資本をさまざまな資産として運用していきながら、経営活動をしていくため、資本を調達した金額と運用している金額は一致します。そのため、資産の合計額＝負債の合計額＋純資産の合計額となります。

問題 5 の解答　本書p18, p28, p32 参照
正解 ③

①をワン・イヤー・ルール、②を正常営業循環基準といいます。流動資産・負債の区分は、正常営業循環基準を適用したのちに、ワン・イヤー・ルールが適用されます。そのため、正常な営業活動から生じる中心的な資産・負債であれば、1年を超えて現金化されるものであっても、流動資産・負債として区分されます。これは、業種によって正常な営業活動から生じた債権やたな卸資産であっても、現金化までの距離が大きく異なることがあるためです。ただし、売掛金などの当初は正常な営業活動から生じた資産であっても、破産した会社への債権など正常な営業活動の過程から外れたものは、ワン・イヤー・ルールに基づき判断することとなります。また、資産・負債の表示は、通常流動性の高い、つまり現金化しやすい順番に表示します。

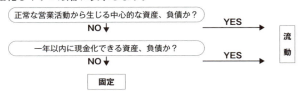

Ⅲ　決算書ドリル

問題6 負債および純資産に関する次の記述のうち、適当でないものを選びなさい。

① 負債も純資産も会社にとっての資本の調達源泉である。
② 負債とは、自分の元手でまかないきれなかった部分を他人から調達した、いずれ返さなくてはならないものである。
③ 純資産とは返さなくてもいい金融機関からの借入である。
④ 純資産は、自己資本といい、負債は、他人資本と言われる。

問題7 前期に購入した残存価額が0の生産設備3000万円（耐用年数10年）を使用して、A社は現金により1億円の売上を計上しました。減価償却費用以外の費用5000万円がすべて現金による支出であった場合に、当期のA社の利益と現金収支額として適切なものを次から選びなさい。なお、減価償却費は、毎期同額であると仮定して計算しなさい。

	利益	現金収支額
①	4700万円	4700万円
②	5000万円	5000万円
③	4700万円	5000万円
④	2000万円	2000万円

問題8 次のうち、明らかに当座資産に含まれないものを選びなさい。

① たな卸資産
② 現金
③ 売掛金
④ 有価証券（短期保有目的のもの）

問題9 次の表は、貸借対照表の要旨です。空欄の部分に該当するものとして、適切なものを選びなさい。

資産の部		負債および純資産の部	
科目	金額	科目	金額
流動資産	550	**流動負債**	500
現金	100	支払手形	200
売掛金	200	買掛金	300
有価証券	50	**固定負債**	400
たな卸資産	200	長期借入金	400
固定資産	1350	**負債合計**	900
（ア）	1200	（エ）	1000
建物	500	資本金	300
機械	500	（オ）	300
土地	200	利益剰余金	400
（イ）	50	**評価・換算差額等**	0
（ウ）	100	**純資産合計**	1000
資産合計	1900	**負債・純資産合計**	1900

① （ア）有形固定資産（イ）無形固定資産（ウ）投資等（エ）株主資本（オ）資本剰余金
② （ア）投資等（イ）無形固定資産（ウ）有形固定資産（エ）資本剰余金（オ）株主資本
③ （ア）当座資産（イ）有形固定資産（ウ）無形固定資産（エ）株主資本（オ）自己資本
④ （ア）有形固定資産（イ）無形固定資産（ウ）投資等（エ）他人資本（オ）自己資本

185

問題 6 の解答 （本書p16，p26 参照）
正解 ③

　純資産は、返さなくてもいい自分（株主）の元手です。そのため、純資産は、自己資本と言われます。

問題 7 の解答 （本書p22〜p25 参照）
正解 ③

　減価償却費は、3000万円÷10年＝300万円です。そのため、当期の利益は、売上1億円−（減価償却費300万円＋その他の費用5000万円）＝4700万円となります。
　一方、減価償却費は、過去に購入した固定資産を耐用年数にわたり費用として処理したものであるため、費用が計上された年に支払いを伴いません。そのため、現金収支額は、売上1億円−その他の費用5000万円となります。このように減価償却費が計上されている場合、固定資産を取得した年を除いては、減価償却の金額分、利益以上の資金が入っていることとなります。

問題 8 の解答 （本書p30 参照）
正解 ①

　当座資産とは、現金、預金、有価証券、受取手形、売掛金、完成工事未収入金、営業未収入金といった、すぐに現金化できる資産をいいます。たな卸資産は、販売したのちに売掛金となり回収されるため、流動資産ではあるものの当座資産には含まれません。

問題 9 の解答 （本書p32 参照）
正解 ①

　固定資産は、「有形固定資産」、「無形固定資産」、「投資等」の3つに区分されます。また、純資産は、「株主資本」と「評価・換算差額」に、さらに「株主資本」は、「資本金」「資本剰余金」「利益剰余金」に区分されます。資産も負債も現金化されやすいものから順に配列されています。

Ⅲ　決算書ドリル

問題 10 次の損益計算で計算される利益に関する記載のうち、明らかに誤っているものを選びなさい。

① 損益計算書には、売上総利益、営業利益、税引前当期利益、当期利益の4つの利益のみが計算されている。
② 売上総利益とは、売上から売上原価を控除した利益であり、会社がいくらのものをいくらで売っているかを統括的に知ることができる最も基本的な利益である。
③ 営業利益とは、売上総利益から販売費及び一般管理費を控除した利益であり、商売での儲けを示している。
④ 当期利益は、税引前当期利益から税金を控除した利益であり、分配可能な利益として出資者に対する利益分配の源泉となる。

問題 11 規模の異なる会社の決算書を比較・分析する際には、金額だけでなく、比率を用いた分析をすることが有用です。次の代表的な比率について、誤っているものを選びなさい。

① 自己資本比率とは、「自己資本」を「総資本」の合計で割った値である。この比率が低いほど、借金に頼った経営をしていることを示すため、会社の安全性は低くなる。
② 経常利益率とは、「経常利益」を「営業収益（売上高）」で割った値である。会社の通常の経営活動から得られた利益率であり、この数値が高いほど、会社の収益性が高いことを示す。
③ 流動比率とは、「流動資産」を「流動負債」で割った値である。1年以内に支払わなければならない負債をカバーするだけの1年以内に現金化される資産がどれだけあるかを示し、比率が低いほど、会社の安全性は高くなる。
④ 総資本回転率とは、「営業収益（売上高）」を「総資本」で割った値である。この値が高いほど、会社が効率的に資源を利用していることを示す。

問題 12 キャッシュフロー計算書に関する記載のうち、誤っているものを選びなさい。

① キャッシュフロー計算書には、営業活動によるキャッシュフロー、投資活動によるキャッシュフロー、財務活動によるキャッシュフロー、期首と期末のキャッシュ残高と期間の増減の4つの大項目が記載されている。
② キャッシュフロー計算書でいうキャッシュには、3ヶ月の定期預金は含まれる。
③ 損益計算書が示す利益とキャッシュフロー計算書が示す資金収支は、通常一致する。
④ 営業活動によるキャッシュフローには、会社本来の事業活動から生じるキャッシュフローのほか、投資活動、財務活動に含まれない活動から生じるキャッシュフローも含まれる。

問題 13 業績としては好調であるものの、財務体質改善を目的とした不要資産の売却により事業のスリム化を図っている会社のキャッシュフロー計算書の状況として、次の中から最も適当であると考えられるものを選びなさい。

① 営業活動によるキャッシュフロー（プラス）投資活動によるキャッシュフロー（マイナス）
　財務活動によるキャッシュフロー（マイナス）
② 営業活動によるキャッシュフロー（プラス）投資活動によるキャッシュフロー（プラス）
　財務活動によるキャッシュフロー（プラス）
③ 営業活動によるキャッシュフロー（プラス）投資活動によるキャッシュフロー（マイナス）
　財務活動によるキャッシュフロー（プラス）
④ 営業活動によるキャッシュフロー（プラス）投資活動によるキャッシュフロー（プラス）
　財務活動によるキャッシュフロー（マイナス）

問題 **10** の解答 （本書p40 参照）
正解 ①

　損益計算書には、売上総利益、営業利益、税引前当期利益、当期利益のほか、経常利益が計算されます。経常利益は、毎期発生するであろう会社の経常的な利益獲得能力を示しています。ちなみに国際標準となっている損益計算書には経常利益という利益概念はありません。経常利益は、今期限りのものである特別損益を調整する前の利益ですが、何が今期限りのもので何が経常的なものかという判断に恣意性が入りやすいと考えているためです。

問題 **11** の解答 （本書p50, p98 参照）
正解 ③

　流動比率の値が低いほど、短期の負債を短期の資産でまかなえていないことを示すため、会社の安全性は低くなります。比率が高いほど、会社の安全性は高くなります。

問題 **12** の解答 （本書p52, p54, p58, p62 参照）
正解 ③

　信用取引が発達した今日では、収益・費用が発生したとしても、その代金の回収・支払にはタイムラグがあります。そのため、損益計算書が示す利益とキャッシュフロー計算書が示す資金収支は、通常一致しません。キャッシュフロー計算書からは、損益計算書だけではわからない利益が本当の意味での儲けになっているのかを判断できるのです。

問題 **13** の解答 （本書p70〜p75 参照）
正解 ④

　業績としては好調であるため、通常は営業活動によるキャッシュフローはプラス、不要資産を売却しているため、投資活動によるキャッシュフローはプラス、財務体質の改善のため不要資産を売却した資金を借入金の返済などにあてていると考えられるため、財務活動によるキャッシュフローは、マイナスであると考えられます。

Ⅲ　決算書ドリル

問題 14 資本利益率に関する説明として、適切なものを選びなさい。

① 資本利益率は、会社の安全性を示すのに最も適した指標である。
② 総資本利益率の計算に使用する利益は、通常、当期利益である。
③ ROEは、資本利益率の１つであり、会社全体の観点からの投資効率を示すものである。
④ 資本利益率を改善させるには、価値の高いものを世に送り出すだけでなく、効率的な資源の利用を図ることも重要である。

問題 15 次の表は、ある会社の要約貸借対照表および損益計算書です。この会社の自己資本当期利益率、総資本経常利益率、売上経常利益率、総資本回転率として正しいものを選びなさい。

【貸借対照表】　　　　　　　　　　　　　　　　　（単位：億円）

流動資産	300	流動負債	280
固定資産	500	固定負債	200
		負債合計	480
		純資産合計	320
資産合計	800	負債・純資産合計	800

【損益計算書】　　（単位：億円）

売上高	600
売上総利益	180
営業利益	60
経常利益	50
税引前当期利益	40
当期利益	25

	自己資本当期利益率	総資本経常利益率	売上経常利益率	総資本回転率
①	7.8%	6.3%	8.3%	0.75
②	6.2%	7.8%	10%	0.53
③	7.8%	6.3%	8.3%	1.33
④	6.2%	15.6%	8.3%	0.03

問題 16 会社の生産性を示す指標である労働生産性に関する次の記述のうち、不適切なものを選びなさい。

① 労働生産性は、売上高あたりの付加価値を上げると高まる。
② 固定資産を従業員人数で除した数値である労働装備率をあげることは、労働生産性を高める要因となる。
③ 労働生産性は、労働分配率を小さくすれば高まる。
④ 労働生産性は、固定資産を増やせば必ず高まる。

問題 **14** の解答　本書p96〜p99 参照

正解 ④

　総資本利益率は、ROA（Return on Assets）とも呼ばれ、経営に投下されたすべての資本をいかに効率よく運用し、利益を稼いだかを意味するもので、会社全体の観点からの投資効率を示します。そのため、通常の状態で会社があげた利益である経常利益を使うのが一般的です。一方、自己資本利益率は、ROE（Return on Equity）とも呼ばれ、株主が投資した資本がどれだけのリターンを生んだかを意味するもので、株主の立場からの投資効率を示します。そのため、最終的な株主の利益である当期利益を使います。このように資本利益率は、安全性というよりも、収益性を示すのに適しています。

　また、総資本利益率は、売上経常利益率と総資本回転率に分解できます。これは、利益率を示す売上経常利益率を上げるだけでなく、効率を示す総資本回転率を上げることによっても、投資効率を上げられることを意味しています。

問題 **15** の解答　本書p94〜p99 参照

正解 ①

自己資本当期利益率：当期利益25÷自己資本320×100＝7.8%
総資本経常利益率：経常利益50÷総資本800×100＝6.25→6.3%
売上経常利益率：経常利益50÷売上高600×100＝8.3333…→8.3%
総資本回転率：売上高600÷総資本800＝0.75

問題 **16** の解答　本書p114〜p117 参照

正解 ④

　労働生産性は、一人当たりの付加価値ですが、これを分解すると売上高付加価値率×一人当たりの売上高、さらに分解すると労働装備率×固定資産回転率×売上高付加価値率となります。固定資産を増やすことは、労働装備率を高め、労働生産性を高める一方で、固定資産回転率については、マイナスに働きます。そのため、固定資産を増やしたからといって必ずしも生産性が高まるわけではなく、それぞれの会社にあわせて固定資産を活用することが生産性を向上させるポイントとなります。

Ⅲ　決算書ドリル

問題 17 次の安全性を示す指標に関する説明のうち誤っているものをすべて選びなさい。

① 流動比率と当座比率は、それぞれ総資本に対する流動資産の金額と当座資産の金額で計算される。これらの数値は、短期の安全性を示す。
② 自己資本比率とは、総資本に対する自己資本の割合をいう。
③ 固定比率とは、自己資本に対する固定資産の割合であり、固定長期適合比率とは、自己資本と固定負債に対する固定資産の割合をいう。
④ 固定比率も固定長期適合比率も、長期の安全性を示す指標であり、100％以上であることが望ましい。

問題 18 次の表は、ある会社の要約貸借対照表です。この会社の安全性を示す次の指標について、適切に示しているものを選びなさい。

【貸借対照表】　　　　　　　　　　　　　　　　　（単位：億円）

資産の部		負債および純資産の部	
流動資産	1000	**流動負債**	800
現金	200		
売掛金	400		
有価証券	50		
たな卸資産	300		
その他	50		
固定資産	2000	**固定負債**	1500
		純資産	700
資産合計	3000	**負債・純資産合計**	3000

	流動比率	当座比率	固定比率	固定長期適合比率	自己資本比率
①	125%	81.3%	66.7%	133%	30.4%
②	125%	81.3%	285.7%	90.9%	23.3%
③	80%	65%	133%	110%	23.3%
④	125%	125%	285.7%	90.9%	30.4%

問題 19 安全性分析に関する留意点のうち、不適切なものをすべて選びなさい。

① 固定資産について評価益があったとしても、会社の安全性の分析のプラスの要素になるとは限らない。
② たな卸資産の中には、売れる見込みの低いものや販売するのに時間を要するものも含まれるため、当座比率よりも流動比率のほうが、保守的な指標であるといえる。
③ その他の流動資産には、さまざまな項目が含まれているため、換金性の有無について留意する必要がある。
④ 売掛金や貸付金については、予定通り回収できないリスクや貸倒れのリスクがあるが、できるだけ回収可能な金額で計上されることとなっており、留意する必要はない。

問題 **17** の解答 （本書p88, p90, p120, p124, p126 参照）
正解 ①, ④

　流動比率と当座比率は、短期の安全性を示す指標ですが、流動負債に対するそれぞれの金額で計算されます。また、固定比率も固定長期適合比率も、数値が低い方が安全性が高く、100％未満であることが望ましいとされています。

問題 **18** の解答 （本書p90, p120, p124, p126 参照）
正解 ②

流動比率：流動資産1000÷流動負債800×100＝125％
当座比率：当座資産（流動資産1000－たな卸資産300－その他50）÷流動負債800×100＝81.3％
固定比率：固定資産2000÷自己資本（純資産）700×100＝285.7％
固定長期適合比率：固定資産2000÷（固定負債1500＋純資産700）×100＝90.9％
自己資本比率：純資産700÷総資産3000×100＝23.3％

問題 **19** の解答 （本書p34, p36, p120〜125, p128 参照）
正解 ②, ④

　流動比率はたな卸資産を含みますが、当座比率は含みません。そのため、当座比率のほうが保守的な指標であるといえます。また、売掛金や貸付金については、できるだけ回収可能な金額で計上するという決まりがあるものの、正確に見つかることは難しい場合が多くあります。また中小企業の場合には、決まりを守っているかチェックを受ける会計監査の仕組みがないという事実にも留意が必要です。

索引

あ行

ＩＦＲＳ（国際財務報告基準）	144
ＲＯＥ	98
粗利益	42, 113
──の低下	104
粗利益率	80
安全性	84, 118, 130
安全余裕度	142
受取手形	30, 34, 88, 122
売上	56, 92, 139
売上営業利益率	102
売上経常利益率	98, 102
売上原価	141
売上債権	66, 78, 88, 138
──の増加額	68
売上総利益	40, 42, 44, 46, 47
売上総利益率	80, 81, 102
売上高	44, 46, 87, 112, 135, 142
──の伸び率	135, 136
売上高付加価値率	114
売掛金	29, 30, 32, 34, 38, 57, 60, 66, 78, 79, 88, 122
運転資金	20, 30
営業外損益	48, 105
営業活動	75
営業活動によるキャッシュフロー	62, 68, 70, 83
営業経費	47
営業収益	50
営業利益	40, 42, 44, 47, 48
営業利益率	81
Ｍ＆Ａ	24
親会社	67

か行

買掛金	29, 38, 60
会計監査	36
回転率	100
外部購入費	112
貸倒れ損失	139
カネ	110
株	62, 64, 68, 78, 82

株式公開企業	52, 54
株式投資	52
株主	86
──へのリターン	92
株主資本	32
株主資本等変動計算書	12, 14
借入金	64, 76
仮払金	38
為替	110
換金性	30
勘定科目	14, 18
勘定式	16, 40
期間損益	42
機関投資家	98
寄附金	47
キャッシュ	12, 54, 68
キャッシュフロー	58, 74
営業活動による──	62, 68, 70, 83
財務活動による──	62, 64, 68, 70, 83
投資活動による──	62, 68, 70, 83
理想的な──	65
キャッシュフロー計算書（Ｃ／Ｆ）	12, 52, 60, 62, 66, 82
給与	47, 59
銀行	95
金融コスト	106
金融市場の国際化	98
グループ企業	67
経営資源	110, 114
経営者	10, 54
経営の安全性	28
経営分析	84
経常支出	130
経常収支比率	130
経常利益	40, 42, 44, 48, 50, 87, 96, 136
──の伸び率	135, 136
経常利益率	50
経費	20, 86, 120
決済	122
決算	10
決算書	10, 12, 60, 74, 84
決算短信	146
減益	44
限界利益	142

193

索引

限界利益率 -- 142
減価償却 -- 22
　──の計算 --- 24
減価償却費 ------------------------- 22, 24, 68, 78, 140
研究開発費 --------------------------------------- 134, 135
現金 ------------------------------ 18, 29, 30, 54, 122
現金化 -- 18
建設仮勘定 -- 116
健全経営 -- 88
広告宣伝 --- 47, 92
交際接待費 -- 47
公社債投信 -- 55
公認会計士 -- 36
子会社 --- 66, 67
子会社株式 -- 29
国債 -- 78
国際財務報告基準（ＩＦＲＳ） ----------------------- 144
コスト --- 140
コストコントロール -------------------------------- 106
コストダウン -- 106
コストリダクション -------------------------------- 106
固定 -- 18
固定資金 -- 20
　──の分類 -- 32
固定資産 ----------- 18, 22, 26, 28, 56, 68, 90, 115, 117
固定資産回転率 -------------------------------- 51, 114, 116
固定長期適合率 --------------------------------- 91, 126
固定費 --- 108, 140
固定比率 --------------------------------- 51, 90, 119, 126
固定負債 ------------------------------------- 18, 26, 28
コマーシャルペーパー --------------------------------- 55

さ行

サービスの質 --- 92
債権 --- 16, 18
債券 -- 62
在庫 -- 66
財務活動 -- 75
財務活動によるキャッシュフロー ---- 62, 64, 68, 70, 83
材料 -- 78
雑費 -- 47
仕入原価 -- 47

仕入債務の増加額 ------------------------------------- 68
仕入代金 --- 20, 120
仕掛品 -- 78
事業の採算性 --- 74
事業の縮小 -- 70
事業報告 --- 12, 14
事業買収 -- 72
資金 --- 10, 76
資金化 --- 120
資金繰り --- 84, 119
資金収支 -- 58
資金ショート -- 24
資金調達 --------------------------------------- 70, 72, 74
資金バランス --------------------------------------- 20, 46
時系列比較 -- 42
自己資本 ----------------------------- 16, 26, 32, 86, 90
　──の充実策 -- 90
自己資本比率 --------------------------------- 50, 86, 87, 90
自己資本利益率 --------------------------------------- 96
資産 ------------------------------- 16, 18, 28, 50, 74
資産の部 -- 26, 78, 79
支出 -- 58
市場金利 -- 86
支払手形 -- 29
資本 -- 10
資本金 -- 29
資本利益率 -- 94
借地権 -- 32
社債 --- 29, 78
　──の償還 -- 68
社債発行 --- 64, 68
収益 --- 18, 58
収益性 ----------------------------------- 84, 92, 98, 102
　──の分析 -- 93
収入 -- 58
出資者 --- 134
取得原価 -- 78
取得原価主義 --------------------------------------- 16, 34
純資産（資本） ----------------------- 16, 18, 26, 28, 94
　──の運用 -- 16
　──の回転率 -- 98
　──の調達 -- 16
　──の分類 -- 32

純利益 ------------------------------------- 76
使用権資産 --------------------------------- 22
消費者 ------------------------------------- 112
商品 ---------------------------------- 34, 78
　　──の機能 --------------------------- 92
情報 --------------------------------------- 110
賞与 --------------------------------------- 47
剰余金 ------------------------------------- 29
賞与引当金 --------------------------------- 29
所有と経営の分離 ------------------------- 11, 40
新株発行 ----------------------------------- 68
新規借入れ --------------------------------- 76
人件費 ------------------------ 20, 22, 47, 108, 141
ストック ----------------------------------- 130
生産者 ------------------------------------- 112
生産性 ----------------------------- 84, 112, 116
　　──の分析 -------------------------- 115
正常営業循環基準 --------------------------- 32
製造原価 ----------------------------------- 104
製造原価報告書 ----------------------------- 12
静態分析 ----------------------------------- 130
成長性（成長力） ------------------- 84, 134, 136
税引前当期利益 ----------------- 40, 42, 44, 48, 62, 68
製品 ------------------------------- 34, 57, 78
税務申告 ------------------------------- 10, 38
設備投資 ------------------------- 59, 116, 126
設備投資効率 ------------------------------- 116
増益 --------------------------------------- 44
増資 ---------------------------------- 76, 90
総資本 -------------------------------- 88, 94
総資本回転率 ------------------------ 51, 98, 100
総資本経常利益率 ----------------------- 88, 96
総資本増加率 ------------------------------- 138
総資本利益率 --------------------------- 94, 96, 98
増収 --------------------------------------- 44
租税公課 ----------------------------------- 47
損益計算書（P/L） ----------- 10, 12, 40, 52, 60, 76, 80
　　──の限界 -------------------------- 140
損益分岐点 ---------------------------- 84, 140, 142

た行

貸借対照表（B/S） ------- 10, 12, 20, 38, 42, 52, 76, 80

小型乗用車型── ------------------------- 28
　ジープ型── --------------------------- 28
　ドロ舟型── --------------------------- 28
　ママチャリ型── ----------------------- 28
退職金 ------------------------------------- 47
タイム・ラグ ------------------------------- 20
耐用年数 ----------------------------------- 22
滞留在庫 ------------------------------- 34, 36
建物 --------------------------------------- 29
たな卸資産 --------------- 32, 34, 38, 78, 80, 94, 122
　　──の減少額 ------------------------ 68
たな卸資産回転率 --------------------------- 100
他人資本 ------------------------- 16, 26, 90
短期貸付金 ---------------------------- 76, 122
短期借入金の純減少額 ----------------------- 68
短期的支払能力 ----------------------------- 120
担保提供 ------------------------------- 34, 36
注記表 ------------------------------------- 12
中小企業 ------------------------------- 36, 54
　　──の決算書 ------------------------ 38
長期借入金 --------------------------------- 29
　　──の返済 -------------------------- 68
帳簿上の利益 ------------------------------- 56
通信費 ------------------------------------- 47
低価法 ------------------------------------- 36
定期預金 ----------------------------------- 34
　　──の純増減額 ---------------------- 68
　3ヶ月以内の── ----------------------- 55
デッドストック ----------------------------- 138
投下資本 ----------------------------------- 22
当期純利益 --------------------------------- 76
同業他社比較 -------------------------- 42, 86
当期利益 -------------------------- 40, 42, 44, 96
当期利益率 --------------------------------- 81
当座資産 ------------------------- 30, 88, 124
当座比率 ---------------------------- 88, 119, 124
当座預金 ------------------------------- 30, 55
投資 ---------------------------- 29, 32, 62, 72, 92
投資家 ----------------------------- 10, 40, 95, 146
投資活動 ------------------------------- 74, 75
投資活動によるキャッシュフロー ------- 62, 68, 70, 83
投資効率 ---------------------------- 92, 93, 94
投資有価証券 -------------------------- 29, 68

195

索引

動態分析 130
特別損益 48, 96
土地 29, 78, 79
土地売却益 68
特許権 29, 32

な行

年次比較 42, 86
納期 92
のれん 24

は行

配当 90
配当金の支払 64, 68
バランス・シート 16
販売及び一般管理費（販管費） 46, 47, 105, 108
引当金 29
日銭商売 118
ヒト 110
費用 18, 58, 142
標準原価 106
品質 92
歩合給 140, 141
付加価値 110, 112
付加価値増加率 138
複式簿記 14
含み損 34, 36
福利厚生費 47
負債 16, 18, 26, 28
　──の増減額 68
　──の分類 32
普通預金 30, 55
不良債権 34, 36
フロー 54, 130
粉飾決算 63, 64, 66
変動費 108, 140
報告式 40

ま行

前受収益 32

前払費用 32, 122
未公開企業 54
未収金 124
未収収益 32
未払費用 32
無形固定資産 24, 29, 32
無借金経営 120
モノ 110

や行

役員報酬 47
家賃 20, 141
有価証券 30, 34, 80, 122
有価証券報告書 146
有形固定資産 29, 32, 78, 80, 82
融資 70
優良企業 72
預金 29, 30, 55, 122

ら行

リース債務 22
リース取引 22
リース料 22, 47
利益 10, 40, 54, 58, 76, 94, 139, 140
　──の内部留保 90
利益率 92, 94, 98
理想的なキャッシュフロー 65
利回り 78, 88
流動 18
流動資産 18, 20, 26, 28, 50, 119, 122
　──の中身 30
流動性 30
流動性配列法 28
流動比率 50, 119, 120, 121
流動負債 18, 26, 28, 30, 50, 88, 124
レート 110
連結決算 66
連結財務諸表 66
労働生産性 114
労働装備率 114
労働分配率 116

わ行

ワン・イヤー・ルール ----------------------------- 32

【著者紹介】
矢島 雅己（やじま まさみ）
公認会計士
大学在学中に公認会計士二次試験合格。外資系大手会計事務所に入所し、会計監査４年、経営・ITコンサルタント６年（取締役）。IT系サービス会社に経理部長として転籍し東証上場の陣頭指揮を執る。株式公開後、新規事業企画推進本部長（取締役）としてインターネット事業、IT教育事業を推進。５年勤務の後「公認会計士による公認会計士の転職紹介」をはじめ、経理職の転職紹介・派遣・教育を柱とする事業会社を設立。15年経営し、事業譲渡。
これまで、中小企業大学校講師、大学非常勤講師、商工会議所相談員、学校法人理事、社団法人監事なども歴任。本書の他、主な著作として、『決算書の謎』（単著：廣済堂出版）、『最新最強の履歴書・職務経歴書』（監修：成美堂出版）などがある。

［編集協力：畠山和美（MOI）］

決算書はここだけ読もう[2022年版]

2021（令和３）年９月15日　初版１刷発行

著　者　矢島　雅己

発行者　鯉渕　友南

発行所　株式会社　弘文堂　　101-0062 東京都千代田区神田駿河台１の７
　　　　　　　　　　　　　TEL 03（3294）4801　　振替 00120-6-53909
　　　　　　　　　　　　　　　　　　　　　https://www.koubundou.co.jp

装　幀　青山修作

組　版　ダーツ

印　刷　図書印刷
製　本

Ⓒ 2021 Masami Yajima. Printed in Japan

〔JCOPY〕＜(社)出版者著作権管理機構 委託出版物＞
本書の無断複写は著作権法上での例外を除き禁じられています。複写される場合は、
そのつど事前に、(社)出版者著作権管理機構（電話03-5244-5088、FAX 03-5244-5089、
e-mail：info@jcopy.or.jp）の許諾を得てください。
また本書を代行業者等の第三者に依頼してスキャンやデジタル化することは、たとえ
個人や家庭内での利用であっても一切認められておりません。

ISBN978-4-335-45065-5

Web愛読者アンケート
https://koubundou.co.jp/enquete/
本書に関するご意見・ご感想をお寄せください。今後の出版活動の参考にさせていただきます。